Brasil

Venezuela
Colômbia
Guiana
Rio Negro
Manaus
Amazonas
Santarém
Belém
São Luís
Fortaleza
Teresina
Cabo de
São Roque
C. Branco
Recife
Juruá
Purus
Madeira
Tapajós
Xingu
Araguaia
Porto
Velho
Cachoeiras
Paulo
Afonso
Salvador
(Bahia)
São Francisco
Planalto do
Mato
Grosso
Cuiabá
Bolívia
Brasília
Campo
Grande
Rio Grande
Belo Horizonte
Paraná
São Paulo
Rio de Janeiro
Paraguai
Paraguai
Cachoeiras
do
Iguaçu
Curitiba
Uruguai
Paraná
Porto Alegre
Uru-
guai
Rio Grande
Chile
Argentina
Atlântico
0
1000 km

PONS

Portugiesisch

bearbeitet
von
José A. Palma Caetano

Reisewörterbuch
Klett

Begleitend zum
Pons Reisewörterbuch Portugiesisch
1 Compact-Cassette
Beide Seiten besprochen
Sprechzeit ca. 60 min.
Klettnummer 51876
Lieferung durch jede Buchhandlung oder, wo dies auf Schwierigkeiten stößt, gegen Portokosten per Nachnahme vom Verlag.

PONS Reisewörterbuch

Bearbeitet von
Dr. José A. Palma Caetano
unter Mitwirkung und Leitung
der Verlagsredaktion Wörterbücher
Leiter: Wolfgang Kaul, M.A.;
Mitarbeit an diesem Werk:
Dr. Elisabeth Görg, Verlagsredakteurin
Verfasser der Grammatik:
Dr. José A. Palma Caetano
Mag. Johannes J. Mayr
Dr. Renate Plachy
Mag. Franz Ptacek

CIP-Kurztitelaufnahme der Deutschen Bibliothek
Pons-Reisewörterbuch
Stuttgart: Klett. — Portugiesisch
bearb. von José A. Palma Caetano. — 1. Aufl. — 1982.
NE: Palma Caetano, José A. [Mitverf.]
ISBN 3-12-518660-9

ISBN 3-12-518660-9

1. Auflage 1982 — Nachdruck 1987

Umschlaggestaltung: Erwin Poell, Heidelberg und
Christa Janik, Leinfelden.
Illustrationen: Christa Janik, Leinfelden bei Stuttgart.
Fotosatz: Ernst Klett Druckerei.
Druck: Augsburger Druck- und Verlagshaus GmbH, Augsburg.
Printed in Germany.

Inhaltsverzeichnis

?

!

Abkürzungen im Reisewörterbuch

acc	Akkusativ, 4. Fall	acusativo
adj	Adjektiv, Eigenschaftswort	adje(c)tivo
adv	Adverb, Umstandswort	advérbio
alg	jemand(en)	alguém
Br	brasilianisch	brasileiro
conj	Konjunktion, Bindewort	conjunção
dat	Dativ, 3. Fall	dativo
el	Elektrizität	ele(c)tricidade
etw	etwas	algo
f	Femininum, weiblich	feminino
jdm	jemandem	a alguém
jdn	jemanden	alguém
m	Maskulinum, männlich	masculino
med	Medizin	medicina
n	Neutrum, sächlich	neutro
pers prn	Personalpronomen	pronome pessoal
pl	Plural, Mehrzahl	plural
poss prn	Possessivpronomen	pronome possessivo
prn	Pronomen, Fürwort	pronome
prp	Präposition, Verhältniswort	preposição
rel	kirchlich, geistlich	religioso
s.	sich	se
sing	Singular, Einzahl	singular
tele	Telefon, Telegraf	telefone, telégrafo
verb	Verb, Tätigkeitswort	verbo

Vorwort

Das PONS Reisewörterbuch ist Sprachführer und Wörterbuch zugleich. Es enthält neben den Wörterbuchteilen Deutsch–Portugiesisch und Portugiesisch–Deutsch als Kernstück eine reiche Auswahl von Redewendungen und Beispielsätzen, die es dem Reisenden ermöglichen, die wichtigsten Alltagssituationen im fremden Land sprachlich zu meistern.

Die Wörterbuchteile enthalten in beiden Sprachrichtungen zusammen rund 5000 Stichwörter. Besonders berücksichtigt wurden Ausdrücke der modernen gesprochenen Umgangssprache, soweit sie für Situationen typisch sind, die der Tourist häufig antrifft.

Die Redewendungen sind nach 14 Themenbereichen gegliedert: Allgemeine Wendungen; Mit dem Auto unterwegs; Reisen mit Bahn, Flugzeug oder Schiff; An der Grenze–Zoll; Bank–Geldwechsel; Unterkunft; Essen und Trinken; In der Stadt; Auf der Post; Auf der Polizei; Zeitvertreib–Vergnügungen; Einkaufen–Geschäfte; Beim Friseur; Krankheit.

Die aufgeführten Beispielsätze lassen sich leicht vielen weiteren Gesprächssituationen anpassen, da einzelne Wörter oder Satzelemente mit Hilfe der dem Sachbereich zugeordneten Wortlisten und mit Hilfe des Wörterbuchteils ausgetauscht werden können. Zur Erleichterung der Aussprache sind alle portugiesischen Wörter und Wendungen mit der Lautschrift versehen.

Außerdem bietet das PONS Reisewörterbuch eine Kurzgrammatik, die jedem Benutzer willkommen sein wird, der sich über den Aufbau der portugiesischen Sprache rasch orientieren möchte.

Das PONS Reisewörterbuch ist aufgelockert durch lustige Illustrationen und farbige landeskundliche Fotos. Anhand der zahlreichen authentischen Materialien wie Karten, Schilder und Formulare kann sich der Benutzer auf den Auslandsaufenthalt vorbereiten und einstimmen.

Das PONS Reisewörterbuch ist ein zuverlässiger und praktischer Sprachbegleiter, mit dessen Hilfe der Reisende sowohl das Reiseland als auch seine Bewohner näher kennenlernen kann. Die ● blauen Punkte markieren Äußerungen oder Sätze, mit denen er im fremden Land konfrontiert werden könnte und die er verstehen sollte.

Aussprache

ˈ	vor einer Silbe bedeutet, daß die nachfolgende Silbe betont ist; z. B. [pəˈkenu].	
‿	zwischen zwei Wörtern bedeutet, daß man den letzten Laut des ersten Wortes zum nächsten Wort hinüberzieht: [ˈtoduz‿uʃ].	
[a]	helles a wie in **a**lle	cá [ka] lado [ˈladu] sala [ˈsalɐ]
[ɐ]	abgeschwächtes helles a	casa [ˈkazɐ] cama [ˈkɐmɐ]
[ɐ̃]	nasaliertes [ɐ]	manhã [mɐˈɲɐ̃]
[ɛ]	wie in B**ä**cker, h**e**ll	café [kɐˈfɛ] leve [ˈlɛvə]
[e]	wie in g**e**ben	ele [ˈelə] ver [ver] medo [ˈmedu] cena [ˈsenɐ]
[ẽ]	nasaliertes [e]	quente [ˈkẽntə] lenço [ˈlẽsu]
[ə]	wie in bitt**e**n, dank**e**n, meist kaum hörbar	dever [dəˈver] tarde [ˈtardə]
[i]	wie in M**i**nute	fila [ˈfilɐ] livro [ˈlivru]
[ĩ]	nasaliertes [i]	fim [fĩ] ginja [ˈʒĩʒɐ]
[ɔ]	wie in **o**ffen	logo [ˈlɔgu] porta [ˈpɔrtɐ] avó [ɐˈvɔ]
[o]	wie in R**o**se	avô [ɐˈvo] bolo [ˈbolu] almoço [alˈmosu]

[õ]	nasaliertes [o]	com [kõ] pronto ['prõntu]
[u]	wie in **U**fer	tudo ['tudu] lugar [lu'gar]
[ũ]	nasaliertes [u]	um [ũ] comum [ku'mũ]
[j]	wie in Mar**i**on	rádio ['ʀadju] passear [pɐ'sjar]
[w]	nicht wie dt. w, sondern mit vorgestülpten Lippen ein kurzes [u] bilden, dann schnell zum nachfolgenden Vokal übergehen	quarto ['kwartu] voar [vwar]
[f]	wie in **f**allen, **V**ater	fado ['fadu] falar [fɐ'lar]
[v]	wie in **W**asser, **V**ioline	ver [ver] lavar [lɐ'var]
[s]	wie in rei**ß**en, la**ss**en	saber [sɐ'ber] passar [pɐ'sar] lenço ['lẽsu]
[z]	wie in le**s**en, rei**s**en	casa ['kazɐ] fazer [fɐ'zer]
[ʃ]	wie in **sch**ön, Ti**sch**	chave ['ʃavə] fechar [fə'ʃar] peixe ['peiʃə]
[ʒ]	wie in Gara**g**e, Lo**g**e	jornal [ʒur'nal] gente ['ʒẽntə]
[r]	leichtes, geschlagenes Zungen-r	caro ['karu] pagar [pɐ'gar] fraco ['fraku]
[ʀ]	stark gerolltes Zungen- oder Zäpfchen-r	rua ['ʀuɐ] carro ['kaʀu]

[ʎ]	etwa wie in Fami**li**e, wie das ital. gl in fi**gl**io	filho [ˈfiʎu] olho [ˈoʎu] mulher [muˈʎer]
[ɲ]	etwa wie in Ko**gn**ak, wie das span. ñ in se**ñ**or	minha [ˈmiɲɐ] ganhar [gaˈɲar]
[ŋ]	wie in la**ng**, bri**ng**en, nur zwischen Nasal und [g] bzw. [k]	enganar [ẽŋgɐˈnar] banco [ˈbɐ̃ŋku]

Bei den **Diphthongen** ist auf den Unterschied zwischen [e] und [ε] sowie zwischen [o] und [ɔ] zu achten:

peixe [ˈpeiʃə] — papéis [pɐˈpεiʃ]
museu [muˈzeu] — céu [ˈsεu]
coisa [ˈkoizɐ] — herói [iˈrɔi]

Bei den **Nasaldiphthongen** wird der erste Bestandteil nasal ausgesprochen:

mão [mɐ̃u] — mãe [mɐ̃i] — peões [pjõiʃ]
falam [ˈfalɐ̃u] — bem [bɐ̃i]

Die nicht erwähnten **Konsonanten** werden ähnlich den deutschen ausgesprochen.

Das portugiesische Alphabet

A	a	[a]	I	i	[i]	R	r	[ˈεʀə]
B	b	[be]	J	j	[ˈʒɔtɐ]	S	s	[ˈεsə]
C	c	[se]	L	l	[ˈεlə]	T	t	[te]
D	d	[de]	M	m	[ˈεmə]	U	u	[u]
E	e	[ε]	N	n	[ˈεnə]	V	v	[ve]
F	f	[ˈεfə]	O	o	[ɔ]	X	x	[ʃiʃ]
G	g	[ge]	P	p	[pe]	Z	z	[ze]
H	h	[ɐˈga]	Q	q	[ke]			

Allgemeine Hinweise zur Aussprache

Im Portugiesischen werden die Wörter nicht einzeln ausgesprochen, sondern in Sprecheinheiten miteinander verbunden. So verbindet man z. B. einen auslautenden Konsonant mit einem folgenden anlautenden Vokal. Ein auslautendes **e**, aber auch manchmal **o** oder **a**, fällt vor einem anlautenden Vokal aus:

depois de amanhã [də'poiʒ d‿amɐ'ɲɐ̃],
pequeno almoço [pə'ken‿al'mosu].

Zwei unbetonte **a**, die aufeinander treffen, werden als ein offenes **a** ausgesprochen:

toda a noite ['toda 'noitə].

Anders als in Portugal werden in Brasilien alle Vokale deutlich ausgesprochen. Die Phonetik gibt, wenn nicht *(Br)* vermerkt ist, die in Portugal übliche Aussprache an.

Aussprache und Schreibung in Portugal und Brasilien

Innerhalb eines Wortes in Klammer gesetzte Buchstaben werden nur in Portugal, nicht aber in Brasilien geschrieben:

obje(c)to = objecto/objeto

In Brasilien werden die Konsonanten **c, m,** und **p** vor Konsonant nur dann ausgesprochen, wenn sie auch geschrieben werden:

objeto = [ob'ʒɛtu]
recepção = [ʀesɛp'sɐ̃u]

Nach einem Wort in Klammer gesetzte Buchstaben geben eine in Brasilien gebräuchliche Akzentsetzung wieder:

higiénico (ê) = higiênico

Substantive mit der Endung **o** sind männlich; Substantive mit der Endung **a** sind weiblich. Nur bei Abweichungen von dieser Regel und bei anderen Endungen sowie bei Substantiven im Plural wird das Geschlecht durch den Artikel angegeben.

Wörterbuch Deutsch – Portugiesisch

A

abbestellen *(Zimmer)* anular a reserva [ɐnu'lar‿ɐ ʀə'zɛrvɐ]; *(Fahr-, Flugkarten)* cancelar [kɐ̃sə'lar]
Abend a tarde [ɐ 'tardə]; *(nach Einbruch der Dunkelheit)* a noite [ɐ 'noitə]; **am ~** à tardinha [a tɐr'diɲɐ], à noite [a 'noitə]
Abendessen o jantar [u ʒɐ̃n'tar]
abends de noite [də 'noitə]
aber mas [mɐʃ]
abfahren (von) partir (de) [pɐr'tir (də)]
Abfahrt partida [pɐr'tidɐ]
Abfall lixo ['liʃu]
Abhang encosta [ẽŋ'kɔʃtɐ]
abholen ir buscar [ir buʃ'kar]; **~ lassen** mandar buscar [mɐ̃n'dar buʃ'kar]
Abkürzung abreviatura [ɐbrəvjɐ'turɐ]; *(Weg)* atalho [ɐ'taʎu]
abladen descarregar [dəʃkɐʀə'gar]
ablehnen recusar [ʀəku'zar]
abmachen combinar [kõmbi'nar]
abnehmen diminuir [dəmi'nwir]; *(dünner werden)* emagrecer [emɐgrə'ser]
Abreise partida [pɐr'tidɐ]
abreisen (nach) partir (para) [pɐr'tir ('pɐrɐ)]
Abschied nehmen despedir-se [dəʃpə'dirsə]
abschleppen rebocar [ʀəbu'kar]
abschließen fechar à chave [fə'ʃar‿a 'ʃavə]
Abschnitt *(Scheck, Kontroll~)* o talão [u tɐ'lɐ̃u]
Absicht a intenção [ɐ ĩntẽ'sɐ̃u]
absichtlich de propósito [də pru'pɔzitu]
Abstand distância [dəʃ'tɐ̃sjɐ]
abwärts para baixo ['pɐrɐ 'baiʃu]
abwesend ausente [au'zẽntə]
achtgeben (auf) prestar atenção (a) [prəʃ'tar‿ɐtẽ'sɐ̃u (ɐ)]
Achtung a atenção [a‿atẽ'sɐ̃u]
Adresse endereço [ẽndə'resu]
adressieren endereçar [ẽndərə'sar]
Agentur agência [ɐ'ʒẽsjɐ]
ähnlich semelhante [səmə'ʎɐ̃ntə]
Ahnung ideia (é) [i'dɛjɐ]; **keine ~!** não faço ideia (é) [nɐ̃u 'fas‿i'dɛjɐ]
alle todos ['toduʃ]; **auf ~ Fälle** de qualquer maneira [də kwal'kɛr mɐ'neirɐ]; **~ Tage** todos os dias ['toduz‿uʒ 'diɐʃ]; **~ zwei Stunden** de duas em duas horas [də 'duɐz‿ɐ̃i 'duɐz‿'ɔrɐʃ]
allein só [sɔ], sozinho [sɔ'ziɲu]
alles tudo ['tudu]
allgemein geral [ʒə'ral]; **im ~en** geralmente [ʒəral'mẽntə]
als *(zeitlich)* quando ['kwɐ̃ndu]; *(bei Vergleich)* que [kə], do que [du kə]; **besser ~** melhor (do) que [mə'ʎɔr (du) kə]; **nichts ~** (não ...) senão [(nɐ̃u) sə'nɐ̃u]; **~ ob** como se ['komu sə]
also então [ẽn'tɐ̃u], portanto [pur'tɐ̃ntu]
alt *(nicht frisch)* velho ['vɛʎu]; *(aus früheren Zeiten)* antigo [ɐ̃n'tigu]
Alter a idade [ɐ i'dadə]
Amt *(Dienststelle)* a repartição [ɐ ʀəpɐrti'sɐ̃u], os serviços [uʃ sər'visuʃ]
amtlich oficial [ofə'sjal]
amüsieren, s. ~ divertir-se [divər'tirsə]
an em [ɐ̃i]; **am Abend** à tardinha [a tɐr'diɲɐ], à noite [a 'noitə]; **am Sonntag** no domingo [nu du'mĩŋgu]; **am Tejo** junto/na margem do Tejo ['ʒũntu/nɐ 'marʒɐ̃i du 'tɛʒu]
anbieten oferecer [ofərə'ser]
Andenken lembrança [lẽm'brɐ̃sɐ]
andere, der ~ o outro [u 'otru]; **ein ~r** outro ['otru]
andermal, ein ~ outra vez ['otrɐ veʃ]
ändern mudar [mu'dar], alterar [altə'rar]

anders *adj* diferente [difə'rẽntə]; *adv* de outra maneira/forma [d‿'otrɐ mɐ'neirɐ/'fɔrmɐ], de outro modo [d‿'otru 'mɔdu]
anderswo noutro lado ['notru 'ladu]
anderthalb um e meio [ũ i 'meju], uma e meia ['umɐ i 'mejɐ]
Anfang começo [ku'mesu]
anfangen começar [kumə'sar]
Angabe a indicação [ɐ ĩndikɐ'sɐ̃u]; **~n machen** dar indicações [dar‿ĩndikɐ'sõiʃ]; **nähere ~n** indicações mais pormenorizadas [ĩndikɐ'sõiʃ maiʃ purmənuri'zadɐʃ]
Angebot oferta [o'fɛrtɐ]
Angelegenheit assunto [ɐ'sũntu]; **eine ~ erledigen** resolver um assunto [ʀəzɔl'ver‿ũ ɐ'sũntu]
angenehm agradável [ɐgrɐ'davɛl]
Angestellte, der, die ~ o empregado [u ẽmprə'gadu], a empregada [ɐ ẽmprə'gadɐ]
Angst medo ['medu]
ängstlich medroso [mə'drozu]
anhaben trazer [trɐ'zer]
anhalten parar [pɐ'rar]
anklopfen bater à porta [bɐ'ter‿a 'pɔrtɐ]
ankommen chegar [ʃə'gar]
Ankunft chegada [ʃə'gadɐ]
Anlage a instalação [ɐ ĩʃtɐlɐ'sɐ̃u]; *(Brief)* anexo [ɐ'nɛksu]
Anlaß *(Grund)* motivo [mu'tivu]; *(Gelegenheit)* a ocasião [ɐ okɐ'zjɐ̃u]
anmachen *(Licht)* acender [ɐsẽn'der]
anmelden *(ankündigen)* anunciar [ɐnũ'sjar]; *(angeben)* declarar [dəklɐ'rar]; *(einschreiben)* inscrever [ĩʃkrə'ver]
Annahme a aceitação [a‿ɐseitɐ'sɐ̃u]; *(Vermutung)* a suposição [ɐ supuzi'sɐ̃u]
annehmen aceitar [ɐsei'tar]; *(vermuten)* supor [su'por]
Anruf chamada [ʃɐ'madɐ], o telefonema [u tələfu'nemɐ]
anrufen telefonar [tələfu'nar]
anschauen olhar [o'ʎar], observar [obsər'var], ver [ver]
anscheinend *adv* aparentemente [ɐpɐrẽntə'mẽntə], segundo parece [sə'gũndu pɐ'rɛsə]
Anschluß *(Zug)* a ligação [ɐ ligɐ'sɐ̃u]
Anschrift endereço [ẽndə'resu]
ansehen ver [ver], observar [obsər'var]
Ansicht vista ['viʃtɐ], aspecto [ɐʃ'pɛtu]; *(Meinung)* a opinião [ɐ opə'njɐ̃u]
Ansichtskarte o postal ilustrado [u puʃ'tal‿iluʃ'tradu]
anstatt em vez de [ɐ̃i veʒ də]
anstrengend fatigante [fɐti'gẽntə]
Anstrengung esforço ['ʃforsu]
antik antigo [ɐ̃n'tigu]
Antiquitäten as antiguidades [ɐz‿ɐ̃ntigwi'dadəʃ]
Antwort resposta [ʀəʃ'pɔʃtɐ]
antworten responder [ʀəʃpõn'der]
Anwalt advogado [ɐdvu'gadu]
anwenden empregar [ẽmprə'gar]; *(Gesetz)* aplicar [ɐpli'kar]
anwesend presente [prə'zẽntə]
Anzahl número ['numəru]
Anzeige *(Inserat)* anúncio [ɐ'nũsju]
anziehen *(Kleidungsstück)* vestir [vəʃ'tir]; **s. ~** vestir-se [vəʃ'tirsə]
Anzug fato ['fatu], *(Br)* terno ['tɛrnu]
anzünden acender [ɐsẽn'der]
Apfel a maçã [ɐ mɐ'sɐ̃]
Apotheke farmácia [fɐr'masjɐ]
Apparat *(Foto)* máquina fotográfica ['makinɐ futu'grafikɐ]; *(Radio)* (aparelho de) rádio [(ɐpɐ'reʎu də) 'ʀadju]
Arbeit trabalho [trɐ'baʎu]; *(Anstellung)* emprego [ẽm'pregu]
arbeiten trabalhar [trɐbɐ'ʎar]
ärgern, s. ~ über irritar-se com [iʀi'tarsə kõ], aborrecer-se com [ɐbuʀə'sersə kõ]
arm pobre ['pɔbrə]
Arm braço ['brasu]
Armband pulseira [pul'seirɐ]
Armbanduhr relógio de pulso [ʀə'lɔʒju də 'pulsu]
Art maneira [mɐ'neirɐ], modo ['mɔdu]
Artikel *(Ware, Zeitung)* artigo [ɐr'tigu]
Atlantik Atlântico [ɐ'tlɐ̃ntiku]
auch também [tẽm'bɐ̃i]; **~ nicht** também não [tẽm'bɐ̃i nɐ̃u]

auf (1) *prp* sobre ['sobrə], em cima de [ẽi 'simɐ də], em [ẽi]; ~ **den Azoren** nos Açores [nuz‿ɐ'sorəʃ]; ~ **der Reise** durante a viagem [du'rẽnt‿ɐ 'vjaʒẽi]; ~ **der Straße** na rua [nɐ 'ʀuɐ]; ~ **die/der Post** ao/no correio [ɐu/nu ku'ʀeju]; ~ **einmal** de repente [də ʀə'pẽntə]; ~ **portugiesisch** em português [ẽi purtu'geʃ]
auf (2) *(offen)* aberto [ɐ'bɛrtu]
aufbewahren guardar [gwɐr'dar], conservar [kõsər'var]
Aufenthalt estada ['ʃtadɐ]; *(Zug)* a paragem [ɐ pɐ'raʒẽi], *(Br)* parada [pa'radɐ]
auffordern convidar [kõvi'dar]
Aufführung a representação [ɐ ʀəprəzẽntɐ'sɐ̃u]
aufhalten, jdn ~ deter alg [də'ter‿al'gẽi]; **s.** ~ demorar-se [dəmu'rarsə]
aufhängen pendurar [pẽndu'rar]
aufhören acabar [ɐkɐ'bar], terminar [tərmi'nar]
aufladen carregar [kɐʀə'gar]
aufmachen abrir [ɐ'brir]
aufmerksam atento [ɐ'tẽntu]
Aufnahme *(Empfang)* a recepção [ɐ ʀəsɛ'sɐ̃u]; *(Foto)* fotografia [futugrɐ'fiɐ]
aufnehmen *(Foto)* tirar [ti'rar]
aufpassen (auf) tomar conta (de) [tu'mar 'kõntɐ (də)]
aufpumpen encher (de ar) [ẽ'ʃer (d‿ar)]
aufschieben adiar [ɐ'djar]
Aufschub adiamento [ɐdjɐ'mẽntu]
Aufseher *(Wächter)* o guarda [u 'gwardɐ]
aufstehen levantar-se [ləvẽn'tarsə]
aufwachen acordar [ɐkur'dar], despertar [dəʃpər'tar]
aufwecken acordar [ɐkur'dar], despertar [dəʃpər'tar]
Aufzeichnung apontamento [ɐpõntɐ'mẽntu], nota ['nɔtɐ]
Aufzug *(Lasten)* o monta-cargas [u 'mõntɐ 'kargɐʃ]; *(Fahrstuhl)* o elevador [u iləvɐ'dor], o ascensor [u ɐʃsẽ'sor]
Auge olho ['oʎu]
Augenblick momento [mu'mẽntu]

aus *(Herkunft)* de [də]; ~ **Lissabon** de Lisboa [də liʒ'boɐ]; *(Material)* de [də]; **ein Kleid** ~ **Seide** um vestido de seda [ũ vəʃ'tidu də 'sedɐ]; *(Grund)* por [pur]; ~ **diesem Grund** por este motivo [pur‿'eʃtə mu'tivu]
Ausdruck a expressão [ɐ (ei)ʃprə'sɐ̃u]
ausdrücklich expressamente [(ei)ʃprɛsɐ'mẽntə]
Ausflug a excursão [ɐ (ei)ʃkur'sɐ̃u], passeio [pɐ'seju]
Ausfuhr a exportação [ɐ (ei)ʃpurtɐ'sɐ̃u]
ausführen *(Arbeit)* executar [izəku'tar]
ausfüllen *(Formular)* preencher [prjẽ'ʃer]
Ausgaben as despesas [ɐʒ dəʃ'pezɐʃ]
Ausgang saída [sɐ'idɐ]
ausgeben gastar [gɐʃ'tar]
ausgehen *(Haus verlassen)* sair [sɐ'ir]; *(Licht)* apagar-se [ɐpɐ'garsə]
ausgeschlossen impossível [ĩmpu'sivɛl]
ausgezeichnet excelente [(ei)ʃsə'lẽntə]
Auskunft a informação [ɐ ĩfurmɐ'sɐ̃u]; ~ **einholen** pedir informações [pə'dir‿ĩfurmɐ'sõiʃ]
Auskunftsstelle serviço de informações [sər'visu d‿ĩfurmɐ'sõiʃ]
Ausland estrangeiro [ʃtrẽ'ʒeiru]; **im/ins** ~ no/ao (para o) estrangeiro [nu/ɐu ('pɐrɐ u) ʃtrẽ'ʒeiru]
Ausländer estrangeiro [ʃtrẽ'ʒeiru]
ausländisch estrangeiro [ʃtrẽ'ʒeiru]
auslöschen apagar [ɐpɐ'gar]
Ausnahme a exce(p)ção [ɐ (ei)ʃsɛ'sɐ̃u]
auspacken *(Koffer)* desfazer as malas [dəʃfɐ'zer‿ɐʒ 'malɐʃ]
Ausreise saída [sɐ'idɐ]
ausruhen, s. ~ descansar [dəʃkẽ'sar]
aussehen ter ar de [ter‿ar də], ter aspecto de [ter‿ɐʃ'pɛtu də]
außen fora ['fɔrɐ]; **von** ~ de fora [də 'fɔrɐ], por fora [pur 'fɔrɐ]
außer exce(p)to [(ei)ʃ'sɛtu], além de [a'lẽi də]

außerdem além disso [a'lẽi 'disu]
außergewöhnlich extraordinário [(ei)ʃtrɐɔrdi'narju]
äußerlich exterior [(ei)ʃtə'rjor]
Aussicht vista ['viʃtɐ]
Aussprache pronúncia [pru'nũsjɐ]
aussprechen pronunciar [prunũ'sjar]
aussteigen descer [dəʃ'ser]
Ausstellung a exposição [ɐ (ei)ʃpuzi'sẽu]
aussuchen escolher [ʃku'ʎer]
Austausch troca ['trɔkɐ]
austauschen trocar [tru'kar]
ausüben *(Beruf)* exercer [izər'ser]
Ausverkauf a liquidação [ɐ likidɐ'sẽu], saldo ['saldu]
Auswahl escolha ['ʃkoʎɐ]
Ausweis *(Personal~)* o bilhete de identidade [u bə'ʎetə d‿idẽnti'dadə], *(Br)* carteira de identidade [kar'tere di idẽnti'dadi]
ausziehen *(Wohnung verlassen)* mudar de casa [mu'dar də 'kazɐ]; *(Kleidungsstück)* despir [dəʃ'pir]; **s. ~** despir-se [dəʃ'pirsə]
Auto carro ['kaʀu], o automóvel [u autu'mɔvɛl]; **~ fahren** conduzir [kõndu'zir]
Automat *(Waren)* o distribuidor automático [u dəʃtribwi'dor‿ ‿autu'matiku]
automatisch automático [autu'matiku]

B

Bad banho ['bɐɲu]
baden *(Wanne, schwimmen)* tomar banho [tu'mar 'bɐɲu]
bald logo ['lɔgu], em breve [ẽi 'brɛvə]; **so ~ wie möglich** o mais depressa possível [u maiʒ də'prɛsɐ pu'sivɛl], quanto antes ['kwẽntu 'ɐntəʃ]
Ball bola ['bɔlɐ]; *(Fest)* o baile [u 'bailə]
Band (1) *n (aus Stoff)* fita ['fitɐ]
Band (2) *m (Buch)* o volume [u vu'lumə]
Bank (1) *(Geldinstitut)* banco ['bẽŋku]
Bank (2) *(Sitz~)* banco ['bẽŋku]
bar zahlen pagar em dinheiro [pɐ'gar‿ẽi də'ɲeiru]
Bargeld dinheiro de contado [də'ɲeiru də kõn'tadu]
bauen construir [kõʃ'trwir]
Bauer *(Landwirt)* o camponês [u kẽmpu'neʃ], o agricultor [u ɐgrikul'tor]
Bauernhof fazenda [fɐ'zẽndɐ]
Baum a árvore [ɐ 'arvurə]
Baumwolle o algodão [u algu'dẽu]
beabsichtigen tencionar [tẽsju'nar]
beachten considerar [kõsidə'rar]
beantworten responder a [ʀəʃpõn'der‿ɐ]
Bedauern o pesar [u pə'zar]
bedauern lamentar [lɐmẽn'tar], sentir [sẽn'tir]
bedecken cobrir [ku'brir]
bedeckt *(Wetter)* nublado [nu'bladu]
bedeuten significar [signifi'kar]
bedeutend importante [ĩmpur'tẽntə]
Bedeutung *(Sinn)* significado [signifi'kadu], a significação [ɐ signifikɐ'sẽu]; *(Wichtigkeit)* importância [ĩmpur'tẽsjɐ]
bedienen servir [sər'vir]
Bedienung serviço [sər'visu]
Bedingung a condição [ɐ kõndi'sẽu]
Bedürfnis a necessidade [ɐ nəsəsi'dadə]
beeilen, s. ~ apressar-se [ɐprə'sarsə], despachar-se [dəʃpɐ'ʃarsə]
beenden acabar [ɐkɐ'bar], terminar [tərmi'nar]
befinden, s. ~ encontrar-se [ẽŋkõn'trarsə]
befolgen seguir [sə'gir]
befördern transportar [trẽʃpur'tar]

befreundet sein ser amigo [ser‿ɐ'migu]
befriedigt satisfeito [sɐtəʃ'feitu], contente [kõn'tẽntə]
befürchten recear [ʀə'sjar]
begegnen encontrar [ẽŋkõn'trar]
begeistert (von) entusiasmado (com) [ẽntuzjɐʒ'madu (kõ)]
Beginn começo [ku'mesu], princípio [prĩ'sipju]
beginnen começar [kumə'sar]
begleiten acompanhar [ɐkõmpɐ'ɲar]
begrüßen cumprimentar [kũmprimẽn'tar]
behalten guardar [gwɐr'dar], ficar com [fi'kar kõ]
Behälter o recipiente [u ʀəsi'pjẽntə], depósito [də'pɔzitu]
behandeln tratar [trɐ'tar]
Behandlung tratamento [trɐtɐ'mẽntu]
behaupten afirmar [ɐfir'mar]
behilflich, jdm ~ sein ajudar alg [ɐʒu'dar‿al'gẽi]
Behörde as autoridades [ɐz‿auturi'dadəʃ]
bei *(nahe)* perto de ['pɛrtu də]; **~ Tag/Nacht** de dia/noite [də 'diɐ/'noitə]; **~ Tisch** à mesa [a 'mezɐ]; **~ diesem Wetter** com este tempo [kõ 'eʃtə 'tẽmpu]; **~ m Essen** à refeição [a ʀəfei'sɐ̃u]
beide ambos ['ɐ̃mbuʃ], ambas ['ɐ̃mbɐʃ]
Beifall os aplausos [uz‿ɐ'plauzuʃ]
beifügen juntar [ʒũn'tar]
Beileid os pêsames [uʃ 'pezɐməʃ]
beinahe quase ['kwazə]
beisammen juntos ['ʒũntuʃ]
Beispiel exemplo [i'zẽmplu]; **zum ~** por exemplo [pur‿i'zẽmplu]
bekannt conhecido [kuɲə'sidu]; **jdn mit jdm ~ machen** apresentar alg a alg [ɐprəzẽn'tar‿al'gẽi ɐ al'gẽi]; **~ sein** ser conhecido [ser kuɲə'sidu]
Bekannte, der, die ~ o conhecido [u kuɲə'sidu], a conhecida [ɐ kuɲə'sidɐ]
bekanntlich como se sabe ['komu sə 'sabə]
beklagen, s. ~ (über) queixar-se (de) [kei'ʃarsə (də)]
bekommen receber [ʀəsə'ber]
belästigen importunar [ĩmpurtu'nar], incomodar [ĩŋkumu'dar]
belegen, einen Platz ~ ocupar um lugar [oku'par‿ũ lu'gar]
beleidigen ofender [ofẽn'der]
Beleidigung ofensa [o'fẽsɐ]
beleuchtet iluminado [ilumi'nadu]
Belgien Bélgica ['bɛlʒikɐ]
Belgier/in o/a belga [u/ɐ 'bɛlgɐ]
Belieben, nach ~ à vontade [a võn'tadə], à discrição [a dəʃkri'sɐ̃u]
belohnen recompensar [ʀəkõmpẽ'sar], gratificar [grɐtəfi'kar]
Belohnung recompensa [ʀəkõm'pẽsɐ], a gratificação [ɐ grɐtəfikɐ'sɐ̃u]
bemerken notar [nu'tar]; *(sagen)* observar [obsər'var]
bemühen, s. ~ esforçar-se [ʃfur'sarsə]
benachrichtigen avisar [ɐvi'zar], informar [ĩfur'mar]
Benehmen comportamento [kõmpurtɐ'mẽntu]
benötigen precisar de [prəsi'zar də]
benutzen utilizar [utəli'zar], usar [u'zar]; *(Verkehrsmittel)* tomar [tu'mar], *(Br)* pegar [pe'gar]
Benzin gasolina [gɐzu'linɐ]
beobachten observar [obsər'var]
bequem cómodo ['kɔmudu], confortável [kõfur'tavɛl]
Bequemlichkeit a comodidade [ɐ kumudi'dadə]
berechnen calcular [kalku'lar]
berechtigt autorizado [auturi'zadu], com direito [kõ di'reitu]
bereit pronto ['prõntu], disposto [dəʃ'poʃtu]
bereits já [ʒa]
Berg o monte [u 'mõntə]
bergab para baixo ['pɐrɐ 'baiʃu]
bergauf para cima ['pɐrɐ 'simɐ]
Bericht relato [ʀə'latu], relatório [ʀəlɐ'tɔrju]
Beruf a profissão [ɐ prufi'sɐ̃u]
beruhigen, s. ~ acalmar-se [ɐkal'marsə], serenar [sərə'nar]
berühmt célebre ['sɛləbrə], famoso [fɐ'mozu]
berühren tocar [tu'kar]

Berührung conta(c)to [kõn'taktu]
beschädigen danificar [denəfi'kar]
Beschädigung dano ['denu]
beschaffen *verb* arranjar [ɐʀɐ̃'ʒar]
beschäftigt ocupado [oku'padu]; *(angestellt)* empregado [ẽmprə'gadu]
bescheinigen certificar [sərtəfi'kar], atestar [ɐtəʃ'tar]
Bescheinigung certificado [sərtəfi'kadu], atestado [ɐtəʃ'tadu]
beschleunigen acelerar [ɐsələ'rar]
beschließen resolver [ʀəzɔl'ver], decidir [dəsi'dir]
beschreiben descrever [dəʃkrə'ver]
beschützen proteger [prutə'ʒer]
Beschwerde queixa ['keiʃɐ], a reclamação [ɐ ʀəklemɐ'sɐ̃u]
beschweren, s. ~ (über) queixar--se (de) [kei'ʃarsə (də)]
besetzt *(Platz)* ocupado [oku'padu]; *(voll)* completo [kõm'plɛtu]
besichtigen visitar [vəzi'tar]
Besichtigung visita [və'zitɐ]
Besitz a posse [ɐ 'pɔsə]; *(Eigentum)* a propriedade [ɐ pruprje'dadə]
besitzen possuir [pu'swir]
Besitzer o possuidor [u puswi'dor], dono ['donu], proprietário [pruprje'tarju]
besonders especialmente [ʃpəsjal'mẽntə]
besorgen arranjar [ɐʀɐ̃'ʒar]
besorgt preocupado [prjoku'padu]
Besorgung compra ['kõmprɐ]
besser melhor [mə'ʎɔr]
bestätigen confirmar [kõfir'mar]
bestehen existir [iziʃ'tir]; **~ auf** insistir em [ĩsiʃ'tir‿ɐ̃i]; **~ aus** constar de [kõʃ'tar də], ser constituído por [ser kõʃti'twidu pur]
bestellen encomendar [ẽŋkumẽn'dar]; *(Hotel, Platz)* marcar [mɐr'kar], reservar [ʀəzər'var]; *(kommen lassen)* mandar vir [mẽn'dar vir]
Bestellung encomenda [ẽŋku'mẽndɐ]
bestimmt *adj* certo ['sɛrtu], determinado [dətərmi'nadu]; *adv* certamente [sɛrtɐ'mẽntə], com certeza [kõ sər'tezɐ]
Besuch visita [və'zitɐ]
besuchen, jdn ~ visitar alg [vəzi'tar‿al'gɐ̃i]
beten rezar [ʀə'zar]
betrachten observar [obsər'var]; *(ansehen als)* considerar (como) [kõsidə'rar ('komu)]
beträchtlich considerável [kõsidə'ravɛl]
Betrag importância [ĩmpur'tɐ̃sjɐ] quantia [kwɐ̃n'tiɐ]
betreffend respectivo [ʀəʃpɛ'tivu], relativo a [ʀəlɐ'tivu ɐ]
betreten entrar em [ẽn'trar‿ɐ̃i]
betrinken, s. ~ embriagar-se [ẽmbrjɐ'garsə]
Betrug *(Gaunerei)* engano [ẽŋ'genu], a vigarice [ɐ vigɐ'risə]; *(Handel)* a fraude [ɐ 'fraudə]
betrügen enganar [ẽŋgɐ'nar]
betrunken embriagado [ẽmbrjɐ'gadu]; *(leicht)* alegre [ɐ'lɛgrə]
Bett cama ['kemɐ]; **zu ~ gehen** ir deitar-se [ir dei'tarsə], ir para a cama [ir 'perɐ 'kemɐ]
Bettwäsche roupa de cama ['ʀopɐ də 'kemɐ]
beunruhigen, s. ~ inquietar-se [ĩŋkje'tarsə]
beurteilen julgar [ʒul'gar]
Beutel bolsa ['bolsɐ]
bevor antes de ['ɐ̃ntəʒ də]
bewegen mover [mu'ver]
bewegt *(Gefühl)* comovido [kumu'vidu]; *(Meer)* agitado [ɐʒi'tadu]
Bewegung movimento [muvi'mẽntu]
Beweis prova ['prɔvɐ]
beweisen provar [pru'var], demonstrar [dəmõʃ'trar]
Bewohner o habitante [u ɐbi'tɐ̃ntə]
bewölkt nublado [nu'bladu]
bewundern admirar [ɐdmi'rar]
bewußt consciente [kõʃ'sjẽntə]
bezahlen pagar [pɐ'gar]
bezaubernd encantador [ẽŋkɐ̃ntɐ'dor]
beziehen, s. ~ auf referir-se a [ʀəfə'rirs‿ɐ]

biegen dobrar [du'brar], curvar [kur'var]
Bier cerveja [sər'veʒɐ]
Bild *(Foto)* fotografia [futugrɐ'fiɐ]; *(Abbildung)* gravura [grɐ'vurɐ]; *(Gemälde)* quadro ['kwadru]
bilden formar [fur'mar], constituir [kõʃti'twir]
billig barato [bɐ'ratu]
binden atar [ɐ'tar], ligar [li'gar]
Bindfaden fio ['fiu], o cordel [u kur'dɛl]
Birne pêra ['perɐ]; *(el)* lâmpada ['lẽmpɐdɐ]
bis até [ɐ'tɛ]; ~ **jetzt** até agora [ɐ'tɛ ɐ'gɔrɐ]
bißchen, ein ~ um pouco [ũm 'poku]
bitte se faz favor [sə faʃ fɐ'vor]; *(Antwort auf Dank)* de nada [də 'nadɐ], não tem de quê [nẽu tẽi də ke]; **wie** ~? como? ['komu]
Bitte pedido [pə'didu]
bitten, jdn um etw ~ pedir algo a alg [pə'dir‿'algu ɐ‿al'gẽi]
bitter amargo [ɐ'margu]
blaß pálido ['palidu]
Blatt folha ['foʎɐ]
blau azul [ɐ'zul]; **hell-/dunkel** ~ azul claro/escuro [ɐ'zul 'klaru/ 'ʃkuru]
bleiben ficar [fi'kar]
bleich pálido ['palidu]
Bleistift o lápis [u 'lapiʃ]
Blick o olhar [u o'ʎar]; *(Ausblick)* vista ['viʃtɐ]
blind cego ['sɛgu]
Blitz *(Wetter)* relâmpago [ʀə'lẽmpɐgu]; *(Foto)* o flash [u flɛʃ]
blöd(e) parvo ['parvu], tolo ['tolu], estúpido ['ʃtupidu]
blond louro ['loru]
blühen florescer [flurəʃ'ser]
Blume a flor [ɐ flor]
Boden solo ['sɔlu], o chão [u ʃẽu]; *(Fuß~)* o chão [u ʃẽu]
Boot barco ['barku]
Bord, an ~ **gehen** embarcar [ẽmbɐr'kar]
böse mau [mau]; *(verärgert)* zangado [zẽŋ'gadu]
Botschaft *(dipl. Vertretung)* embaixada [ẽmbai'ʃadɐ]
Brand incêndio [ĩ'sẽndju], fogo ['fogu]
Brasilianer/in o brasileiro [u brɐzi'leiru], a brasileira [ɐ brɐzi'leirɐ]
brasilianisch brasileiro [brɐzi'leiru]
Brasilien Brasil [brɐ'zil]
Braten assado [ɐ'sadu]
braten assar [ɐ'sar]; *(in der Pfanne)* fritar [fri'tar]
brauchen precisar de [prəsi'zar də], necessitar (de) [nəsəsi'tar (də)]; *(Zeit)* levar [lə'var]
braun castanho [kɐʃ'tɐɲu], *(Br)* marrom [ma'ʀõ]; *(gebräunt)* bronzeado [brõ'zjadu], queimado [kei'madu]; *(Haar)* castanho [kɐʃ'tɐɲu]
brechen partir [pɐr'tir], quebrar [kə'brar]
breit largo ['largu]
brennen arder [ɐr'der]
Brief carta ['kartɐ]
Briefkasten caixa do correio ['kaiʃɐ du ku'ʀeju]
Briefpapier o papel de carta [u pɐ'pɛl də 'kartɐ]
Brieftasche carteira [kɐr'teirɐ]
Briefträger carteiro [kɐr'teiru]
Briefumschlag o envelope [u ẽvə'lɔpə], sobrescrito [sobrəʃ'kritu]
Briefwechsel correspondência [kuʀəʃpõn'dẽsjɐ]
Brille os óculos [uz‿'ɔkuluʃ]
bringen *(her~)* trazer [trɐ'zer]; *(weg~)* levar [lə'var]
Brot o pão [u pẽu]
Brötchen pãozinho [pẽu'ziɲu]; **belegtes** ~ a sanduíche [ɐ sẽn'dwiʃə], a sande [ɐ 'sẽndə], *(Br)* o sanduíche [u sẽn'dwiʃi]
Bruch ruptura [ru'turɐ]
Brücke a ponte [ɐ 'põntə]
Bruder o irmão [u ir'mẽu]
Brunnen poço ['posu]
Buch livro ['livru]
buchen *(Platz)* marcar [mɐr'kar], reservar [ʀəzər'var]
Büchse caixa ['kaiʃɐ]; *(Konserve)* lata de conserva ['latɐ də kõ'sɛrvɐ]
Büchsenöffner o abre-latas [u 'abrə 'latɐʃ]
buchstabieren soletrar [sulə'trar], dizer as letras [di'zer‿ɐʒ 'letrɐʃ]
Bucht baía [bɐ'iɐ]

Bügeleisen ferro (de engomar) ['fɛʀu (d‿ẽŋgu'mar)]
bügeln passar a ferro [pe'sar‿ɐ 'fɛʀu]
bunt multicolor [multiku'lor], polícromo [pu'likrumu]; *(abwechslungsreich)* variado [ve'rjadu]
Burg castelo [keʃ'tɛlu]
Büro escritório [ʃkri'tɔrju]
Bürste escova ['ʃkove]
bürsten escovar [ʃku'var]
Bus autocarro [auto'kaʀu], *(Br)* o ônibus [u 'onibus]
Busch arbusto [ɐr'buʃtu]
Bushaltestelle a paragem [ɐ pe'raʒẽi], *(Br)* parada [pa'rade]
Butter manteiga [mẽn'teige]

C

Café o café [u ke'fɛ]
Camping campismo [kẽm'piʒmu], *(Br)* o camping [u 'kẽmpiŋ]
Chauffeur o motorista [u mutu'riʃtɐ], *(Br)* o chofer [u ʃɔ'fɛr]
Chef o chefe [u 'ʃɛfə]
Chor coro ['koru]
Chronik crónica (ô) ['krɔnike]
Cousin/e o primo [u 'primu], a prima [ɐ 'prime]

D

da *(Ort)* aí [ɐ'i], ali [ɐ'li], além [a'lẽi], lá [la]; *(Grund)* como ['komu], já que [ʒa kə]; *(Zeit)* então [ẽn'tẽu], em que [ẽi kə]
Dach telhado [tə'ʎadu]
dafür sein ser a favor de [ser‿ɐ fe'vor də]
dagegen sein ser contra [ser 'kõntrɐ]
daheim em casa [ẽi 'kazɐ]
daher *(Grund)* por isso [pur‿'isu]
damals então [ẽn'tẽu]
Dame senhora [sə'ɲore]
Dämmerung (Morgen~) alvorada [alvu'radɐ], o amanhecer [u ɐmɐɲə'ser]; *(Abend~)* o anoitecer [u ɐnoitə'ser]
Dampfer o vapor [u ve'por]
danach depois [də'poiʃ]
dankbar agradecido [ɐgredə'sidu], grato ['gratu]
danken agradecer [ɐgredə'ser]
dann então [ẽn'tẽu], depois [də'poiʃ]
dasein estar presente [ʃtar prə'zẽntə]
daß que [kə]
dasselbe o mesmo [u 'meʒmu]
Datum data ['datɐ]
Dauer a duração [ɐ dure'sẽu]
dauern durar [du'rar]
Deck o convés [u kõ'vɛʃ]
Decke *(Bett~)* o cobertor [u kubər'tor]; *(Zimmer~)* te(c)to ['tɛtu]
Defekt defeito [də'feitu]
dein teu [teu], tua ['tuɐ]
demnächst brevemente [brɛvə'mẽntə]
denken an pensar em [pẽ'sar‿ẽi]
Denkmal monumento [munu'mẽntu]
denn pois [poiʃ], porque ['purkə]
derselbe o mesmo [u 'meʒmu]
deshalb por isso [pur‿'isu]
deutlich claro ['klaru]
deutsch alemão [ɐlə'mẽu]
Deutsche, der, die ~ o alemão [u ɐlə'mẽu], a alemã [a‿alə'mẽ]
Deutschland Alemanha [ɐlə'meɲɐ]
Devisen as divisas [ɐʒ də'vizeʃ]

?

dich te [tə], ti [ti]
dicht *(Nebel)* denso ['dẽsu], cerrado [sə'ʀadu]; *adv* perto ['pɛrtu]; ~ **dabei** muito perto ['mũintu 'pɛrtu]
dick gordo ['gordu]; *(geschwollen)* inchado [ĩ'ʃadu]
Dieb o ladrão [u lɐ'drẽu]
Diebstahl roubo ['ʀobu]
dienen servir [sər'vir]
Dienst serviço [sər'visu]
dieser, diese, dieses *(beim Sprecher)* este ['eʃtə], esta ['ɛʃtɐ]; *(beim Angeredeten)* esse ['esə], essa ['ɛsɐ]; *(entfernt von beiden)* aquele [ɐ'kelə], aquela [ɐ'kɛlɐ]
Ding coisa ['koizɐ]
dir te [tə], ti [ti]
direkt dire(c)to [di'rɛtu]; *(sofort)* logo ['lɔgu], imediatamente [imədjatɐ'mẽntə]
Direktion a dire(c)ção [ɐ dirɛ'sẽu]
Direktor o dire(c)tor [u dirɛ'tor]
doch mas [mɐʃ], porém [pu'rẽi]
Doktor o doutor [u do'tor], médico ['mɛdiku]
Dokument documento [duku'mẽntu]
Dolmetscher o intérprete [u ĩn'tɛrprətə]
Dom a catedral [ɐ kɐtə'dral]
doppelt duplo ['duplu]
Dorf aldeia [al'dejɐ]
dort ali [ɐ'li], além [a'lẽi], lá [la]; *(beim Angeredeten)* aí [ɐ'i]; ~ **oben/unten** lá em cima/em baixo [la ẽi 'simɐ/ẽi 'baiʃu]
dorthin para lá ['pɐrɐ la], lá [la]
Dose caixa ['kaiʃɐ], lata ['latɐ]
Dosenöffner o abre-latas [u 'abrə 'latɐʃ]
Draht o arame [u ɐ'rɐmə]
draußen fora ['fɔrɐ]
drehen virar [vi'rar], voltar [vɔl'tar]
drin(nen) lá dentro [la 'dẽntru], no interior [nu ĩntə'rjor]
dringend urgente [ur'ʒẽntə]
dritte, der, die, das ~ o terceiro [u tər'seiru], a terceira [ɐ tər'seirɐ]
Drittel, ein ~ um terço [ũ 'tersu]
drittens (em) terceiro (lugar) [(ẽi) tər'seiru (lu'gar)]
drüben além [a'lẽi], do outro lado [du 'otru 'ladu]
drücken *(stoßen)* empurrar [ẽmpu'ʀar]
du tu [tu], *(Br)* você [vɔ'se]
dumm parvo ['parvu], tolo ['tolu]
Düne duna ['dunɐ]
dunkel escuro ['ʃkuru]
dünn delgado [dɛl'gadu]
durch *(quer ~)* através de [ɐtrɐ'vɛʒ də]; *(mittels)* por [pur], por meio de [pur 'meju də]; *(Passiv)* por [pur]
durchaus nicht de maneira nenhuma [də mɐ'neirɐ nə'ɲumɐ]
Durchfahrt a passagem [ɐ pɐ'saʒẽi], travessia [trɐvə'siɐ]
Durchgang a passagem [ɐ pɐ'saʒẽi]
Durchreise a passagem [ɐ pɐ'saʒẽi]; **auf der** ~ de passagem [də pɐ'saʒẽi]
Durchreisevisum visto de trânsito ['viʃtu də 'trẽzitu]
durchschnittlich *adj* médio ['mɛdju]; *adv* em média [ẽi 'mɛdjɐ]
dürfen poder [pu'der]
dürr seco ['seku]
Durst a sede [ɐ 'sedə]
durstig sein ter sede [ter 'sedə]
Dusche chuveiro [ʃu'veiru], o duche [u 'duʃə], *(Br)* ducha ['duʃɐ]
Dutzend, ein ~ uma dúzia ['umɐ 'duzjɐ]

E

Ebbe a maré vazia/baixa [ɐ mɐ'rɛ vɐ'ziɐ/'baiʃɐ], a baixa-mar [ɐ 'baiʃɐ mar]
eben (1) *(flach)* plano ['plɐnu]
eben (2) *(zeitlich)* agora mesmo [ɐ'gɔrɐ 'meʒmu]
Ebene a planície [ɐ plɐ'nisjə]
echt autêntico [au'tẽntiku]

Ecke esquina [ˈʃkinɐ], canto [ˈkẽntu]
Ehe casamento [kɐzɐˈmẽntu]
Ehefrau a mulher [ɐ muˈʎɛr], esposa [ˈʃpozɐ]
Ehemann marido [mɐˈridu], esposo [ˈʃpozu]
Ehepaar o casal [u kɐˈzal]
eher *(lieber)* antes [ˈẽntəʃ]
Ehering aliança [ɐˈljẽsɐ]
Ehre honra [ˈõʀɐ]
Ei ovo [ˈovu]
eigen próprio [ˈprɔprju]; *(eigenartig)* particular [pɐrtikuˈlar], peculiar [pəkuˈljar]; *(seltsam)* singular [sĩŋguˈlar], estranho [ˈʃtreɲu]
Eigenschaft a qualidade [ɐ kwɐliˈdadə]
Eigentümer proprietário [pruprjeˈtarju], dono [ˈdonu]
Eile pressa [ˈprɛsɐ]
eilig apressado [ɐprəˈsadu]; **es ~ haben** ter pressa [ter ˈprɛsɐ]
einander um ao outro [ũ ɐu ˈotru], uns aos outros [ũz‿ɐuz‿ˈotruʃ]
einbehalten reter [ʀəˈter]
einbiegen, nach rechts/links ~ virar à direita/esquerda [viˈrar‿a diˈreitɐ/ˈʃkerdɐ]
Eindruck a impressão [ɐ ĩmprəˈsɐ̃u]
einfach simples [ˈsĩmpləʃ]
Einfahrt entrada [ẽnˈtradɐ]
Einfuhr a importação [ɐ ĩmpurtɐˈsɐ̃u]
Eingang entrada [ẽnˈtradɐ]
einig sein estar de acordo [ʃtar d‿ɐˈkordu]
einige alguns [alˈgũʃ], algumas [alˈgumɐʃ]
einkaufen comprar [kõmˈprar], fazer compras [fɐˈzer kõmˈprɐʃ]
einladen convidar [kõviˈdar]
Einladung o convite [u kõˈvitə]
einmal uma vez [ˈumɐ veʃ]
einmünden *(Straße)* desembocar [dəzẽmbuˈkar]
eins um [ũ], uma [ˈumɐ]
einschiffen, s. ~ embarcar [ẽmbɐrˈkar]
einschlafen adormecer [ɐdurməˈser]
einschließen incluir [ĩŋˈklwir]
einsteigen subir [suˈbir], entrar [ẽnˈtrar]
eintreffen chegar [ʃəˈgar]
eintreten entrar [ẽnˈtrar]
Eintritt entrada [ẽnˈtradɐ]; **~ verboten** proibida a entrada [prwiˈbida ẽnˈtradɐ]
Eintrittskarte o bilhete [u bəˈʎetə]
einverstanden de acordo [d‿ɐˈkordu]
Einverständnis acordo [ɐˈkordu]
einwerfen *(Briefe)* deitar na caixa [deiˈtar nɐ ˈkaiʃɐ]
einwickeln embrulhar [ẽmbruˈʎar]
einwilligen consentir [kõsẽnˈtir]
Einwohner o habitante [u ɐbiˈtẽntə]
Einzelheit o pormenor [u purməˈnɔr], o detalhe [u dəˈtaʎə]
einzig único [ˈuniku]; *(~ artig)* singular [sĩŋguˈlar], sem par [sẽi par]
Eis *(Glatt~)* gelo [ˈʒelu]; *(Speise~)* gelado [ʒəˈladu], *(Br)* o sorvete [u sorˈveti]
Eisen ferro [ˈfɛʀu]
Eltern os pais [uʃ paiʃ]
Empfang *(Erhalt, Hotel, Besuch)* a recepção [ɐ ʀəsɛˈsɐ̃u]
Empfangsbestätigung aviso de recepção [ɐˈvizu də ʀəsɛˈsɐ̃u]
empfangen receber [ʀəsəˈber]
Empfänger *(Post)* destinatário [dəʃtinɐˈtarju]
empfehlen recomendar [ʀəkumẽnˈdar]
Empfehlung a recomendação [ɐ ʀəkumẽndɐˈsɐ̃u]
Ende o fim [u fĩ]; **am ~** por fim [pur fĩ]
enden acabar [ɐkɐˈbar], terminar [tərmiˈnar]
endgültig *adj* definitivo [dəfiniˈtivu]; *adv* definitivamente [dəfinitivɐˈmẽntə]
endlich finalmente [finalˈmẽntə]
Endstation término [ˈtɛrminu]
eng estreito [ˈʃtreitu]
England Inglaterra [ĩŋglɐˈtɛʀɐ]
Engländer/in o inglês [u ĩŋˈgleʃ], a inglesa [ɐ ĩŋˈglezɐ]
englisch inglês [ĩŋˈgleʃ]
Enkel/in o neto [u ˈnɛtu], a neta [ɐ ˈnɛtɐ]
entdecken descobrir [dəʃkuˈbrir]
entfernt distante [dəʃˈtẽntə]
Entfernung distância [dəʃˈtẽsjɐ]

entgegengesetzt oposto [o'poʃtu]
enthalten conter [kõn'ter]
entscheiden decidir [dəsi'dir], resolver [ʀəzɔl'ver]
entschließen, s. ~ decidir-se [dəsi'dirsə], resolver-se [ʀəzɔl'versə]
entschlossen sein ser/estar decidido [ser/ʃtar dəsi'didu]
Entschluß a decisão [ɐ dəsi'zɐ̃u], a resolução [ɐ ʀəzulu'sɐ̃u]
entschuldigen desculpar [dəʃkul'par]; **~ Sie bitte** desculpe [dəʃ'kulpə]; **s. ~** desculpar-se [dəʃkul'parsə]
Entschuldigung desculpa [dəʃ'kulpɐ]; **ich bitte um ~** peço desculpa ['pɛsu dəʃ'kulpɐ]
enttäuscht desiludido [dəzilu'didu]
entweder . . . oder ou . . . ou [o . . . o]
entwickeln desenvolver [dəzẽvɔl'ver]
Entwicklung desenvolvimento [dəzẽvɔlvi'mẽntu]
entzückend encantador [ẽŋkẽntɐ'dor]
entzückt encantado [ẽŋkẽn'tadu]
er ele ['elə]
Erde terra ['tɛʀɐ]
Erdgeschoß o rés-do-chão [u ʀɛʒ du ʃɐ̃u]
ereignen, s. ~ suceder [susə'der], acontecer [ɐkõntə'ser]
Ereignis acontecimento [ɐkõntəsi'mẽntu]
erfahren (1) *verb* saber [sɐ'ber]
erfahren (2) *adj* experiente [(ei)ʃpə'rjẽntə]
Erfahrung experiência [(ei)ʃpə'rjẽsjɐ]
erfinden inventar [ĩvẽn'tar]
Erfolg êxito ['ezitu], sucesso [su'sɛsu]
erfreut (über) satisfeito (com) [sɐtəʃ'feitu (kõ)], contente (com) [kõn'tẽntə (kõ)]
Erfrischung refresco [ʀə'freʃku]
Ergebnis resultado [ʀəzul'tadu]
ergreifen apanhar [ɐpɐ'ɲar], agarrar [ɐgɐ'ʀar]
erhalten receber [ʀəsə'ber]; *(durch Bemühung)* conseguir [kõsə'gir], obter [ob'ter]
erhältlich, ist ~ está à venda [ʃta a 'vẽndɐ]
erhöhen *(Preise)* aumentar [aumẽn'tar]
erholen, s. ~ descansar [dəʃkɐ̃'sar], restabelecer-se [ʀəʃtɐbələ'sersə]
erinnern, jdn an etw ~ lembrar algo a alg [lẽm'brar‿'algu ɐ al'gẽi]; **s. ~** lembrar-se [lẽm'brarsə], recordar-se [rəkur'darsə]
Erkältung a constipação [ɐ kõʃtipɐ'sɐ̃u], *(Br)* resfriado [ʀes'frjadu]
erkennen reconhecer [ʀəkuɲə'ser]
erklären *(angeben)* declarar [dəklɐ'rar]; *(deutlich machen)* explicar [(ei)ʃpli'kar]
erkundigen, s. ~ informar-se [ĩfur'marsə]
Erkundigung a informação [ɐ ĩfurmɐ'sɐ̃u]
erlangen obter [ob'ter]
erlauben permitir [pərmi'tir]
Erlaubnis a permissão [ɐ pərmi'sɐ̃u], a autorização [ɐ auturizɐ'sɐ̃u]
erledigen resolver [ʀəzɔl'ver], despachar [dəʃpɐ'ʃar]
Ermäßigung a redução [ɐ ʀədu'sɐ̃u], desconto [dəʃ'kõntu]
ermöglichen permitir [pərmi'tir], tornar possível [tur'nar pu'sivɛl]
ermüden cansar [kɐ̃'sar]
ermüdend cansativo [kɐ̃sɐ'tivu]
erneuern renovar [ʀənu'var]
ernst sério ['sɛrju]
Ernte colheita [ku'ʎeitɐ]
erreichen alcançar [alkɐ̃'sar], conseguir [kõsə'gir]
Ersatz *(Schaden~)* a inde(m)nização [ɐ ĩndəmnizɐ'sɐ̃u]
erscheinen aparecer [ɐpɐrə'ser]; *(Buch)* aparecer [ɐpɐrə'ser], sair [sɐ'ir]
erschöpft esgotado [ʒgu'tadu]
erschrecken assustar [ɐsuʃ'tar]; *(erschrocken sein)* ficar assustado [fi'kar‿ɐsuʃ'tadu], assustar-se [ɐsuʃ'tarsə]
ersetzen substituir [subʃti'twir]; *(Schaden)* reparar [ʀəpɐ'rar], inde(m)nizar [ĩndəmni'zar]
erst *(zuerst)* primeiro [pri'meiru]; *(nicht früher als)* só [sɔ]

erste, der, die, das ~ o primeiro [u pri'meiru], a primeira [ɐ pri'meirɐ]
erstens (em) primeiro (lugar) [(ẽi) pri'meiru (lu'gar)]
erstklassig de primeira ordem [də pri'meirɐ 'ɔrdẽi], excelente [(ei)ʃsə'lẽntə]
ertragen suportar [supur'tar], aguentar (gü) [ɐgwẽn'tar]
erwachsen adulto [ɐ'dultu]
erwarten esperar [ʃpə'rar]
erwidern responder [ʀəʃpõn'der], replicar [ʀəpli'kar]
erzählen contar [kõn'tar]
erzeugen produzir [prudu'zir]
Erzeugnis produto [pru'dutu]
Erziehung a educação [ɐ idukɐ'sẽu]
es gibt há [a]
eßbar comestível [kuməʃ'tivɛl]
Essen *(Nahrung)* comida [ku'midɐ]; *(Mahlzeit)* a refeição [ɐ ʀəfei'sẽu]; **beim** ~ à refeição [a ʀəfei'sẽu]
essen comer [ku'mer]
etwa cerca de ['serkɐ də]
etwas algo ['algu], alguma coisa [al'gumɐ 'koizɐ]; *(ein wenig)* um pouco [ũm 'poku]
euch *dat* lhes [ʎəʃ], *(Br)* a vocês [a vɔ'seʃ]; *acc* os/as [uʃ/ɐʃ], *(Br)* vocês [vɔ'seʃ]
euer vosso ['vɔsu]
Europa Europa [eu'rɔpɐ]
Europäer/in europeu [euru'peu], europeia (éi) [euru'pejɐ]
europäisch europeu [euru'peu]
eventuell *adv* eventualmente [ivẽntwal'mẽntə], talvez [tal'veʃ]
extra extra ['eiʃtrɐ], especial [ʃpə'sjal]

F

Fabrik fábrica ['fabrikɐ]
Faden fio ['fiu]
fähig capaz [kɐ'paʃ]
Fähre o ferry-boat [u 'fɛri bot], *(Br)* barca ['barkɐ]
fahren ir [ir]; *(lenken)* conduzir [kõndu'zir]
Fahrer o condutor [u kõndu'tor]
Fahrgast passageiro [pesɐ'ʒeiru]
Fahrkarte o bilhete [u bə'ʎetə]
Fahrrad bicicleta [bəsi'klɛtɐ]
Fahrstuhl o elevador [u iləvɐ'dor], o ascensor [u ɐʃsẽ'sor]
Fahrt a viagem [ɐ 'vjaʒẽi]
Fall *(Vorfall)* caso ['kazu]; **auf alle Fälle** de qualquer maneira [də kwal'kɛr mɐ'neirɐ]
fallen cair [kɐ'ir]
falls no caso de [nu 'kazu də], se [sə]
falsch falso ['falsu], errado [i'ʀadu]; *(betrügerisch)* falso ['falsu]
Familie família [fɐ'miljɐ]
Familienname apelido [ɐpə'lidu]
fangen apanhar [ɐpɐ'ɲar]
Farbe a cor [ɐ kor]
farbig colorido [kulu'ridu], de cor [də kor]
fast quase ['kwazə]
faul preguiçoso [prəgi'sozu]; *(Obst)* podre ['podrə], estragado [ʃtrɐ'gadu]
Feder pena ['penɐ]; *(elastisch)* mola ['mɔlɐ]
fehlen faltar [fal'tar]
Fehler *(den man macht)* erro ['eʀu], falta ['faltɐ]; *(den man hat)* defeito [də'feitu]
feierlich solene [su'lɛnə]
Feiertag feriado [fə'rjadu], dia de festa ['diɐ də 'fɛʃtɐ]
feilschen regatear [ʀəgɐ'tjar]
fein *(dünn)* fino ['finu], delgado [dɛl'gadu]; *(vornehm)* distinto [dəʃ'tĩntu]; *(zart)* delicado [dəli'kadu]
Fenster janela [ʒɐ'nɛlɐ]
Ferien as férias [ɐʃ 'fɛrjɐʃ]; **in** ~ de férias [də 'fɛrjɐʃ]
Fernsehen a televisão [ɐ tələvi'zẽu]
fertig *(bereit, vollständig)* pronto ['prõntu]

fest *(hart)* sólido ['sɔlidu]; *(dauernd)* constante [kõʃ'tẽntə], estável ['ʃtavɛl]
festsetzen fixar [fi'ksar], estabelecer [ʃtɐbələ'ser]
fett gordo ['gordu]
feucht (h)úmido ['umidu]
Feuer fogo ['fogu]
feuergefährlich inflamável [ĩflɐ'mavɛl]
Feuerlöscher o extintor de incêndios [u (ei)ʃtĩn'tor d͜ĩ'sẽndjuʃ]
Feuermelder o sinal de alarme de incêndio [u si'nal d͜ɐ'larmə d͜ĩ'sẽndju]
Feuerzeug isqueiro [iʃ'keiru]
Fieber a febre [ɐ 'fɛbrə]
Filiale a filial [ɐ fi'ljal], a sucursal [ɐ sukur'sal]
Film *(Photo)* rolo ['ʀolu]; *(Kino)* o filme [u 'filmə]
finden achar [ɐ'ʃar], encontrar [ẽŋkõn'trar]
Finger dedo ['dedu]
Fingerspitze ponta do dedo ['põntɐ du 'dedu]
finster escuro ['ʃkuru]
Firma firma ['firmɐ], empresa [ẽm'prezɐ]
Fisch o peixe [u 'peiʃə]
fischen pescar [pəʃ'kar]
Fischer o pescador [u pəʃkɐ'dor]
Fischhändler peixeiro [pei'ʃeiru]
flach plano ['plɐnu], raso ['razu]
Flamme chama ['ʃɐmɐ]
Flasche garrafa [gɐ'ʀafɐ]
Fleck(en) mancha ['mẽʃɐ], nódoa ['nɔdwɐ]
Fleckenmittel o tira-nódoas [u 'tirɐ 'nɔdwɐʃ]
Fleisch a carne [ɐ 'karnə]
fleißig trabalhador [trɐbɐʎɐ'dor]
flicken remendar [ʀəmẽn'dar], consertar [kõsər'tar]
Fliege mosca ['moʃkɐ]
fliegen voar [vwar]; *(mit dem Flugzeug)* ir de avião [ir d͜ɐ'vjẽu]
fließen correr [ku'ʀer]
Fluß rio ['ʀiu]
flüssig líquido ['likidu]
Flut a maré cheia/alta [ɐ mɐ'rɛ 'ʃejɐ/'altɐ], a preia-mar [ɐ 'prejɐ mar]
folgen seguir [sə'gir]
fordern exigir [izi'ʒir]
Forderung exigência [izi'ʒẽsjɐ]
Form forma ['fɔrmɐ]
Formular impresso [ĩm'prɛsu]; **ein ~ ausfüllen** preencher um impresso [prjẽ'ʃer͜ũ ĩm'prɛsu]
fort ausente [au'zẽntə]
Fortschritt progresso [pru'grɛsu]
fortsetzen continuar [kõnti'nwar]
forttragen levar [lə'var]
Fotoapparat máquina fotográfica ['makinɐ futu'grafikɐ]
fotografieren fotografar [futugrɐ'far], tirar fotografias [ti'rar futugrɐ'fiɐʃ]
Fracht carga ['kargɐ], o frete [u 'frɛtə]
Frage pergunta [pər'gũntɐ]
fragen perguntar [pərgũn'tar]
frankieren franquiar [frẽŋ'kjar]
Frankreich França ['frẽsɐ]
Franzose o francês [u frẽ'seʃ]
Französin a francesa [ɐ frẽ'sezɐ]
französisch francês [frẽ'seʃ]
Frau a mulher [ɐ mu'ʎɛr]; *(Anrede, vor Namen)* senhora D. [sə'ɲorɐ 'donɐ], D. ['donɐ]; *(Ehe~)* a mulher [ɐ mu'ʎɛr], esposa ['ʃpozɐ]
Fräulein menina [mə'ninɐ], senhora [sə'ɲorɐ], *(Br)* senhorita [seɲo'ritɐ]
frei livre ['livrə]; *(gratis)* gratuito [grɐ'tuitu], grátis ['gratiʃ]; **im Freien** ao ar livre [ɐu ar 'livrə]
fremd *(ausländisch)* estrangeiro [ʃtrẽ'ʒeiru]; *(unbekannt)* desconhecido [dəʃkuɲə'sidu]
Fremde, der, die ~ o forasteiro [u furɐʃ'teiru], a forasteira [ɐ furɐʃ'teirɐ], o estrangeiro [u ʃtrẽ'ʒeiru], a estrangeira [ɐ ʃtrẽ'ʒeirɐ]
Fremdenführer o guia [u 'giɐ]
Freude alegria [ɐlə'griɐ]
freuen, s. ~ über folgar com [fɔl'gar kõ], ficar satisfeito com [fi'kar sɐtəʃ'feitu kõ]; **s. ~ auf** estar desejando [ʃtar dəzə'ʒẽndu], ter muito prazer em [ter 'mũintu prɐ'zer͜ẽi]
Freund/in o amigo [u ɐ'migu], a amiga [a͜a'migɐ]
freundlich amável [ɐ'mavɛl], cordial [kur'djal]
Freundlichkeit a amabilidade [a͜amɐbəli'dadə]
Freundschaft a amizade [a͜ami'zadə]

Friede a paz [ɐ paʃ]
Friedhof cemitério [səmi'tɛrju]
frieren ter frio [ter 'friu], estar gelado [ʃtar ʒə'ladu], gelar [ʒə'lar]
frisch fresco ['freʃku]; *(neu)* novo ['novu], recente [ʀə'sẽntə]; *(Wäsche)* lavado [lɐ'vadu]
froh *(zufrieden)* satisfeito [sɐtəʃ'fɐitu], contente [kõn'tẽntə]; *(glücklich)* feliz [fə'liʃ]; *(lustig)* alegre [ɐ'lɛgrə]
früh cedo ['sedu]
früher *(eher)* antes ['ẽntəʃ]; *(damals)* dantes ['dẽntəʃ], antigamente [ẽntigɐ'mẽntə]
Frühling Primavera [primɐ'vɛrɐ]
Frühstück pequeno almoço [pə'ken‿al'mosu], *(Br)* o café da manhã [u ka'fɛ da ma'ɲẽ]
fühlen sentir [sẽn'tir]
führen conduzir [kõndu'zir], guiar [gjar]
Führer *(für Fremde)* o guia [u 'giɐ]
füllen encher [ẽ'ʃer]
Fundbüro a se(c)ção de perdidos e achados [ɐ sɛk'sẽu də pər'diduz‿i ɐ'ʃaḍuʃ]
Funke faísca [fɐ'iʃkɐ]
funktionieren funcionar [fũsju'nar]
für para ['pɐrɐ], por [pur]
Furcht medo ['medu], receio [ʀə'seju]
fürchten temer [tə'mer], recear [ʀə'sjar]; **s. ~ vor** ter medo de [ter 'medu də]
fürchterlich terrível [tə'ʀivɛl], horrível [o'ʀivɛl]
Fuß o pé [u pɛ]; **zu ~** a pé [ɐ pɛ]
Fußball o futebol [u futə'bɔl]
Fußballmannschaft equipa de futebol [i'kipɐ də futə'bɔl], *(Br)* o time de futebol [u 'timi di futi'bɔl]
Fußgänger o peão [u pjẽu], *(Br)* o pedestre [u pe'dɛstri]
Fußweg atalho [ɐ'taʎu]

G

Gabel garfo ['garfu]
Galerie galeria [gɐlə'riɐ]
Gang *(Auto)* a velocidade [ɐ vəlusi'dadə]; *(Durchgang)* a passagem [ɐ pɐ'saʒẽi]; *(Essen)* prato ['pratu]; *(Flur)* o corredor [u kuʀə'dor]
ganz *adj* todo o ['todu], toda a ['toda]; *(vollständig)* completo [kõm'plɛtu], inteiro [ĩn'tɐiru]; *adv* completamente [kõmplɛtɐ'mẽntə], inteiramente [ĩntɐirɐ'mẽntə]
Ganze, das ~ o todo [u 'todu], o conjunto [u kõ'ʒũntu], o total [u tu'tal]
gar *(gekocht)* pronto ['prõntu], bem cozido [bẽi ku'zidu]
gar nicht de modo nenhum [də 'mɔdu nə'ɲũ]
Garage a garagem [ɐ gɐ'raʒẽi]
Garantie garantia [gɐrẽn'tiɐ]
Garten o jardim [u ʒɐr'dĩ]
Gasse travessa [trɐ'vɛsɐ], viela ['vjɛlɐ]
Gast o hóspede [u 'ɔʃpədə], convidado [kõvi'dadu]
Gastfreundschaft a hospitalidade [ɐ oʃpitɐli'dadə]
Gasthaus, ~hof a pensão [ɐ pẽ'sẽu], a estalagem [ɐ ʃtɐ'laʒẽi]
Gastwirt dono ['donu]
Gebäude edifício [idə'fisju]
geben dar [dar]
Gebet a oração [ɐ ɔrɐ'sẽu]
Gebiet a região [ɐ ʀə'ʒjẽu]
Gebirge montanha [mõn'tɐɲɐ], serra ['sɛʀɐ]
geboren nascido [nɐʃ'sidu]
Gebrauch uso ['uzu], emprego [ẽm'pregu]
gebrauchen usar [u'zar], empregar [ẽmprə'gar]
gebräuchlich usual [u'zwal], vulgar [vul'gar]
Gebühren as taxas [ɐʃ 'taʃɐʃ]
Geburt nascimento [nɐʃsi'mẽntu]
gebürtig aus natural de [nɐtu'ral də]

?

Geburtsdatum data de nascimento ['date də neʃsi'mẽntu]
Geburtsort o lugar de nascimento [u lu'gar də neʃsi'mẽntu]
Geburtstag aniversário [ɐnivər'sarju]
Gedanke pensamento [pẽsɐ'mẽntu], ideia (é) [i'dɛjɐ]
Geduld paciência [pɐ'sjẽsjɐ]
geduldig paciente [pɐ'sjẽntə]
Gefahr perigo [pə'rigu]
gefährlich perigoso [pəri'gozu]
Gefallen o prazer [u prɐ'zer]
gefallen agradar [ɐgrɐ'dar]
Gefälligkeit o favor [u fɐ'vor]
Gefäß o recipiente [u ʀəsi'pjẽntə], vaso ['vazu]
Gefühl sentimento [sẽnti'mẽntu]
gegen *(wider)* contra ['kõntrɐ]; *(in Richtung auf, zeitlich)* para ['pɐrɐ], a [ɐ]
Gegend a região [ɐ ʀə'ʒjẽu]
Gegenstand *(Gesprächs~)* assunto [ɐ'sũntu]; *(Ding)* obje(c)to [ob'ʒɛtu]
Gegenteil contrário [kõn'trarju]; **im ~** pelo contrário ['pelu kõn'trarju]
gegenüber *adv* em frente [ẽi 'frẽntə]; *prp* em frente de [ẽi 'frẽntə də]
Gegenwert o equivalente [u ikivɐ'lẽntə]
geheim secreto [sə'krɛtu]
gehen ir [ir]; *(zu Fuß)* ir a pé [ir‿ɐ pɛ]; **geradeaus ~** seguir a direito [sə'gir‿ɐ di'reitu]; **vorwärts ~** avançar [ɐvẽ'sar]; **zurück ~** voltar atrás [vɔl'tar‿ɐ'traʃ], recuar [ʀə'kwar]
gehören ser de [ser də], pertencer a [pərtẽ'ser‿ɐ]
Geistlicher o sacerdote [u sɐsər'dɔtə]
geistreich espirituoso [ʃpiri'twozu]
Gelände terreno [tə'ʀenu]
gelb amarelo [ɐmɐ'rɛlu]
Geld dinheiro [də'ɲeiru]
Geldbeutel bolsa ['bolsɐ]
Geldstrafe multa ['multɐ]
Geldstück moeda ['mwɛdɐ]
Geldwechsel câmbio ['kẽmbju]
Gelegenheit a ocasião [ɐ okɐ'zjẽu], a oportunidade [ɐ opurtuni'dadə]
gelegentlich *adv* acidentalmente [ɐsidẽntal'mẽntə], ocasionalmente [okɐzjunal'mẽntə]
gelten valer [vɐ'ler], ser válido [ser 'validu]
gemein comum [ku'mũ], vulgar [vul'gar]; *(ordinär)* baixo ['baiʃu], ordinário [ordi'narju]
gemeinsam *adj* comum [ku'mũ]; *adv* em comum [ẽi ku'mũ], juntos ['ʒũntuʃ]
Gemüse hortaliça [ɔrtɐ'lisɐ], os legumes [uʒ lə'guməʃ]
genau exa(c)to [i'zatu], preciso [prə'sizu]; **~so ... wie** tão ... como [tẽu ... 'komu]
Genauigkeit a exa(c)tidão [ɐ izɐti'dẽu], a precisão [ɐ prəsi'zẽu]
genehmigen autorizar [auturi'zar], permitir [pərmi'tir]
genießen gozar [gu'zar]
genug bastante [bɐʃ'tẽntə], suficiente [sufə'sjẽntə]
Genuß gozo ['gozu], o prazer [u pra'zer]
geöffnet aberto [ɐ'bɛrtu]
Gepäck a bagagem [ɐ bɐ'gaʒẽi]
Gepäckaufbewahrung depósito de bagagens [də'pɔzitu də bɐ'gaʒẽiʃ]
Gepäckschein senha ['seɲɐ], guia ['giɐ]
Gepäckträger o carregador [u kɐʀəgɐ'dor], moço de fretes ['mosu də 'frɛtəʃ]
gerade (1) *adj* direito [di'reitu]
gerade (2) *(zeitlich)* justamente [ʒuʃtɐ'mẽntə]
geradeaus em frente [ẽi 'frẽntə]
Geräusch ruído ['ʀwidu], barulho [bɐ'ruʎu]
gerecht justo ['ʒuʃtu]
Gericht *(Essen)* prato ['pratu]; *(Justiz)* o tribunal [u tribu'nal]
gering pequeno [pə'kenu], diminuto [dəmi'nutu]; **~er** menor [mə'nɔr], inferior [ĩfə'rjor]
gern de bom grado [də bõ 'gradu], com muito gosto [kõ 'mũintu 'goʃtu]; **nicht ~** contra vontade ['kõntrɐ võn'tadə]
Geruch cheiro ['ʃeiru]
Gesang canto ['kẽntu]
Geschäft *(Laden)* loja ['lɔʒɐ]; *(Handel)* negócio [nə'gɔsju]

Geschäftsführer o gerente [u ʒə'rẽntə]
geschehen acontecer [ɐkõntə'ser], suceder [susə'der]; **was ist ~?** que aconteceu? [kj‿ɐkõntə'seu], que se passou? [kə sə pɐ'so]
Geschenk o presente [u prə'zẽntə]
Geschichte história ['ʃtɔrjɐ]
geschickt hábil ['abil]
geschlossen fechado [fə'ʃadu]
Geschmack gosto ['goʃtu]
Geschwindigkeit a velocidade [ɐ vəlusi'dadə]
Gesicht cara ['karɐ], rosto ['ʀoʃtu]
Gespräch conversa [kõ'vɛrsɐ]
gestern ontem ['õntẽi]
gesund são [sɐ̃u], saudável [sɐu'davɛl]
Gesundheit a saúde [ɐ sɐ'udə]
Getränk bebida [bə'bidɐ]
Getreide os cereais [uʃ sə'rjaiʃ]
gewähren conceder [kõsə'der]
gewaltig poderoso [pudə'rozu], enorme [i'nɔrmə]
Gewebe tecido [tə'sidu]
Gewicht peso ['pezu]
Gewinn ganho ['gaɲu], lucro ['lukru]
gewinnen ganhar [ga'ɲar]
gewiß *adj* certo ['sɛrtu]; *adv* certamente [sɛrtɐ'mẽntə]
gewissenhaft escrupuloso [ʃkrupu'lozu], consciencioso [kõʃsjẽ'sjozu]
Gewitter trovoada [tru'vwadɐ]
gewöhnen, s. ~ an acostumar-se a [ɐkuʃtu'mars‿ɐ], habituar-se a [ɐbi'twars‿ɐ]
Gewohnheit hábito ['abitu], o costume [u kuʃ'tumə]
gewöhnlich *(üblich)* habitual [ɐbi'twal], corrente [ku'ʀẽntə]; *(ordinär)* vulgar [vul'gar], ordinário [ordi'narju]
gewohnt sein estar habituado [ʃtar‿ɐbi'twadu]
gibt, es ~ há [a]
Gift veneno [və'nenu]
giftig venenoso [vənə'nozu]
Gipfel cimo ['simu], o cume [u 'kumə]
Gitter a grade [ɐ 'gradə]
glänzen brilhar [bri'ʎar]
glänzend brilhante [bri'ʎẽntə]
Glas *(Scheibe)* vidro ['vidru]; *(Trink~)* copo ['kɔpu]
Glaube a fé [ɐ fɛ], crença ['krẽsɐ]
glauben crer [krer], acreditar [ɐkrədi'tar]
gleich (1) *adj* igual [i'gwal]
gleich (2) *(sofort)* já [ʒa], imediatamente [imədjatɐ'mẽntə]
gleichen parecer-se com [perə'sersə kõ]
gleichwertig equivalente [ikivɐ'lẽntə]
gleichzeitig *adv* ao mesmo tempo [ɐu 'meʒmu 'tẽmpu]
Gleis via ['viɐ]
Glocke sino ['sinu], campainha [kẽmpɐ'iɲɐ]
Glück a felicidade [ɐ fələsi'dadə]; **viel ~!** boa sorte ['boɐ 'sɔrtə]
glücklich feliz [fə'liʃ]
Glückwünsche as felicitações [ɐʃ fələsitɐ'sõiʃ], os parabéns [uʃ perɐ'bẽiʃ]
Glühbirne lâmpada ['lẽmpɐdɐ]
Gold ouro ['oru]
Golfplatz campo de golfe ['kẽmpu də 'gɔlfə]
Gott Deus [deuʃ]; **~ sei Dank!** graças a Deus ['grasɐz‿ɐ deuʃ]
gratis grátis ['gratiʃ], de graça [də 'grasɐ]
gratulieren felicitar [fələsi'tar]
grau cinzento [sĩ'zẽntu]
Grenze fronteira [frõn'teirɐ]
Griff *(Hand~)* cabo ['kabu], punho ['puɲu]
groß grande ['grẽndə]; *(bedeutend)* grande ['grẽndə], importante [ĩmpur'tẽntə]
großartig formidável [furmi'davɛl], grandioso [grẽn'djozu]
Größe *(Ausdehnung)* a extensão [ɐ (ei)ʃtẽ'sɐ̃u]; *(geistige)* grandeza [grẽn'dezɐ]; *(Kleidung)* tamanho [tɐ'mɐɲu]; *(Schuhe)* número ['numəru]
Großmutter a avó [a‿a'vɔ]
Großvater o avô [u ɐ'vo]
grün verde ['verdə]
Grund a razão [ɐ ʀɐ'zɐ̃u], causa ['kauzɐ]; *(Beweg~)* motivo [mu'tivu]
Gruppe grupo ['grupu]
grüßen cumprimentar [kũmprimẽn'tar]

?

gültig válido ['validu]
Gültigkeit a validade [ɐ vɐli'dadə]
günstig *(Preis)* favorável [fɐvu'ravɛl]
gut *adj* bom [bõ]; *adv* bem [bẽi]
Gutschein o vale [u 'valə]
gutwillig de boa vontade [də 'boɐ võn'tadə]

H

Haar(e) cabelo [kɐ'belu]
haben ter [ter]
Hafen porto ['portu]
Hahn galo ['galu]; *(Wasser~)* torneira [tur'neirɐ]
Haken gancho ['gẽʃu]; *(Kleider~)* o cabide [u kɐ'bidə]
halb meio ['meju]
Hälfte a metade [ɐ mə'tadə]
Hals pescoço [pəʃ'kosu]; *(Kehle)* garganta [gɐr'gẽntɐ]
halt! alto! ['altu]
haltbar duradouro [durɐ'doru], resistente [ʀəziʃ'tẽntə]
halten, *(fest~)* segurar [səgu'rar], cumprir [kũm'prir]; *(dauern)* durar [du'rar]; *(stehenbleiben)* parar [pɐ'rar]
Haltestelle a paragem [ɐ pɐ'raʒẽi], *(Br)* parada [pa'radɐ]
Hammer martelo [mɐr'tɛlu]
Hand a mão [ɐ mɐ̃u]
handeln agir [ɐ'ʒir]; *(feilschen)* regatear [ʀəgɐ'tjar]
handgemacht feito à mão ['feitu a mɐ̃u]
Handgepäck a bagagem de mão [ɐ bɐ'gaʒẽi də mɐ̃u]
Handschuh luva ['luvɐ]; **ein Paar ~e** um par de luvas [ũm par də 'luvɐʃ]
Handtasche carteira [kɐr'teirɐ], *(Br)* bolsa ['bolsɐ]
Handtuch toalha ['twaʎɐ]
Hang *(Ab~)* encosta [ẽŋ'kɔʃtɐ]
hängen *(auf~)* pendurar [pẽndu'rar]
hart duro ['duru]
Härte dureza [du'rezɐ]
häßlich feio ['feju]
häufig *adv* frequentemente (qü) [frəkwẽntə'mẽntə], muitas vezes ['mũintɐʒ 'vezəʃ]
Hauptbahnhof a estação central [ɐ ʃtɐ'sɐ̃u sẽn'tral]
hauptsächlich *adj* principal [prĩsi'pal]; *adv* principalmente [prĩsipal'mẽntə]
Hauptstadt a capital [ɐ kɐpi'tal]
Hauptstraße rua principal ['ʀuɐ prĩsi'pal]
Haus casa ['kazɐ]
Haustür porta da rua ['pɔrtɐ dɐ 'ʀuɐ]
Haut a pele [ɐ 'pɛlə]
heben levantar [ləvẽn'tar]
Hecke a sebe [ɐ 'sɛbə]
Heft caderno [kɐ'dɛrnu]
heftig violento [vju'lẽntu]
heilig santo ['sẽntu], sagrado [sɐ'gradu]
Heimat pátria ['patrjɐ], terra natal ['tɛʀɐ nɐ'tal]
Heimreise regresso [ʀə'grɛsu]
Heirat casamento [kɐzɐ'mẽntu]
heiraten casar(-se) [kɐ'zar(sə)]
heiß quente ['kẽntə]
heizen aquecer [ɐkɛ'ser]
Heizöl óleo combustível ['ɔlju kõmbuʃ'tivɛl]
Heizung aquecimento [ɐkɛsi'mẽntu], a calefa(c)ção [ɐ kɐləfa'sɐ̃u]
helfen, jdm ~ ajudar alg [ɐʒu'dar‿al'gẽi]
hell claro ['klaru]
Hemd camisa [kɐ'mizɐ]
herabsetzen *(Preise)* baixar [bai'ʃar], reduzir [ʀədu'zir]
heraufsetzen *(Preise)* aumentar [aumẽn'tar]
herausgeben *(Geld)* dar troco [dar 'troku]
herb *(Wein)* seco ['seku]
Herbst Outono [o'tonu]
herein! entre! ['ẽntrə]
Herr o senhor [u sə'ɲor]
herrlich magnífico [mɐg'nifiku], esplêndido ['ʃplẽndidu]
Herz o coração [u kurɐ'sɐ̃u]
herzlich cordial [kur'djal]

Herzlichkeit a cordialidade [ɐ kurdjɐli'dadə]
heute hoje ['oʒə]; ~ **abend** esta tarde ['ɛʃtɐ 'tardə]; ~ **nacht** esta noite ['ɛʃtɐ 'noitə]
hier aqui [ɐ'ki]
hierher cá [ka], para cá ['perɐ ka]
Hilfe ajuda [ɐ'ʒudɐ]; **Erste** ~ os primeiros socorros [uʃ pri'meiruʃ su'kɔʀuʃ]
Himmel o céu [u sɛu]
hinaufgehen subir [su'bir]
hinausgehen sair [sɐ'ir]
hindern impedir [ĩmpə'dir]
hineingehen entrar [ẽn'trar]
hinlegen pôr [por]; **s.** ~ deitar-se [dei'tarsə]
hinsetzen, s. ~ sentar-se [sẽn'tarsə]
hinten atrás [ɐ'traʃ]
hinterlegen depositar [dəpuzi'tar]
hinuntergehen descer [dəʃ'ser]
hinzufügen acrescentar [ɐkrəʃsẽn'tar]
Hitze o calor [u kɐ'lor]
hoch alto ['altu]
Hochsaison a estação alta [ɐ ʃtɐ'sɐ̃u 'altɐ]
höchstens quando muito ['kwɐ̃ndu 'mũintu], no máximo [nu 'masimu]
Hochzeit *(Feier)* casamento [kɐzɐ'mẽntu]
Hof pátio ['patju]
hoffen esperar [ʃpə'rar]
höflich cortês [kur'teʃ], delicado [dəli'kadu]
Höflichkeit cortesia [kurtə'ziɐ], delicadeza [dəlikɐ'dezɐ]
Höhe altura [al'turɐ]
Höhepunkt ponto culminante ['põntu kulmi'nɐ̃ntə], o auge [u 'auʒə]
Holz madeira [mɐ'deirɐ]
Honorar os honorários [uz‿ono'rarjuʃ]
hören ouvir [o'vir]; *(zu~)* escutar [ʃku'tar]
Hörer *(tele)* o auscultador [u ɐuʃkultɐ'dor]
Hose as calças [ɐʃ 'kalsɐʃ]
Hotel o hotel [u ɔ'tɛl]
hübsch bonito [bu'nitu], lindo ['lĩndu]
Hügel colina [ku'linɐ]
Hund o cão [u kɐ̃u]
hundert cem [sɐ̃i], cento ['sẽntu]; ~**mal** cem vezes [sɐ̃i 'vezəʃ]
Hunger a fome [ɐ 'fɔmə]
hungrig sein ter fome [ter 'fɔmə]
Husten a tosse [ɐ 'tɔsə]
Hut o chapéu [u ʃɐ'pɛu]
hüten, s. ~ **(vor)** ter cuidado (com) [ter kui'dadu (kõ)]
Hütte cabana [kɐ'bɐnɐ]; *(Berg~)* abrigo [ɐ'brigu]

I

ich eu [eu]
Idee ideia (é) [i'dɛjɐ]
ihr (1) *pers prn* vocês [vɔ'seʃ]
ihr (2) *poss prn f sing* seu [seu], sua ['suɐ], dela ['dɛlɐ]; *pl* deles ['deləʃ], delas ['dɛlɐʃ]
Imbiß merenda [mə'rẽndɐ], pequena refeição [pə'kenɐ ʀəfei'sɐ̃u]
immer sempre ['sẽmprə]
imstande sein ser capaz de [ser kɐ'paʒ də]
in em [ɐ̃i]
inbegriffen incluído [ĩŋ'klwidu]
Inhalt conteúdo [kõn'tjudu]
innen dentro ['dẽntru]
Innere, das ~ o interior [u ĩntə'rjor]
innerhalb *(zeitlich)* dentro de ['dẽntru də]
Insel ilha ['iʎɐ]
Inserat anúncio [ɐ'nũsju]
insgesamt ao todo [ɐu 'todu]
insofern *conj* contanto que [kõn'tɐ̃ntu kə]
Institut instituto [ĩʃti'tutu]
interessant interessante [ĩntərə'sɐ̃ntə]
Interesse o interesse [u ĩntə'resə]
interessieren, s. ~ **(für)** interessar-se (por) [ĩntərə'sarsə (pur)]
inzwischen entretanto [ẽntrə'tɐ̃ntu]
irgend etwas alguma coisa [al'gumɐ 'koizɐ]; *(etwas Beliebiges)* qualquer coisa [kwal'kɛr 'koizɐ]

irgendwie de qualquer modo [də kwal'kɛr 'mɔdu]
irgendwo algures [al'gurəʃ], em qualquer parte [ẽi kwal'kɛr 'partə]
irgendwohin a qualquer parte [ɐ kwal'kɛr 'partə]
ironisch irónico(ô) [i'rɔniku]
irren, s. ~ enganar-se [ẽŋgɐ'narsə]
Irrtum erro ['ɐʀu]
Italien Itália [i'taljɐ]
Italiener/in o italiano [u itɐ'ljɐnu], a italiana [ɐ itɐ'ljɐnɐ]
italienisch italiano [itɐ'ljɐnu]

J

ja sim [sĩ]
Jahr ano ['ɐnu]
Jahreszeit a estação do ano [ɐ ʃtɐ'sẽu du 'ɐnu]
Jahrhundert século ['sɛkulu]
jährlich *adj* anual [ɐ'nwal]; *adv* por ano [pur‿'ɐnu], anualmente [ɐnwal'mẽntə]
jeder *adj* cada ['kɐdɐ]; *prn* cada um ['kɐdɐ ũ]; ~ **beliebige** qualquer [kwal'kɛr]
jedesmal cada vez ['kɐdɐ veʃ], todas as vezes ['todɐz‿ɐʒ 'vezəʃ]
jedoch porém [pu'rẽi], contudo [kõn'tudu]
jemals jamais [ʒa'maiʃ]
jemand alguém [al'gẽi]
jener, jene, jenes aquele [ɐ'kelə], aquela [ɐ'kɛlɐ], esse ['esə], essa ['ɛsɐ]
jenseits do outro lado (de) [du 'otru 'ladu (də)]
jetzt agora [ɐ'gɔrɐ]
Journalist o jornalista [u ʒurnɐ'liʃtɐ]
Jugend a juventude [ɐ ʒuvẽn'tudə]
jung jovem ['ʒɔvẽi], novo ['novu]
Junge o rapaz [u ʀɐ'paʃ]
jünger mais novo [maiʒ 'novu]
Junggeselle solteiro [sol'teiru]
Juwelier joalheiro [ʒwɐ'ʎeiru]

K

Kabine cabina [ka'binɐ], o camarote [u kɐmɐ'rɔtə]
Kaffee o café [u kɐ'fɛ]
Kahn barco ['barku]
kalt frio ['friu]
Kapelle *(Gebäude)* capela [kɐ'pɛlɐ]; *(Musik~)* banda ['bẽndɐ], orquestra [ɔr'kɛʃtrɐ]
Kapitän o capitão [u kɐpi'tẽu]
kaputt estragado [ʃtrɐ'gadu], partido [pɐr'tidu]
Karte, *(Eintritts~, Fahr~)* o bilhete [u bə'ʎetə]; *(Land~)* o mapa [u 'mapɐ]; *(Post~)* o postal [u puʃ'tal]; *(Speise~)* lista ['liʃtɐ], ementa [i'mẽntɐ], *(Br)* cardápio [kar'dapju]; *(Spiel~)* carta ['kartɐ]; *(Visiten~)* o cartão de visita [u kɐr'tẽu də və'zitɐ]
Käse queijo ['keiʒu]
Kasse caixa ['kaiʃɐ]; *(Theater~)* bilheteira [bəʎə'teirɐ], *(Br)* bilheteria [biʎete'riɐ]
Kauf compra ['kõmprɐ]
kaufen comprar [kõm'prar]
Käufer o comprador [u kõmprɐ'dor]
Kaufhaus o grande armazém [u 'grẽnd‿armɐ'zẽi]
kaum mal [mal]
Kaution a caução [ɐ kɐu'sẽu], fiança ['fjẽsɐ]
kein nenhum [nə'ɲũ]
keiner ninguém [nĩŋ'gẽi]
keinesfalls de maneira nenhuma [də mɐ'neirɐ nə'ɲumɐ]
Kellner/in empregado [ẽmprə'gadu], empregada [ẽmprə'gadɐ]

kennen conhecer [kuɲə'ser]
kennenlernen conhecer [kuɲə'ser]
Kenntnis conhecimento [kuɲəsi'mẽntu]
Keramik cerâmica [sə'rɐmikɐ]
Kerze vela ['vɛlɐ]
Kette cadeia [kɐ'dejɐ], a corrente [ɐ ku'ʀẽntə]; *(Hals~)* o colar [u ku'lar]
Kilogramm quilo(grama) ['kilu('grɐmɐ)]
Kilometer quilómetro (ô) [ki'lɔmətru]
Kind criança ['krjẽsɐ]
Kino o cinema [u si'nemɐ]
Kirche igreja [i'greʒɐ]
Kirchturm campanário [kẽmpɐ'narju], a torre [ɐ 'toʀə]
Kissen almofada [almu'fadɐ]
Kiste caixa ['kaiʃɐ], o caixote [u kai'ʃɔtə]
Klage queixa ['keiʃɐ]
Klang o som [u sõ]
klar claro ['klaru]
Klasse a classe [ɐ 'klasə]
Kleid vestido [vəʃ'tidu]
Kleiderbügel cruzeta [kru'zetɐ]
Kleiderbürste escova de fato ['ʃkovɐ də 'fatu]
Kleidung vestuário [vəʃ'twarju], roupa ['ʀopɐ]
klein pequeno [pə'kenu]; *(Alter)* novo ['novu]
kleiner *(jünger)* mais novo [maiʒ 'novu]
Kleingeld dinheiro miúdo [də'ɲeiru 'mjudu], dinheiro trocado [də'ɲeiru tru'kadu]
Klingel campainha [kẽmpɐ'iɲɐ]
klingeln tocar (a campainha) [tu'kar (ɐ kẽmpɐ'iɲɐ)]
Kloster *(Mönchs~)* mosteiro [muʃ'teiru], convento [kõ'vẽntu]; *(Nonnen~)* convento [kõ'vẽntu]
klug esperto ['ʃpɛrtu], inteligente [ĩntəli'ʒẽntə]
Kneipe taberna [tɐ'bɛrnɐ]
knipsen tirar (uma fotografia) [ti'rar ('umɐ futugrɐ'fiɐ)]
Knopf o botão [u bu'tɐ̃u]; **(auf) einen ~ drücken** carregar num botão [kɐʀə'gar nũ bu'tɐ̃u], *(Br)* apertar um botão [apər'tar‿ũ bo'tɐ̃u]
Knoten o nó [u nɔ]
Koch cozinheiro [kuzə'ŋeiru]
kochen *(Essen zubereiten)* cozinhar [kuzə'ɲar]; *(Wasser)* ferver [fər'ver]
Kocher o fogão [u fu'gɐ̃u]
Koffer mala ['malɐ]
Kohle o carvão [u kɐr'vɐ̃u]
kommen vir [vir]; *(an~)* chegar [ʃə'gar]
Kompaß bússola ['busulɐ]
König/in o rei [u ʀei], a rainha [ɐ ʀɐ'iɲɐ]
können poder [pu'der]; *(gelernt haben)* saber [sɐ'ber]
Konsulat consulado [kõsu'ladu]
konsultieren consultar [kõsul'tar]
Kontakt conta(c)to [kõn'taktu]
Kontrolleur o revisor [u ʀəvi'zor]
Konzert concerto [kõ'sertu]
Kopf cabeça [kɐ'besɐ]
Kopfkissen almofada [almu'fadɐ]
Kopfschmerzen as dores de cabeça [ɐʒ 'dorəʒ də kɐ'besɐ]
Korb cesto ['seʃtu]
Kork cortiça [kur'tisɐ]
Korkenzieher o saca-rolhas [u 'sakɐ 'ʀoʎɐʃ]
Körper corpo ['korpu]
korrekt corre(c)to [ku'rɛtu]
kosten custar [kuʃ'tar]
Kosten custo ['kuʃtu], as despesas [ɐʒ dəʃ'pezɐʃ]
kostenlos grátis ['gratiʃ], gratuito [grɐ'tuitu]
kostspielig dispendioso [dəʃpẽn'djozu], caro ['karu]
Kraft força ['forsɐ]
kräftig forte ['fɔrtə]
krank doente ['dwẽntə]; **~ werden** adoecer [ɐdwi'ser]
Krankenhaus o hospital [u oʃpi'tal]
Krankenschwester enfermeira [ẽfər'meirɐ]
Krankheit doença ['dwẽsɐ]
Kredit crédito ['krɛditu]
Kreuzung *(Straße)* cruzamento [kruzɐ'mẽntu]
Krieg guerra ['gɛʀɐ]
Küche cozinha [ku'ziɲɐ]
kühl fresco ['freʃku]
Kunde o freguês [u frɛ'geʃ], o cliente [u 'kljẽntə]
Kunst a arte [ɐ 'artə]
Künstler/in o/a artista [u/ɐ ɐr'tiʃtɐ]

Kupfer o cobre [u 'kɔbrə]
Kurort estância termal/de repouso ['ʃtẽsjɐ tər'mal/də rə'pozu]
Kurs *(Unterricht)* curso ['kursu]; *(Wechsel~)* câmbio ['kẽmbju]
Kurve curva ['kurvɐ]
kurz *(räumlich)* curto ['kurtu]; *(kurzgefaßt)* breve ['brɛvə]
kurzfristig a curto prazo [ɐ 'kurtu 'prazu]
kürzlich recentemente [ʀəsẽntə'mẽntə], há pouco [a 'poku]
Kuß beijo ['beiʒu]
küssen beijar [bei'ʒar]
Küste costa ['kɔʃtɐ]

L

lachen rir [ʀir]
Laden loja ['lɔʒɐ]
Lage a situação [ɐ sitwɐ'sɐ̃u]
Lampe candeeiro [kẽn'djeiru]
Land o país [u pɐ'iʃ]; *(Gegensatz zu Wasser)* terra ['tɛʀɐ]
Landgut quinta ['kĩntɐ]
Landhaus casa de campo ['kazɐ də 'kẽmpu]
landen aterrar [ɐtə'ʀar], *(Br)* aterrissar [ateʀi'sar]
Landschaft a paisagem [ɐ pai'zaʒẽi]
Landsmann o compatriota [u kõmpɐ'trjɔtɐ]
Landstraße estrada ['ʃtradɐ]
Landung a aterragem [a‿atə'ʀaʒẽi], *(Br)* a aterrissagem [a‿ateʀi'saʒẽi]
lang comprido [kõm'pridu]
Länge comprimento [kõmpri'mẽntu]
langsam *adj* lento ['lẽntu]; *adv* devagar [dəvɐ'gar]
langweilig aborrecido [ɐbuʀə'sidu]
Lärm ruído ['ʀwidu], barulho [bɐ'ruʎu]
lassen *(zulassen)* deixar [dei'ʃar]
lästig importuno [ĩmpur'tunu], maçador [mɐsɐ'dor]
Lastwagen o camião [u kɐ'mjɐ̃u], *(Br)* o caminhão [u kami'ɲɐ̃u]
laufen correr [ku'ʀer]
Laune a disposição [ɐ dəʃpuzi'sɐ̃u], o humor [u‿u'mor]
laut alto ['altu]; ~ **sprechen** falar alto [fɐ'lar‿'altu]
läuten tocar [tu'kar]
Lautsprecher o alto-falante [u 'altu fɐ'lẽntə]
Leben vida ['vidɐ]
leben viver [vi'ver]
lebend vivo ['vivu]
Lebensmittel os géneros (ê) alimentícios [u‿'ʒɛnəruz‿‿ɐlimẽn'tisjuʃ]
lebhaft vivo ['vivu]
Leder couro ['koru], o cabedal [u kɐbə'dal]
ledig solteiro [sol'teiru]
leer vazio [vɐ'ziu]
legen pôr [por]
lehren ensinar [ẽsi'nar]
Lehrer/in o professor [u prufə'sor], a professora [ɐ prufə'sorɐ]
leicht *(einfach)* fácil ['fasil]; *(Gewicht)* leve ['lɛvə]
leider infelizmente [ĩfəliʒ'mẽntə]
leihen *(ver~)* emprestar [ẽmprəʃ'tar]; *(ent~)* pedir emprestado [pə'dir‿ẽmprəʃ'tadu]
leise baixo ['baiʃu]; ~ **sprechen** falar baixo/em voz baixa [fɐ'lar 'baiʃu/ẽi vɔʒ 'baiʃɐ]
Leiter (1) *m* o dire(c)tor [u dirɛ'tor]
Leiter (2) *f* escada ['ʃkadɐ]
Leitung *(el, tele)* linha ['liɲɐ]; *(Gas, Wasser)* a canalização [ɐ kɐnɐlizɐ'sɐ̃u]
lernen aprender [ɐprẽn'der], estudar [ʃtu'dar]
lesen ler [ler]
leuchtend luminoso [lumi'nozu]
leugnen negar [nə'gar]
Leute a gente [ɐ 'ʒẽntə]
Licht a luz [ɐ luʃ]; ~ **anmachen/ ausmachen** acender/apagar a luz [ɐsẽn'der/ɐpɐ'gar‿ɐ luʃ]
lieb caro ['karu]; **jdn ~ haben** gostar de alg [guʃ'tar d‿al'gẽi]

Liebe o amor [u ɐ'mor]
lieben amar [ɐ'mar], gostar de [guʃ'tar də]
liebenswürdig amável [ɐ'mavɛl]
Liebenswürdigkeit a amabilidade [a‿amɐbəli'dadə]
lieber antes ['ẽntəʃ]; ~ **haben** preferir [prəfə'rir], gostar mais de [guʃ'tar maiʒ də]
Liebling querido [kə'ridu], querida [kə'ridɐ]
Lied a canção [ɐ kẽ'sɐ̃u]
liefern fornecer [furnə'ser]
liegen *(s. befinden)* ficar [fi'kar], encontrar-se [ẽŋkõn'trarsə]; *(ausgestreckt sein)* estar deitado [ʃtar dei'tadu]
liegenlassen *(vergessen)* esquecer-se de [ʃkɛ'sersə də]
Liegestuhl cadeira de repouso [kɐ'deirɐ də ʀə'pozu]
Lift o elevador [u iləvɐ'dor], o ascensor [u ɐʃsẽ'sor]
Linie linha ['liɲɐ]
linke, linker, linkes esquerdo ['ʃkerdu], esquerda ['ʃkerdɐ]
links à esquerda [a 'ʃkerdɐ]
Linse lentilha [lẽn'tiʎɐ]; *(optische)* a lente [ɐ 'lẽntə]
Lippe lábio ['labju]
Liste lista ['liʃtɐ]
Liter litro ['litru]
loben louvar [lo'var], elogiar [ilu'ʒjar]
Loch buraco [bu'raku], furo ['furu]
Löffel a colher [ɐ ku'ʎɛr]
Loge *(Theater)* o camarote [u kɐmɐ'rɔtə]
Lokal *(Gaststätte)* o restaurante [u ʀəʃtau'rẽntə], o café [u kɐ'fɛ]
löschen apagar [ɐpɐ'gar]
lösen soltar [sol'tar]
Luft o ar [u ar]
lüften arejar [ɐrə'ʒar], ventilar [vẽnti'lar]
Luftzug a corrente de ar [ɐ ku'ʀẽntə d‿ar]
Lüge mentira [mẽn'tirɐ]
lustig alegre [ɐ'lɛgrə]; *(erheiternd)* divertido [divər'tidu]
luxuriös luxuoso [lu'ʃwozu]
Luxus luxo ['luʃu]

M

machen *(herstellen)* fazer [fɐ'zer]; ~ **lassen** mandar fazer [mẽn'dar fɐ'zer]
Mädchen rapariga [ʀɐpɐ'rigɐ], moça ['mosɐ]
mager magro ['magru]
Mahlzeit a refeição [ɐ ʀəfei'sɐ̃u]
Mais milho ['miʎu]
Mal a vez [ɐ veʃ]; **einmal** uma vez ['umɐ veʃ]; **jedesmal** cada vez ['kɐdɐ veʃ], todas as vezes ['todɐz‿ɐʒ 'vezəʃ]; **zweimal** duas vezes ['duɐʒ 'vezəʃ]
malen pintar [pĩn'tar]
Maler o pintor [u pĩn'tor]
Malerei pintura [pĩn'turɐ]
malerisch pitoresco [pitu'reʃku]
man se [sə], a gente [ɐ 'ʒẽntə]
manchmal às vezes [aʒ 'vezəʃ]
Mangel *(Fehlen)* falta ['faltɐ]; *(Fehler)* defeito [də'feitu]
Mann o homem [u 'ɔmẽi]; *(Ehe~)* marido [mɐ'ridu]
männlich masculino [məʃku'linu]
Mannschaft *(Sport)* equipa [i'kipɐ], *(Br)* a equipe [a e'kipi], o time [u 'timi]; *(Schiff)* a tripulação [ɐ tripulɐ'sɐ̃u]
Mantel sobretudo [sobrə'tudu]; *(Damen~)* casaco [kɐ'zaku]
Mappe *(Akten~)* pasta ['paʃtɐ]
Mark marco ['marku]
Marke *(Brief~)* selo ['selu]; *(Handels~)* marca ['markɐ]
Markt mercado [mər'kadu]; *(~platz)* praça ['prasɐ]
Marmelade o doce [u 'dosə]; *(Quitten~)* marmelada [mɐrmə'ladɐ]
Maß medida [mə'didɐ]
mäßig moderado [mudə'radu]
Mauer muro ['muru], muralha [mu'raʎɐ]
Meer o mar [u mar]
mehr mais [maiʃ]; ~ **als** mais (do) que [maiʃ (du) kə]; ~ **oder weniger** mais ou menos [maiz‿o 'menuʃ]

mein meu [meu], minha ['miɲɐ]
meinen pensar [pẽ'sar], achar [ɐ'ʃar]
meinerseits pela minha parte ['pelɐ 'miɲɐ 'partə]
meinetwegen por mim [pur mĩ]
Meinung a opinião [ɐ opə'njẽu]; **meiner ~ nach** na minha opinião [nɐ 'miɲ‿opə'njẽu], no meu entender [nu meu ẽntẽn'der]
melden anunciar [ɐnũ'sjar]; *(berichten)* informar [ĩfur'mar], participar [pɐrtəsi'par]
Menge a quantidade [ɐ kwẽnti'dadə]; *(Menschen~)* a multidão [ɐ multi'dẽu]; **eine ~** grande número de ['grẽndə 'numəru də]
Mensch o homem [u 'ɔmẽi], pessoa [pə'soɐ]
menschlich humano [u'mɐnu]
Menü ementa [i'mẽntɐ]
merken notar [nu'tar]; **s. etw ~** tomar nota de algo [tu'mar 'nɔtɐ d‿'algu]
Messe *(rel)* missa ['misɐ]; *(Ausstellung)* feira ['feirɐ]
messen medir [mə'dir]
Messer faca ['fakɐ]
Meter metro ['mɛtru]
mich me [mə], mim [mĩ]
Miete renda ['ʀẽndɐ], *(Br)* o aluguel [u alu'gɛl]
mieten alugar [ɐlu'gar]
Milch o leite [u 'leitə]
mild suave ['swavə], ameno [ɐ'menu]
mindestens pelo menos ['pelu 'menuʃ]
Minute minuto [mi'nutu]
mir me [mə], mim [mĩ]
Mißbrauch abuso [ɐ'buzu]
mißbrauchen abusar de [ɐbu'zar də]
mißtrauen desconfiar de [dəʃkõ'fjar də]
Mißverständnis equívoco [i'kivuku], mal-entendido [mal‿ẽntẽn'didu]
mißverstehen entender/interpretar mal [ẽntẽn'der/ĩntərprə'tar mal]
mit com [kõ]
mitbringen trazer [trɐ'zer]
Mitleid pena ['penɐ]
mitnehmen levar [lə'var]
Mittag o meio-dia [u 'meju 'diɐ]
Mittagessen almoço [al'mosu]
mittags ao meio-dia [ɐu 'meju 'diɐ]
Mitte meio ['meju]
mitteilen comunicar [kumuni'kar], participar [pɐrtəsi'par]
Mitteilung a comunicação [ɐ kumunikɐ'sẽu], a participação [ɐ pɐrtəsipɐ'sẽu]
Mittel meio ['meju]; *(Heil~)* remédio [ʀə'mɛdju]
Mittelmeer Mediterrâneo [məditə'ʀɐnju]
Mitternacht a meia-noite [ɐ 'mejɐ 'noitə]; **um ~** à meia-noite [a 'mejɐ 'noitə]
Möbel o móvel [u 'mɔvɛl]
möblieren mobilar [mubi'lar]
Mode moda ['mɔdɐ]
modern moderno [mu'dɛrnu]
mögen *(gern haben)* gostar de [guʃ'tar də]; *(wünschen)* querer [kə'rer], desejar [dəzə'ʒar]
möglich possível [pu'sivɛl]; **so bald wie ~** quanto antes ['kwẽntu 'ẽntəʃ]
Möglichkeit a possibilidade [ɐ pusibəli'dadə]
Mole o molhe [u 'mɔʎə]
Moment momento [mu'mẽntu], o instante [u ĩʃ'tẽntə]
Monat o mês [u meʃ]
monatlich *adj* mensal [mẽ'sal]; *adv* por mês [pur meʃ], mensalmente [mẽsal'mẽntə]
Mond lua ['luɐ]
Morgen a manhã [ɐ mɐ'ɲẽ]
morgen amanhã [amɐ'ɲẽ]; **~ früh/abend** amanhã de manhã/à tarde [amɐ'ɲẽ də mɐ'ɲẽ/a 'tardə]
morgens de/pela manhã [də/'pəlɐ mɐ'ɲẽ]
Mosaik mosaico [mu'zaiku]
Moschee mesquita [məʃ'kitɐ]
Motor o motor [u mu'tor]
Motorboot barco a motor ['barku ɐ mu'tor]
Motorrad motocicleta [mɔtɔsi'klɛtɐ], a moto [ɐ 'mɔtɔ]
Mücke mosquito [muʃ'kitu]
müde cansado [kẽ'sadu], fatigado [fɐti'gadu]
Mühe esforço ['ʃforsu]; **s. ~ geben** esforçar-se [ʃfur'sarsə]
Mund boca ['bokɐ]

münden *(Fluß)* desaguar [dəza'gwar]; *(Straße)* desembocar [dəzẽmbu'kar]
Münze moeda ['mwɛdɐ]
Muschel marisco [mɐ'riʃku]
Museum o museu [u mu'zeu]
Musik música ['muzikɐ]
müssen ter de [ter də], dever [də'ver]
Muster modelo [mu'delu]; *(Probe)* amostra [ɐ'mɔʃtrɐ]
Mutter a mãe [ɐ mɐ̃i]
Mütze o boné [u bɔ'nɛ], o barrete [u bɐ'ʀetə]

N

nach *(zeitlich)* depois de [də'poiʒ də]; ~ **Portugal** a/para Portugal [ɐ/'perɐ purtu'gal]; ~ **Porto** ao/para o Porto [ɐu/'perɐ u 'portu]
Nachbar vizinho [və'ziɲu]
nachher depois [də'poiʃ]
nachlässig negligente [nəgli'ʒẽntə], descuidado [dəʃkui'dadu]
Nachmittag a tarde [ɐ 'tardə]
nachmittags à/de tarde [a/də 'tardə]
nachprüfen examinar [izɐmi'nar], verificar [vərifi'kar]
Nachricht notícia [nu'tisjɐ]
nachsenden enviar [ẽ'vjar]
nächste próximo ['prɔsimu], seguinte [sə'gĩntə]
Nacht a noite [ɐ 'noitə]; **bei** ~ de noite [də 'noitə]; **heute nacht** esta noite ['ɛʃtɐ 'noitə]
Nachteil a desvantagem [ɐ dəʒvẽn'taʒɐ̃i], o inconveniente [u ĩŋkõvə'njẽntə]
Nachtessen ceia ['sejɐ]
Nachtlokal a boîte [ɐ 'bwatə], *(Br)* a boate [a 'bwati]
nachts de noite [də 'noitə]
Nadel agulha [ɐ'guʎɐ]
Nagel prego ['prɛgu]; *(Finger~)* unha ['uɲɐ]
nahe perto ['pɛrtu]; ~ **bei** perto de ['pɛrtu də]
Nähe a proximidade [ɐ prɔsimi'dadə]
nähern, s. ~ aproximar-se [ɐprɔsi'marsə]
nahrhaft nutritivo [nutri'tivu]
Nahrung alimento [ɐli'mẽntu], a alimentação [a‿alimẽntɐ'sɐ̃u]
Nahrungsmittel os géneros (ê) alimentícios [u‿'ʒɛnəruz‿‿ɐlimẽn'tisjuʃ]
Name o nome [u 'nomə]
naß molhado [mu'ʎadu]; *(durchnäßt)* encharcado [ẽʃɐr'kadu]
Nation a nação [ɐ nɐ'sɐ̃u]
Natur natureza [nɐtu'rəzɐ]
natürlich *adj* natural [nɐtu'ral]; *adv* naturalmente [nɐtural'mẽntə], claro ['klaru]
Nebel névoa ['nɛvwɐ]; *(dichter ~)* nevoeiro [nə'vweiru]
neben junto de ['ʒũntu də], ao lado de [ɐu 'ladu də]
Neffe sobrinho [su'briɲu]
nehmen tomar [tu'mar]
nein não [nɐ̃u]
Nelke cravo ['kravu]
nennen nomear [nu'mjar], chamar [ʃɐ'mar]
nett *(hübsch)* bonito [bu'nitu]; *(freundlich)* simpático [sĩm'patiku]
Netz a rede [ɐ 'ʀedə]
neu novo ['novu]
neugierig curioso [ku'rjozu]
Neuheit a novidade [ɐ nuvi'dadə]
Neuigkeit notícia [nu'tisjɐ], a novidade [ɐ nuvi'dadə]
Neujahr Ano Novo ['ɐnu 'novu]
neulich há pouco [a 'poku], outro dia ['otru 'diɐ]
nicht não [nɐ̃u]; ~ **einmal** nem sequer [nɐ̃i sə'kɛr]; ~ **wahr?** não é verdade? [nɐ̃u ɛ vər'dadə]; **gar** ~ de maneira nenhuma [də mɐ'neirɐ nə'ɲumɐ]; **noch** ~ ainda não [ɐ'ĩndɐ nɐ̃u]
Nichte sobrinha [su'briɲɐ]
nichts nada ['nadɐ]; **sonst** ~ nada mais ['nadɐ maiʃ], mais nada [maiʒ 'nadɐ]
nie nunca ['nũŋkɐ]
nieder, niedrig baixo ['baiʃu]
niemand ninguém [nĩŋ'gɐ̃i]

nirgends em parte nenhuma [ẽi 'partə nə'ɲumɐ]
noch ainda [ɐ'ĩndɐ]; ~ **immer** sempre ['sẽmprə]; ~ **nicht** ainda não [ɐ'ĩndɐ nɐ̃u]
Nonne freira ['freirɐ], monja ['mõʒɐ]
Norden o norte [u 'nɔrtə]
nördlich do norte [du 'nɔrtə]; ~ **von** ao norte de [ɐu 'nɔrtə də]
Nordosten o nordeste [u nɔr'dɛʃtə]
Nordwesten o noroeste [u nɔ'rwɛʃtə]
Notfall, im ~ em caso de necessidade [ẽi 'kazu də nəsəsi'dadə]
notieren tomar nota [tu'mar 'nɔtɐ]
nötig preciso [prə'sizu], necessário [nəsə'sarju]
Notizblock bloco de notas ['blɔku də 'nɔtɐʃ]
notwendig preciso [prə'sizu], necessário [nəsə'sarju]
Notwendigkeit a necessidade [ɐ nəsəsi'dadə]
Null zero ['zɛru]
numerieren numerar [numə'rar]
Nummer número ['numəru]
nun agora [ɐ'gɔrɐ], então [ẽn'tɐ̃u]
nur só [sɔ], apenas [ɐ'penɐʃ]
nützlich útil ['util]
nutzlos inútil [i'nutil]

O

ob se [sə]
oben em cima [ẽi 'simɐ]; **dort** ~ lá em cima [la ẽi 'simɐ]; **nach** ~ para cima ['pɐrɐ 'simɐ]
obgleich embora [ẽm'bɔrɐ], ainda que [ɐ'ĩndɐ kə]
Obst fruta ['frutɐ]
obwohl embora [ẽm'bɔrɐ], ainda que [ɐ'ĩndɐ kə]
oder ou [o]
Ofen fogão [fu'gɐ̃u], forno ['fornu]
offen aberto [ɐ'bɛrtu]
offenbar *adv* segundo parece [sə'gũndu pɐ'rɛsə]
öffentlich público ['publiku]
offiziell oficial [ofə'sjal]
öffnen abrir [ɐ'brir]
oft muitas vezes ['mũintɐʒ 'vezəʃ], frequentemente (qü) [frəkwẽntə'mẽntə]
ohne sem [sẽi]
Ohr orelha [o'reʎɐ]
Ohrring brinco ['brĩŋku]
Öl óleo ['ɔlju]
Olive azeitona [ɐzei'tonɐ]
Omnibus autocarro [auto'kaʀu] *(Br)* o ônibus [u 'onibus]
Onkel tio ['tiu]
Oper ópera ['ɔpərɐ]
Orden *(rel)* a ordem [ɐ 'ɔrdẽi]; *(Auszeichnung)* a condecoração [ɐ kõndəkurɐ'sɐ̃u]
ordentlich *(geordnet)* em ordem [ẽi 'ɔrdẽi]; *(Mensch)* metódico [mə'tɔdiku], ordenado [ordə'nadu]
Ordnung a ordem [ɐ 'ɔrdẽi]
Ort o lugar [u lu'gar], sítio ['sitju]
Ortschaft a povoação [ɐ puvwɐ'sɐ̃u]
Osten o leste [u 'lɛʃtə], o oriente [u o'rjẽntə]
Ostern Páscoa ['paʃkwɐ]
Österreich Áustria ['auʃtrjɐ]
Österreicher/in o austríaco [u ɐuʃ'triɐku], a austríaca [a‿auʃ'triɐkɐ]
Ozean oceano [o'sjɐnu]

P

Paar, ein ~ um par de [ũm par də]; *(Ehe~)* o casal [u kɐ'zal]
paar, ein ~ alguns [al'gũʃ], algumas [al'gumɐʃ]
Päckchen o pacote [u pɐ'kɔtə]; *(Post)* encomenda [ẽŋku'mẽndɐ]
packen *(Koffer)* fazer as malas [fɐ'zer‿ɐʒ 'malɐʃ]

Paket o pacote [u pɐ'kɔtə], embrulho [ẽm'bruʎu]; *(Post)* encomenda [ẽŋku'mẽndɐ]
Papier o papel [u pɐ'pɛl]
Parfüm o perfume [u pər'fumə]
Park o parque [u 'parkə]
parken estacionar [ʃtesju'nar]
Parkplatz o parque de estacionamento [u 'parkə də‿ʃtesjunɐ'mẽntu]
Paß (1) *(Ausweis)* o passaporte [u pasɐ'pɔrtə]
Paß (2) *(Gebirge)* passo ['pasu]
Passagier passageiro [pesɐ'ʒeiru]
passen *(Kleidung)* ficar bem [fi'kar bẽi]; *(gelegen kommen)* convir [kõ'vir], vir a propósito [vir‿ɐ pru'pɔzitu]
passieren acontecer [ɐkõntə'ser], suceder [susə'der]
Pelz a pele [ɐ 'pɛlə]
Peripherie periferia [pərifə'riɐ]
Person pessoa [pə'soɐ]
Personal o pessoal [u pə'swal]
Personalien os dados pessoais [uʒ 'daduʃ pə'swaiʃ]
persönlich pessoal [pə'swal]
Pfad atalho [ɐ'taʎu], senda ['sẽndɐ]
Pfand o penhor [u pə'ɲor]; *(Flaschen~)* depósito [də'pɔzitu]
Pfarrer *(katholisch)* pároco ['paruku]; *(protestantisch)* o pastor [u pɐʃ'tor]
Pfeife apito [ɐ'pitu], assobio [ɐsu'biu]; *(Tabaks~)* cachimbo [kɐ'ʃĩmbu]
Pferd cavalo [kɐ'valu]
Pfingsten o Pentecostes [u pẽntə'kɔʃtəʃ]
Pflanze planta ['plẽntɐ]
Pflicht o dever [u də'ver], a obrigação [ɐ obrigɐ'sẽu]
pflücken colher [ku'ʎer]
Pförtner porteiro [pur'teiru]
Pfund *(Gewicht)* libra ['librɐ]
Plan plano ['plɐnu]; *(Absicht)* proje(c)to [pru'ʒɛtu]; *(Entwurf)* desenho [də'zeɲu]
Platte *(zum Anrichten)* prato ['pratu]; *(Schall~)* disco ['diʃku]
Plattenspieler o gira-discos [u 'ʒirɐ 'diʃkuʃ], *(Br)* o toca-discos [u 'tɔkɐ 'diskus]
Platz *(in der Stadt)* praça ['prasɐ]; *(Raum, Sitz)* o lugar [u lu'gar]
plötzlich de repente [də ʀə'pẽntə]
Polizei polícia [pu'lisjɐ]
Polizeiwache esquadra da polícia ['ʃkwadrɐ dɐ pu'lisjɐ], posto da polícia ['poʃtu dɐ pu'lisjɐ]
Polizist o polícia [u pu'lisjɐ]
Portal o portal [u pur'tal]
Portier porteiro [pur'teiru]
Porto o porte [u 'pɔrtə], franquia [frẽŋ'kiɐ]
Portugal Portugal [purtu'gal]
Portugiese o português [u purtu'geʃ]
Portugiesin a portuguesa [ɐ purtu'gezɐ]
portugiesisch português [purtu'geʃ]
Porzellan porcelana [pursə'lɐnɐ]
Post correio [ku'ʀeju]; **auf die/der ~** ao/no correio [ɐu/nu ku'ʀeju]
Postamt a estação do correio [ɐ ʃtɐ'sẽu du ku'ʀeju]
Postkarte o (bilhete) postal [u (bə'ʎetə) puʃ'tal]
prächtig magnífico [mɐg'nifiku]
praktisch prático ['pratiku]
Predigt o sermão [u sər'mẽu]
Preis preço ['presu]
Priester o padre [u 'padrə]
privat particular [pɐrtiku'lar], privado [pri'vadu]
Probe experiência [(ei)ʃpə'rjẽsjɐ], ensaio [ẽ'saju]
probieren experimentar [(ei)ʃpərimẽn'tar], ensaiar [ẽsɐ'jar]; *(Speisen)* provar [pru'var]
Produkt produto [pru'dutu]
Programm o programa [u pru'grɐmɐ]
Prospekt prospe(c)to [pruʃ'pɛtu]
protestieren protestar [prutəʃ'tar]
Prozent por cento [pur 'sẽntu]
Prozentsatz a percentagem [ɐ pərsẽn'taʒẽi]
prüfen examinar [izemi'nar], verificar [vərifi'kar]
Prüfung o exame [u i'zemə]
Puder o pó-de-arroz [u pɔ d‿ɐ'ʀoʃ]
Pullover camisola [kɐmi'zɔlɐ], o pulôver [u pu'lovɛr]
Pumpe bomba ['bõmbɐ]
Punkt ponto ['põntu]
pünktlich pontual [põn'twal]
putzen limpar [lĩm'par]

Q

Qualität a qualidade [ɐ kwɐli'dadə]
quer durch através de [ɐtrɐ'vɛʒ də]
Quitte marmelo [mɐr'mɛlu]
quittieren passar recibo [pɐ'sar ʀə'sibu]
Quittung recibo [ʀə'sibu]

R

Rabatt desconto [dəʃ'kõntu]
Rad roda ['ʀɔdɐ]; *(Fahr~)* bicicleta [bəsi'klɛtɐ]
Radio a rádio [ɐ 'ʀadju]
Radioapparat o (aparelho de) rádio [u (ɐpɐ'reʎu də) 'ʀadju]
Rand a margem [ɐ 'marʒẽi], borda ['bɔrdɐ], beira ['beirɐ]
rasch *adj* rápido ['ʀapidu]; *adv* depressa [də'prɛsɐ], rapidamente [ʀapidɐ'mẽntə]
Rasierapparat máquina de barbear ['makinɐ də bɐr'bjar]
Rat conselho [kõ'seʎu]; **jdn um ~ fragen** pedir conselho a alg [pə'dir kõ'seʎu ɐ al'gẽi]
raten *(Rat erteilen)* aconselhar [ɐkõsə'ʎar]; *(er~)* adivinhar [ɐdəvi'ɲar]
Rauch fumo ['fumu]
rauchen fumar [fu'mar]
Raum espaço ['ʃpasu]; *(Räumlichkeit)* quarto ['kwartu], a divisão [ɐ dəvi'zɐ̃u]
rechnen calcular [kalku'lar]; **~ mit** contar com [kõn'tar kõ]
Rechnung fa(c)tura [fa'turɐ]; *(im Restaurant, Café)* conta ['kõntɐ]
Rechnungsbetrag importância da fa(c)tura [ĩmpur'tẽsjɐ dɐ fa'turɐ]
Recht direito [di'reitu]
recht haben ter razão [ter ʀɐ'zɐ̃u]
rechte, rechter, rechtes direito [di'reitu], direita [di'reitɐ]
rechts à direita [a di'reitɐ]
rechtzeitig *adv* a tempo [ɐ 'tẽmpu]
reden falar [fɐ'lar]
regelmäßig *adj* regular [ʀəgu'lar]; *adv* regularmente [ʀəgular'mẽntə]
regeln regular [ʀəgu'lar]
Regen chuva ['ʃuvɐ]
Regenmantel o impermeável [u ĩmpər'mjavɛl], gabardina [gɐbar'dinɐ]
Regenschirm o guarda-chuva [u 'gwardɐ 'ʃuvɐ]
regnen chover [ʃu'ver]
reich rico ['ʀiku]
reichen, *(aus~)* bastar [bɐʃ'tar], chegar [ʃə'gar]; *(geben)* passar [pɐ'sar]; *(s. erstrecken)* estender-‑se [ʃtẽn'dersə]
Reichtum riqueza [ʀi'kezɐ]
reif maduro [mɐ'duru]
Reihe fila ['filɐ]
reinigen limpar [lĩm'par]
Reinigung *(Geschäft)* tinturaria [tĩnturɐ'riɐ]
Reise a viagem [ɐ 'vjaʒẽi]; **auf der ~** durante a viagem [du'rẽnt‿ɐ 'vjaʒẽi]
Reisebüro agência de viagens [ɐ'ʒẽsjɐ də 'viaʒẽiʃ]
reisen viajar [vjɐ'ʒar]; **~ nach** partir para [pɐr'tir 'pɐrɐ]
Reisende, der, die ~ o/a viajante [u/ɐ vjɐ'ʒẽntə]
Reiseroute itinerário [itinə'rarju]
reißen *(ziehen)* tirar [ti'rar], arrancar [ɐʀẽŋ'kar]; *(kaputtgehen)* rasgar-se [ʀɐʒ'garsə], partir-se [pɐr'tirsə]
Reißnagel percevejo [pərsə'veʒu]
Reißverschluß fecho de correr ['feʃu də ku'ʀer], *(Br)* fecho ecler ['feʃu e'klɛr]
Reklame reclamo [ʀɛ'klɐmu], propaganda [prupɐ'gẽndɐ]
reklamieren reclamar [ʀəklɐ'mar]
rennen correr [ku'ʀer]
Rennen corrida [ku'ʀidɐ]

Reparatur a reparação [ɐ ʀəpɐrɐ'sɐ̃u], conserto [kõ'sertu]
Reparaturwerkstatt oficina [ofə'sinɐ]
reservieren reservar [ʀəzər'var]
Rest resto ['ʀɛʃtu]; *(Stoff~)* retalho [ʀə'taʎu]
Restaurant o restaurante [u ʀəʃtau'rẽntə]
retten salvar [sal'var]
Revue *(Vorstellung; Zeitschrift)* revista [ʀə'viʃtɐ]
Richter o juiz [u 'ʒwiʃ]
richtig *(Gegensatz zu falsch)* exa(c)to [i'zatu]; *(geeignet)* próprio ['prɔprju]
richtigstellen corrigir [kuʀi'ʒir], re(c)tificar [ʀɛtəfi'kar]
Richtung a dire(c)ção [ɐ dirɛ'sɐ̃u]
riechen cheirar [ʃei'rar]
Riegel ferrolho [fə'ʀoʎu]
Riemen correia [ku'ʀejɐ]
Ring o anel [u ɐ'nɛl]
Risiko risco ['ʀiʃku]
Rohr tubo ['tubu]
rot encarnado [ẽŋkɐr'nadu], vermelho [vər'meʎu]
Route itinerário [itinə'rarju]
Rückfahrt (a viagem de) regresso [(ɐ 'vjaʒɐ̃i də) ʀə'grɛsu]
Rückkehr volta ['vɔltɐ], regresso [ʀə'grɛsu]
Rucksack mochila [mu'ʃilɐ]
Rücksicht a consideração [ɐ kõsidərɐ'sɐ̃u]
rücksichtslos sem respeito [sɐ̃i ʀəʃ'peitu]
rückwärts para trás ['perɐ traʃ]
rudern remar [ʀə'mar]
rufen chamar [ʃɐ'mar]
Ruhe descanso [dəʃ'kɐ̃su], repouso [ʀə'pozu]; *(seelisch, Stille)* calma ['kalmɐ]
ruhen *(aus~)* descansar [dəʃkɐ̃'sar], repousar [ʀəpo'zar]
ruhig calmo ['kalmu]
rund redondo [ʀə'dõndu]
Rundfahrt circuito [sir'kuitu], volta ['vɔltɐ]

S

Saal sala ['salɐ]
Sache *(Ding)* coisa ['koizɐ]; *(Angelegenheit)* assunto [ɐ'sũntu]
Sack saco ['saku]
sagen dizer [di'zer]
Saison a estação [ɐ ʃtɐ'sɐ̃u], época ['ɛpukɐ]; **außerhalb der ~** fora da estação ['fɔrɐ dɐ ʃtɐ'sɐ̃u]
sammeln reunir [ʀju'nir], cole(c)cionar [kulɛsju'nar]; *(auf~)* recolher [ʀəku'ʎer]
Sammlung a cole(c)ção [ɐ kulɛ'sɐ̃u]
Samt veludo [və'ludu]
Sand areia [ɐ'rejɐ]
Satz a frase [ɐ 'frazə]
sauber limpo ['lĩmpu]
sauer azedo [ɐ'zedu], ácido ['asidu]
Säule coluna [ku'lunɐ]
Schachtel caixa ['kaiʃɐ]
schade, es ist ~ é pena [ɛ 'penɐ]; **wie ~!** que pena! [kə 'penɐ]
schaden fazer mal a [fɐ'zer mal‿ɐ], prejudicar [prəʒudi'kar]
Schaden prejuízo [prə'ʒwizu], dano ['dɐnu]
Schadenersatz a inde(m)nização [ɐ ĩndəmnizɐ'sɐ̃u]
schädlich nocivo [nu'sivu]
Schaffner *(Bus)* o condutor [u kõndu'tor]; *(Zug)* o revisor [u ʀəvi'zor]
Schallplatte disco ['diʃku]
Schalter o guiché (ê) [u gi'ʃɛ]; *(el)* o interruptor [u intəʀup'tor]
scharf *(Messer)* cortante [kur'tẽntə], afiado [ɐ'fjadu]; *(Essen)* picante [pi'kẽntə]
Schatten sombra ['sõmbrɐ]
schätzen avaliar [ɐvɐ'ljar], apreciar [ɐprə'sjar]
schauen ver [ver], olhar [o'ʎar]
Schaufel a pá [ɐ pa]
Schaufenster montra ['mõntrɐ], *(Br)* vitrina [vi'trinɐ]
Schauspiel *(Theater)* espe(c)táculo [ʃpɛ'takulu], peça (de teatro) ['pɛsɐ (də 'tjatru)]
Scheck o cheque [u 'ʃɛkə]

Scheibe *(Fenster)* vidro ['vidru], vidraça [vi'drasɐ]; *(Brot)* fatia [fɐ'tiɐ]
Schein (1) *(Geld~)* nota ['nɔtɐ]
Schein (2) *(Anschein)* aparência [ɐpɐ'rẽsjɐ]
scheinen parecer [pɐrə'ser]; *(glänzen)* brilhar [bri'ʎar]
schenken oferecer [ofərə'ser]
Schere tesoura [tə'zorɐ]
Scherz gracejo [grɐ'seʒu], brincadeira [brĩŋkɐ'deirɐ]
schicken mandar [mẽn'dar], enviar [ẽ'vjar]
schießen atirar [ɐti'rar]
Schiff navio [nɐ'viu]; *(Dampfer)* o vapor [u vɐ'por]; *(Kirchen~)* a nave [ɐ 'navə]
Schirm o guarda-chuva [u 'gwardɐ 'ʃuvɐ]
Schlaf sono ['sonu]
schlafen dormir [dur'mir]
Schlafmittel soporífero [supu'rifəru]
Schlafwagen o vagão-cama [u va'gẽu 'kɐmɐ], *(Br)* o vagão-leito [u va'gẽu 'leitu]
Schlafzimmer quarto de dormir ['kwartu də dur'mir]
Schlag o golpe [u 'gɔlpə], pancada [pẽŋ'kadɐ]
schlagen bater [bɐ'ter]; *(Uhr)* dar horas [dar‿'ɔrɐʃ]
Schlamm lama ['lɐmɐ]
Schlange a serpente [ɐ sər'pẽntə]; ~ **stehen** fazer bicha [fɐ'zer 'biʃɐ], *(Br)* fazer fila [fa'zer 'filɐ]
schlank delgado [dɛl'gadu], elegante [ilə'gẽntə]
schlau esperto ['ʃpɛrtu]
Schlauch mangueira [mẽŋ'geirɐ], tubo ['tubu]
schlecht *adj* mau [mau]; *adv* mal [mal]
schließen fechar [fə'ʃar]
schlimm mau [mau]; ~**er** pior [pjɔr]; ~**st** o pior [u pjɔr]
Schloß *(Burg)* castelo [kɐʃ'tɛlu]; *(Palast)* palácio [pɐ'lasju]; *(Tür)* fechadura [fəʃɐ'durɐ], fecho ['feʃu]
Schluck o gole [u 'gɔlə], trago ['tragu]
Schluß *(Ende)* o fim [u fĩ]
Schlüssel a chave [ɐ 'ʃavə]

schmackhaft saboroso [sɐbu'rozu]
schmal estreito ['ʃtreitu]
schmecken saber [sɐ'ber]
Schmerz a dor [ɐ dor]
schmerzen doer [dwer]
schmerzhaft doloroso [dulu'rozu]
Schmuck as jóias [ɐ‿'ʒɔjɐʃ]
Schmutz a sujidade [ɐ suʒi'dadə]; *(Schlamm)* lama ['lɐmɐ]
schmutzig sujo ['suʒu]
Schnee a neve [ɐ 'nɛvə]
schneiden cortar [kur'tar]
Schneider/in o alfaiate [u alfɐ'jatə], a modista [ɐ mu'diʃtɐ]
schneien nevar [nə'var]
schnell *adj* rápido ['ʀapidu]; *adv* depressa [də'prɛsɐ], rapidamente [ʀapidɐ'mẽntə]
Schnelligkeit a rapidez [ɐ ʀɐpi'deʃ]
Schnur o cordão [u kur'dẽu], o cordel [u kur'dɛl]
schon já [ʒa]
schön belo ['bɛlu], lindo ['lĩndu], bonito [bu'nitu]
Schönheit beleza [bə'lezɐ]
Schraube parafuso [pɐrɐ'fuzu]
schrecklich terrível [tə'ʀivɛl], horrível [o'ʀivɛl]
schreiben escrever [ʃkrə'ver]
schreien gritar [gri'tar]
Schrift *(Hand~)* escrita ['ʃkritɐ]
schriftlich por escrito [pur 'ʃkritu]
Schritt passo ['pasu]
Schuh sapato [sɐ'patu]
Schuhband o atacador [u ɐtɐkɐ'dor]
Schuhbürste escova de calçado ['ʃkovɐ də kal'sadu]
Schuhcreme pomada [pu'madɐ], graxa ['graʃɐ]
Schuhgeschäft sapataria [sɐpɐtɐ'riɐ]
Schuhmacher sapateiro [sɐpɐ'teiru]
Schuld culpa ['kulpɐ]; *(Geld)* dívida ['dividɐ]
schulden dever [də'ver]
Schule escola ['ʃkɔlɐ]
Schulter ombro ['õmbru]
Schuß tiro ['tiru]
Schüssel travessa [trɐ'vɛsɐ], terrina [tə'ʀinɐ]
Schuster sapateiro [sɐpɐ'teiru]

Schutz a prote(c)ção [ɐ prutɛ'sɐ̃u]
schwach fraco ['fraku]
Schwäche fraqueza [frɐ'kezɐ]
Schwager cunhado [ku'ɲadu]
Schwägerin cunhada [ku'ɲadɐ]
schwarz preto ['pretu], negro ['negru]
Schweigen silêncio [si'lẽsju]
schweigen calar-se [kɐ'larsə], ficar calado [fi'kar kɐ'ladu]
schweigend calado [kɐ'ladu], silencioso [silẽ'sjozu]
Schweiz Suíça ['swisɐ]
Schweizer/in o suíço [u 'swisu], a suíça [ɐ 'swisɐ]
schwer *(Gewicht)* pesado [pə'zadu]; *(Krankheit)* grave ['gravə]; *(schwierig)* difícil [di'fisil]
Schwester a irmã [ɐ ir'mɐ̃]; *(Kranken~)* enfermeira [ẽfər'meirɐ]; *(Ordens~)* religiosa [ʀəli'ʒjɔzɐ], freira ['freirɐ]
schwierig difícil [di'fisil]
Schwierigkeit a dificuldade [ɐ dəfikul'dadə]
Schwimmbad piscina [pəʃ'sinɐ]
schwimmen nadar [nɐ'dar]
Schwindler embusteiro [ẽmbuʃ'teiru], o intrujão [u ĩntru'ʒɐ̃u]
schwitzen suar [swar]
schwül abafado [ɐbɐ'fadu]
See (1) *f (Meer)* o mar [u mar]
See (2) *m (Binnengewässer)* lago ['lagu]
sehen ver [ver]
Sehenswürdigkeiten os monumentos [uʒ munu'mẽntuʃ]
sehr muito ['mũintu]
Seide seda ['sedɐ]
Seife o sabonete [u sɐbu'netə]
Seil corda ['kɔrdɐ], cabo ['kabu]
sein (1) *verb* ser [ser], estar [ʃtar]
sein (2) *poss prn* seu [seu], sua ['suɐ]
seit *prp* desde ['deʒdə]; ~ **wann?** desde quando? ['deʒdə 'kwẽndu]; *conj* desde que ['deʒdə kə]
seitdem desde então ['deʒd‿ẽn'tɐ̃u]
Seite lado ['ladu]; *(Buch~)* página ['paʒinɐ]
Sekunde segundo [sə'gũndu]
selbstverständlich evidentemente [ividẽntə'mẽntə]
selten *adj* raro ['ʀaru]; *adv* raras vezes ['ʀarɐʒ 'vezəʃ], raramente [ʀarɐ'mẽntə]
senden *(schicken)* enviar [ẽ'vjar], mandar [mẽn'dar]
Sendung *(Radio, Fernsehen)* a emissão [ɐ imi'sɐ̃u]
setzen pôr [por]; **s.** ~ sentar-se [sẽn'tarsə]
sicher *adj* seguro [sə'guru], certo ['sɛrtu]; *adv* certamente [sɛrtɐ'mẽntə], com certeza [kõ sər'tezɐ]
Sicherheit segurança [səgu'rẽsɐ]; *(Garantie)* garantia [gerẽn'tiɐ]
Sicherheitsnadel o alfinete de segurança [u alfi'netə də səgu'rẽsɐ]
Sicherung *(el)* o fusível [u fu'zivɛl]
Sicht vista ['viʃtɐ]
sichtbar visível [vi'zivɛl]
Sichtvermerk visto ['viʃtu]
Signal o sinal [u si'nal]
Silber prata ['pratɐ]
singen cantar [kẽn'tar]
Sinn sentido [sẽn'tidu]
Sitz o lugar [u lu'gar], assento [ɐ'sẽntu], a sede [ɐ 'sɛdə]
sitzen estar sentado [ʃtar sẽn'tadu]
so assim [ɐ'sĩ]
sofort imediatamente [imədjatɐ'mẽntə]
sogar até [ɐ'tɛ], mesmo ['meʒmu]
Sohle sola ['sɔlɐ]
Sohn filho ['fiʎu]
solange als enquanto [ẽŋ'kwẽntu]
solch tal [tal]
sollen dever [də'ver]
Sommer o Verão [u və'rɐ̃u]
Sonder . . . especial [ʃpə'sjal]
sondern mas [mɐʃ], mas sim [mɐʃ sĩ]
Sonne o sol [u sɔl]
Sonnenaufgang, bei ~ ao nascer-do-sol [ɐu nɐʃ'ser du sɔl]
Sonnenbrille os óculos de sol [uz‿'ɔkuluʒ də sɔl]
Sonnenschirm o guarda-sol [u 'gwardɐ sɔl]
Sonnenuntergang, bei ~ ao pôr-do-sol [ɐu por du sɔl]
sonst *(Gegensatz)* senão [sə'nɐ̃u], de contrário [də kõn'trarju]; ~ **noch** além disso [a'lɐ̃i 'disu]
Sorge cuidado [kui'dadu]

sorgen, ~ für cuidar de [kui'dar də]; **s. ~ um** preocupar-se com [prjoku'parsə kõ]
Sorgfalt cuidado [kui'dadu]
sorgfältig cuidadoso [kuidɐ'dozu]
Sorte a espécie [ɐ 'ʃpɛsjə]; *(Zigaretten)* marca ['markɐ]
Spanien Espanha ['ʃpɐɲɐ]
Spanier/in o espanhol [u ʃpɐ'ɲɔl], a espanhola [ɐ ʃpɐ'ɲɔlɐ]
spanisch espanhol [ʃpɐ'ɲɔl]
sparen poupar [po'par]
Spaß *(Scherz)* gracejo [grɐ'seʒu], brincadeira [brĩŋkɐ'deirɐ]; *(Vergnügen)* o prazer [u prɐ'zer]
spät tarde ['tardə]
spazierengehen passear [pɐ'sjar]
Spaziergang passeio [pɐ'seju]; **einen ~ machen** dar um passeio [dar‿ũm pɐ'seju]
Speise *(Gericht)* prato ['pratu]
Speisekarte lista ['liʃtɐ], ementa [i'mẽntɐ], *(Br)* cardápio [kar'dapju]
Speisesaal sala de jantar ['salɐ də ʒẽn'tar]
Speisewagen o vagão-restaurante [u va'gẽu ʀəʃtau'rẽntə]
speisen comer [ku'mer]
Sperre *(Bahnhof)* entrada (do cais) [ẽn'tradɐ (du kaiʃ)]
Spesen as despesas [ɐʒ dəʃ'pezɐʃ]
speziell especial [ʃpə'sjal]
Spiegel espelho ['ʃpeʎu]
Spiel jogo ['ʒogu]
Spielplatz campo de jogos ['kẽmpu də 'ʒɔguʃ], o parque infantil [u 'park‿ĩfẽn'til]
Spielzeug brinquedo [brĩŋ'kedu]
spielen jogar [ʒu'gar], brincar [brĩŋ'kar]
Spiritus *(Brenn~)* álcool desnaturado ['alkwɔl dəʒnetu'radu]
Spirituskocher o fogão a álcool [u fu'gẽu ɐ 'alkwɔl]
Spitze ponta ['põntɐ]; *(Gebirge)* o cume [u 'kumə], cimo ['simu]; *(Gewebe)* renda ['ʀẽndɐ]
Sport desporto [dəʃ'portu], *(Br)* o esporte [u es'pɔrti]
Sportplatz campo desportivo ['kẽmpu dəʃpur'tivu], *(Br)* campo de esporte ['kẽmpu di es'pɔrti]
Sprache língua ['lĩŋgwɐ]
sprechen falar [fɐ'lar]
Springbrunnen repuxo [ʀə'puʃu]
springen saltar [sal'tar]
Spur vestígio [vəʃ'tiʒju], pista ['piʃtɐ], rasto ['ʀaʃtu]
Staat Estado ['ʃtadu]
Staatsangehörigkeit a nacionalidade [ɐ nɐsjunɐli'dadə]
Stadt a cidade [ɐ si'dadə]
Stadtplan planta/plano da cidade ['plẽntɐ/'plɐnu dɐ si'dadə]
Stadtteil bairro ['baiʀu]
stark forte ['fɔrtə]; *(beleibt)* gordo ['gordu]; *(dick)* grosso ['grosu]
Stärke força ['forsɐ]
Start partida [pɐr'tidɐ]; *(Flugzeug)* a descolagem [ɐ dəʃku'laʒẽi]
statt em vez de [ẽi veʒ də], em lugar de [ẽi lu'gar də]
stattfinden realizar-se [ʀjɐli'zarsə]
Staub o pó [u pɔ]
stechen picar [pi'kar]
Steckdose tomada [tu'madɐ]
Stecker ficha ['fiʃɐ]
Stecknadel o alfinete [u alfi'netə]
stehen estar [ʃtar], estar em pé [ʃtar‿ẽi pɛ]
stehenbleiben *(anhalten)* parar [pɐ'rar], ficar parado [fi'kar pɐ'radu]
stehlen roubar [ʀo'bar]
steigen subir [su'bir]
steil íngreme ['ĩŋgrəmə], escarpado [ʃkɐr'padu]
Stein pedra ['pɛdrɐ]
Stelle *(Ort)* o lugar [u lu'gar], sítio ['sitju]; *(Arbeit)* emprego [ẽm'pregu]
stellen pôr [por], colocar [kulu'kar]
Stellung a posição [ɐ puzi'sẽu]; *(An~)* emprego [ẽm'pregu]
Stempel carimbo [kɐ'rĩmbu]
sterben morrer [mu'ʀer]
Stern estrela ['ʃtrelɐ]
stets sempre ['sẽmprə]
Stier touro ['toru]
still quieto ['kjɛtu], sossegado [susə'gadu], tranquilo (qü) [trẽŋ'kwilu]
Stimme a voz [ɐ vɔʃ]
stinken cheirar mal [ʃei'rar mal]
Stock o pau [u pau], bengala [bẽŋ'galɐ]
Stock(werk) o andar [u ẽn'dar]
Stoff tecido [tə'sidu], fazenda [fɐ'zẽndɐ]

stören estorvar [ʃtur'var], incomodar [ĩŋkumu'dar]
Störung estorvo ['ʃtorvu], incómodo [ĩŋ'kɔmudu]; *(Unterbrechung)* a interrupção [ɐ ĩntəʀup'sɐ̃u]
Stoß (1) *(Schubs)* o golpe [u 'gɔlpə]
Stoß (2) *(Stapel)* pilha ['piʎɐ], maço ['masu]
stoßen empurrar [ẽmpu'ʀar]
Strafe castigo [kɐʃ'tigu], pena ['pene]; *(Geld~)* multa ['multɐ]
Strahl *(Licht~)* raio ['ʀaju]; *(Wasser~)* jacto ['ʒatu]
Strand praia ['prajɐ]
Straße rua ['ʀuɐ]; **auf der** ~ na rua [nɐ 'ʀuɐ]; *(Land~)* estrada ['ʃtradɐ]
Straßenbahn (carro) eléctrico [('kaʀu) i'lɛtriku], *(Br)* o bonde [u 'bõndi]
Straßenbahnschaffner o condutor [u kõndu'tor]
Strauß *(Blumen)* ramo ['ʀɐmu]
Strecke traje(c)to [trɐ'ʒɛtu]; *(Bahn~)* linha ['liɲɐ]
Streichholz fósforo ['fɔʃfuru]
Streichholzschachtel caixa de fósforos ['kaiʃɐ də 'fɔʃfuruʃ]
Streit conflito [kõ'flitu], disputa [dəʃ'putɐ]
streng severo [sə'vɛru], rigoroso [ʀigu'rozu]
Strick corda ['kɔrdɐ]
Strom *(Fluß)* rio ['ʀiu]; *(el)* a corrente [ɐ ku'ʀẽntə]
Strömung a corrente [ɐ ku'ʀẽntə]
Stück peça ['pɛsɐ], pedaço [pə'dasu], bocado [bu'kadu]; **ein ~ Brot** um pedaço/bocado de pão [ũm pə'dasu/bu'kadu də pɐ̃u]
Student o estudante [u ʃtu'dẽntə]
studieren estudar [ʃtu'dar]
Studium estudo ['ʃtudu]
Stuhl cadeira [kɐ'deirɐ]
Stunde hora ['ɔrɐ]; **eine halbe ~** meia hora ['mejɐ 'ɔrɐ]; **eine Viertel ~** um quarto de hora [ũ 'kwartu d‿'ɔrɐ]; **alle zwei ~n** de duas em duas horas [də 'duez‿ẽi 'duez‿'ɔrɐʃ]; *(Unterrichts~)* aula ['aulɐ]
stündlich *adv* de hora a hora [d‿'ɔra ‿ɔrɐ], por hora [pur‿'ɔrɐ]
Sturm a tempestade [ɐ tẽmpəʃ'tadə]
Sturz queda ['kɛdɐ]
stürzen *(fallen)* cair [kɐ'ir]
suchen procurar [proku'rar]
Süden o sul [u sul]
südlich do sul [du sul]; **~ von** ao sul de [ɐu sul də]
Summe soma ['somɐ], quantia [kwẽn'tiɐ]
süß doce ['dosə]

T

Tabak tabaco [tɐ'baku]
Tag o dia [u 'diɐ]; **alle ~e** todos os dias ['toduz‿uʒ 'diɐʃ]; **bei ~** de dia [də 'diɐ]
täglich *adj* diário ['djarju], quotidiano [koti'djɐnu]; *adv (jeden Tag)* todos os dias ['toduz‿uʒ 'diɐʃ]; *(pro Tag)* por dia [pur 'diɐ]
Tal o vale [u 'valə]
tanken meter gasolina [mə'ter gɐzu'linɐ]
Tankstelle posto de gasolina ['poʃtu də gɐzu'linɐ]
Tante tia ['tiɐ]
Tanz dança ['dɐ̃sɐ], o baile [u 'bailə]
tanzen dançar [dɐ̃'sar]
Tanzlokal o dancing [u 'dẽsiŋ], discoteca [dəʃku'tɛkɐ]
Tasche bolso ['bolsu]; *(Hand~)* carteira [kɐr'teirɐ], *(Br)* bolsa ['bolsɐ]
Taschendieb o carteirista [u kɐrtei'riʃtɐ]
Taschenlampe lâmpada de mão ['lɐ̃mpɐdɐ də mɐ̃u]
Taschentuch lenço ['lẽsu]
Tasse chávena ['ʃavənɐ], *(Br)* xícara ['ʃikarɐ]
Taste tecla ['tɛklɐ]
Tat a a(c)ção [ɐ a'sɐ̃u], a(c)to ['atu]; **in der ~** de fa(c)to [də 'faktu], com efeito [kõ i'feitu]
Tatbestand os fa(c)tos [uʃ 'faktuʃ]

Tätigkeit a a(c)tividade [ɐ atəvi'dadə]
Tatsache fa(c)to ['faktu]
tauchen mergulhar [mərgu'ʎar]
tauschen trocar [tru'kar]
täuschen, s. ~ enganar-se [ẽŋgɐ'narsə]
tausend mil [mil]
Taxi o táxi [u 'taksi]
Tee o chá [u ʃa]
Teil a parte [ɐ 'partə]
teilen dividir [dəvi'dir], partir [pɐr'tir]; **mit jdm** ~ repartir/compartilhar com alg [ʀəpɐr'tir/kõmpɐrti'ʎar kõ al'gẽi]
Teilnahme a participação [ɐ pɐrtəsipɐ'sɐ̃u]
teilnehmen (an) participar (em) [pɐrtəsi'par (ẽi)], tomar parte (em) [tu'mar 'partə (ẽi)]
Telefon o telefone [u tələ'fɔnə]
Telefongespräch o telefonema [u tələfu'nemɐ], chamada telefónica (ô) [ʃɐ'madɐ tələ'fɔnikɐ]
telefonieren telefonar [tələfu'nar]
Telefonverzeichnis lista telefónica (ô) ['liʃtɐ tələ'fɔnikɐ)]
Telefonzelle cabina telefónica (ô) [ka'binɐ tələ'fɔnikɐ]
telegrafieren telegrafar [tələgrɐ'far]
Telegramm o telegrama [u tələ'gremɐ]
Teller prato ['pratu]
Tennisplatz campo de ténis ['kɐ̃mpu də 'tɛniʃ]
Termin data ['datɐ]; *(Frist)* prazo ['prazu]
teuer caro ['karu]
tief fundo ['fũndu], profundo [pru'fũndu]; *(niedrig)* baixo ['baiʃu]
Tier o animal [u ɐni'mal]
Tisch mesa ['mezɐ]; **bei** ~ à mesa [a 'mezɐ]
Tochter filha ['fiʎɐ]
Tod a morte [ɐ 'mɔrtə]
Toilette a retrete [ɐ ʀə'trɛtə], casa de banho ['kazɐ də 'bɐɲu], *(Br)* banheiro [ba'ɲeru]
Toilettenpapier o papel higiénico (ê) [u pɐ'pɛl‿i'ʒjɛniku]
Ton o som [u sõ]; *(Betonung)* acento [ɐ'sẽntu]; *(Farbe)* o tom [u tõ]
Tonwaren louça de barro ['losɐ də 'baʀu]
Topf *(Koch~)* panela [pɐ'nɛlɐ], tacho ['taʃu]
Tor *(Einfahrt)* o portão [u pur'tɐ̃u], porta ['pɔrtɐ]
tot morto ['mortu]
Tour a excursão [ɐ (ei)ʃkur'sɐ̃u], volta ['vɔltɐ], passeio [pɐ'seju]
Tourist/in o/a turista [u/ɐ tu'riʃtɐ]
tragen levar [lə'var], trazer [trɐ'zer]; *(er~)* suportar [supur'tar]
Träger *(Gepäck~)* o carregador [u kɐʀəgɐ'dor]
transportieren transportar [trɐ̃ʃpur'tar]
Trauben as uvas [ɐz‿'uvɐʃ]
Traum sonho ['soɲu]
träumen sonhar [su'ɲar]
traurig triste ['triʃtə]
treffen encontrar [ẽŋkõn'trar]
trennen separar [səpɐ'rar]
Treppe escada ['ʃkadɐ]
trinkbar potável [pu'tavɛl]
trinken beber [bə'ber], tomar [tu'mar]
Trinkgeld gorjeta [gur'ʒetɐ]
trocken seco ['seku]
trocknen secar [sə'kar]
Tropfen gota ['gotɐ]
trotz apesar de [ɐpə'zar də]
trotzdem apesar disso [ɐpə'zar 'disu]
trüb *(Flüssigkeit)* turvo ['turvu]; *(Wetter)* coberto [ku'bɛrtu], nublado [nu'bladu]
Tuch pano ['pɐnu]; *(Lappen)* trapo ['trapu]; *(Kopf~)* lenço ['lẽsu]
tüchtig hábil ['abil], capaz [kɐ'paʃ]
tun fazer [fɐ'zer]
Tunnel o túnel [u 'tunɛl]
Tür porta ['pɔrtɐ]
Turm a torre [ɐ 'toʀə]; *(Kirch~)* campanário [kɐ̃mpɐ'narju], a torre [ɐ 'toʀə]
Tüte *(kleine)* cartucho [kɐr'tuʃu]; *(größere)* saco de papel ['saku də pɐ'pɛl]

U

übel mal [mal]; **mir ist ~** sinto-me mal ['sĩntumə mal]
üben exercitar [izərsi'tar], praticar [preti'kar]
überall por toda a parte [pur 'toda 'partə]
überbringen levar [lə'var], entregar [ẽntrə'gar]
Überfahrt travessia [trevə'sie]
Überfall assalto [e'saltu]
überflüssig supérfluo [su'pɛrflwu]
überfüllt apinhado [epi'ɲadu]
Übergang a passagem [e pe'saʒẽi]
übergeben entregar [ẽntrə'gar]
überholen ultrapassar [ultrepe'sar]
übermorgen depois de amanhã [də'poiʒ d‿ame'ɲẽ]
übernachten pernoitar [pərnoi'tar]
überrascht surpreendido [surprjẽn'didu]
überreden persuadir [pərswe'dir]
überschreiten passar [pe'sar]
Übersee o ultramar [u ultre'mar]
übersenden remeter [ʀəmə'ter], enviar [ẽ'vjar]
übersetzen traduzir [tredu'zir]
übertragbar transmissível [trẽʃmi'sivɛl]
übertrieben exagerado [izeʒə'radu]
überweisen enviar [ẽ'vjar], transferir [trẽʃfə'rir]
Überweisung envio [ẽ'viu], transferência [trẽʃfə'rẽsje]
überzeugen convencer [kõvẽ'ser]
üblich normal [nɔr'mal], habitual [ebi'twal]
übrig restante [ʀəʃ'tẽntə]
übrigbleiben ficar [fi'kar], sobrar [su'brar]
übrigens aliás [e'ljaʃ]
Übung exercício [izər'sisju], prática ['pratike]
Ufer *(Fluß)* a margem [e 'marʒẽi]; *(Meer)* costa ['kɔʃte]
Uhr relógio [ʀə'lɔʒju]
um *(herum)* em/à volta de [ẽi/a 'vɔlte də]; *(Zeitangabe)* à/às [a/aʃ]; *(gegen)* pela/pelas ['pele/'peleʃ]
umarmen abraçar [ebre'sar]
Umgebung os arredores [uz‿ʀʀə'dɔrəʃ]
umgekehrt *adj* inverso [ĩ'versu]; **in ~er Richtung** em sentido contrário [ẽi sẽn'tidu kõn'trarju]; *adv* ao contrário [eu kõn'trarju]
umkehren voltar para trás [vɔl'tar 'pere traʃ]
Umleitung desvio [dəʒ'viu]
Umrechnung câmbio ['kẽmbju]
umsonst *(gratis)* grátis ['gratiʃ], de graça [də 'grase]; *(vergebens)* em vão [ẽi vẽu]
Umstände as circunstâncias [eʃ sirkũʃ'tẽsjeʃ]
umsteigen mudar de [mu'dar də]
umtauschen trocar [tru'kar]
Umweg desvio [dəʒ'viu], rodeio [ʀu'deju]
Umwelt o (meio) ambiente [u ('meju) ẽm'bjẽntə]
umziehen *(Wohnung wechseln)* mudar de casa [mu'dar də 'kaze]; **s. ~** mudar de roupa [mu'dar də 'ʀope]
unangenehm desagradável [dəzegre'davɛl]
unanständig indecente [ĩndə'sẽntə]
unbedingt *adv* absolutamente [ebsulute'mẽntə]
unbekannt desconhecido [dəʃkuɲə'sidu]
unbequem incómodo [ĩŋ'kɔmudu]
unbestimmt indeterminado [ĩndətərmi'nadu], vago ['vagu]
und e [i]; **~ so weiter** etc. [ɛt'sɛtre]
undankbar ingrato [ĩŋ'gratu]
unecht falso ['falsu]
unentbehrlich indispensável [ĩndəʃpẽ'savɛl]
unentschlossen indeciso [ĩndə'sizu]
unerfahren inexperiente [inəʃpə'rjẽntə]
unerfreulich desagradável [dəzegre'davɛl]
unerhört inaudito [inau'ditu]
unerträglich insuportável [ĩsupur'tavɛl]

unerwartet inesperado [inəʃpə'radu]
unerwünscht indesejável [ĩndəzə'ʒavɛl]
unfähig incapaz [ĩŋkɐ'paʃ]
Unfall o acidente [u ɐsi'dẽntə], o desastre [u də'zaʃtrə]
unfreundlich pouco amável ['poku ɐ'mavɛl]
ungeeignet inadequado [inɐdə'kwadu]
ungefähr aproximadamente [ɐprɔsimadɐ'mẽntə]
ungemütlich incómodo [ĩŋ'kɔmudu], pouco confortável ['poku kõfur'tavɛl]
ungenau impreciso [ĩmprə'sizu]
ungenügend insuficiente [ĩsufə'sjẽntə]
ungerecht injusto [ĩ'ʒuʃtu]
Ungerechtigkeit injustiça [ĩʒuʃ'tisɐ]
ungern de má vontade [də ma võn'tadə]
ungesund nocivo à saúde [nu'sivu a sɐ'udə]
ungewiß incerto [ĩ'sɛrtu]
ungewöhnlich invulgar [ĩvul'gar]
unglaublich incrível [ĩŋ'krivɛl]
Unglück desgraça [dəʒ'grasɐ], a infelicidade [ɐ ĩfələsi'dadə]
unglücklich infeliz [ĩfə'liʃ]
unglücklicherweise infelizmente [ĩfəliʒ'mẽntə]
ungültig inválido [ĩ'validu], sem validade [sẽi vɐli'dadə]
ungünstig desfavorável [dəʃfɐvu'ravɛl]
unhöflich descortês [dəʃkur'teʃ]
Unkosten as despesas [ɐʒ dəʃ'pezɐʃ]
unmittelbar imediato [imə'djatu]
unmodern fora de moda ['fɔrɐ də 'mɔdɐ]
unmöglich impossível [ĩmpu'sivɛl]
unnötig desnecessário [dəʒnəsə'sarju]
unnütz inútil [i'nutil]
Unordnung a desordem [ɐ də'zɔrdẽi]
unpraktisch pouco prático ['poku 'pratiku]
Unrecht *(Ungerechtigkeit)* injustiça [ĩʒuʃ'tisɐ]
unrecht haben não ter razão [nɐ̃u ter ʀɐ'zɐ̃u]
unregelmäßig irregular [iʀəgu'lar]
unruhig inquieto [ĩŋ'kjɛtu]
uns nos [nuʃ]
unschädlich inofensivo [inufẽ'sivu]
unschuldig inocente [inu'sẽntə]
unser, unsere nosso ['nɔsu], nossa ['nɔsɐ]
unsicher inseguro [ĩsə'guru]; *(ungewiß)* incerto [ĩ'sɛrtu]
unten em baixo [ẽi 'baiʃu]; **dort ~** lá em baixo [la ẽi 'baiʃu]
unter debaixo de [də'baiʃu də], sob [sob]; *(zwischen)* entre ['ẽntrə]; **~ anderem** entre outras coisas ['ẽntr‿'otrɐʃ 'koizɐʃ]
unterbrechen interromper [ĩntəʀõm'per]
Unterführung a passagem subterrânea [ɐ pɐ'saʒẽi subtə'ʀɐnjɐ]
unterhalb por baixo de [pur 'baiʃu də], abaixo de [ɐ'baiʃu də]
unterhalten, s. ~ conversar [kõvər'sar]; *(s. vergnügen)* divertir-se [divər'tirsə]
unterhaltend divertido [divər'tidu]
Unterhaltung *(Gespräch)* conversa [kõ'vɛrsɐ]; *(Vergnügen)* divertimento [divərti'mẽntu]
Unternehmen empresa [ẽm'prezɐ]
unterrichten *(informieren)* informar [ĩfur'mar]; *(Schule)* ensinar [ẽsi'nar]
unterscheiden distinguir [dəstĩŋ'gir]; **s. ~ von** distinguir-se de [dəʃtĩŋ'girsə də]
Unterschied diferença [difə'rẽsɐ]
unterschreiben assinar [ɐsi'nar]
Unterschrift assinatura [ɐsinɐ'turɐ]
Unterstützung apoio [ɐ'poju]
Unterwäsche roupa interior ['ʀopɐ ĩntə'rjor]
unterwegs no/a caminho [nu/ɐ kɐ'miɲu]
unverbindlich sem compromisso [sẽi kõmpru'misu]
unvermeidlich inevitável [inəvi'tavɛl]
unverschämt sein ser descarado [ser dəʃkɐ'radu]
unvollständig incompleto [ĩŋkõm'plɛtu]

unvorsichtig imprudente [ĩmpru'dẽntə]
unwahrscheinlich improvável [ĩmpru'vavɛl]
Unwetter a tempestade [ɐ tẽmpəʃ'tadə]
unwichtig insignificante [ĩsignifi'kẽntə], sem importância [sẽi ĩmpur'tẽsjɐ]
unwohl indisposto [ĩndəʃ'poʃtu]
unzufrieden descontente [dəʃkõn'tẽntə]
Urlaub as férias [ɐʃ 'fɛriɐʃ], licença [li'sẽsɐ]
Ursache causa ['kauzɐ]
urteilen julgar [ʒul'gar]
Urwald floresta virgem [flu'rɛʃtɐ 'virʒẽi]

V

Vater o pai [u pai]
Vaterland pátria ['patrjɐ]
verabreden, s. ~ combinar encontrar-se [kõmbi'nar‿ẽŋkõn'trarsə]
Verabredung encontro [ẽŋ'kõntru]
veraltet antiquado [ẽnti'kwadu]
verändern mudar [mu'dar]
Veränderung mudança [mu'dẽsɐ]
Veranstaltung a manifestação [ɐ mɐnifəʃtɐ'sẽu]
verantwortlich responsável [ʀəʃpõ'savɛl]
verbergen esconder [ʃkõn'der]
verbessern melhorar [məʎu'rar], aperfeiçoar [ɐpərfei'swar]; *(Fehler)* corrigir [kuʀi'ʒir]
verbieten proibir [prwi'bir]
verbinden unir [u'nir]; *(tele, med)* ligar [li'gar]
Verbindung a relação [ɐ ʀəlɐ'sẽu]; *(Zug, tele)* a ligação [ɐ ligɐ'sẽu]
Verbot a proibição [ɐ prwibi'sẽu]
verboten! proibido! [prwi'bidu]
Verbrauch consumo [kõ'sumu]
verbrauchen gastar [gɐʃ'tar], consumir [kõsu'mir]
Verbrechen o crime [u 'krimə]
verbrennen queimar [kei'mar]
verbringen *(Zeit)* passar [pɐ'sar]
Verdacht suspeita [suʃ'peitɐ]
Verdeck coberta [ku'bɛrtɐ]
verderben estragar [ʃtrɐ'gar]; *(schlecht werden)* estragar-se [ʃtrɐ'garsə]
verdienen ganhar [gɐ'ɲar]; *(wert sein)* merecer [mərə'ser]
Verdienst (1) *m (Geld)* ganho ['gaɲu]
Verdienst (2) *n* mérito ['mɛritu]
verdorben estragado [ʃtrɐ'gadu]; *(faul)* podre ['podrə]; *(sittlich)* corru(p)to [ku'ʀuptu]
Verein a associação [a‿asusjɐ'sẽu]
vereinbaren combinar [kõmbi'nar]
Verfassung a constituição [ɐ kõʃtitwi'sẽu]; *(Zustand)* estado ['ʃtadu]
Vergangenheit passado [pɐ'sadu]
vergehen *(Zeit)* passar [pɐ'sar]
vergessen esquecer(-se de) [ʃkɛ'ser(sə də)]
Vergleich a comparação [ɐ kõmpɐrɐ'sẽu]
vergleichen comparar [kõmpɐ'rar]
Vergnügen o prazer [u prɐ'zer]; *(Unterhaltung)* divertimento [divərti'mẽnto]
verheiratet (mit) casado (com) [kɐ'zadu (kõ)]
verhindern impedir [ĩmpə'dir]
verirren, s. ~ perder-se [pər'dersə]
Verkauf venda ['vẽndɐ]
verkaufen vender [vẽn'der]
Verkäufer/in o vendedor [u vẽndə'dor], a vendedora [ɐ vẽndə'dorɐ]
Verkehr trânsito ['trẽzitu]
verkehren *(Verkehrsmittel)* circular [sirku'lar]
verlangen pedir [pə'dir]; *(fordern)* exigir [izi'ʒir]
verlängern alongar [ɐlõŋ'gar], prolongar [prulõŋ'gar]; *(zeitlich)* prorrogar [pruʀu'gar]
verlassen deixar [dei'ʃar]

Verletzung ferida [fə'ridɐ]
verlieren perder [pər'der]
verloben, s. mit jdm ~ celebrar os esponsais com alg [sələ'brar‿uz‿əʃpõ'saiʃ kõ al'gɐ̃i]
Verlobte, der, die ~ o noivo [u 'noivu], a noiva [ɐ 'noivɐ]
Verlust perda ['pɛrdɐ]
vermeiden evitar [ivi'tar]
vermieten alugar [ɐlu'gar]
Vermittler medianeiro [mədjɐ'neiru]
vermuten supor [su'por]
Vermutung a suposição [ɐ supuzi'sɐ̃u]
vernachlässigen descurar [dəʃku'rar]
vernünftig razoável [ʀɐ'zwavɛl], sensato [sẽ'satu]
verpacken empacotar [ẽmpɐku'tar], embrulhar [ẽmbru'ʎar]
Verpackung a embalagem [ɐ ẽmbɐ'laʒɐ̃i]
Verpflegung comida [ku'midɐ]
verpflichtet sein ter o dever de [ter‿u də'ver də]
Verpflichtung a obrigação [ɐ obrigɐ'sɐ̃u], o dever [u də'ver]
verrechnen, s. ~ enganar-se na conta [ẽŋgɐ'narsə nɐ 'kõntɐ]
verreisen ir viajar [ir vjɐ'ʒar]
verrückt doido ['doidu], louco ['loku]
versäumen *(verpassen)* perder [pər'der]
verschaffen arranjar [ɐʀɐ̃'ʒar]
verschieben *(zeitlich)* adiar [ɐ'djar]
verschieden diferente [difə'rẽntə]
verschließen fechar à chave [fə'ʃar‿a 'ʃavə]
verschreiben *(verordnen)* receitar [ʀəsei'tar]
verschweigen calar [kɐ'lar]
verschwinden desaparecer [dəzɐpɐrə'ser]
Versehen, aus ~ por engano [pur‿ẽŋ'genu]
versenden enviar [ẽ'vjar], expedir [(ei)ʃpə'dir]
versichern assegurar [ɐsəgu'rar], segurar [səgu'rar]
Versicherung seguro [sə'guru]
versorgen mit abastecer de [ɐbɐʃtə'ser də]
verspäten, s. ~ atrasar-se [ɐtrɐ'zarsə]
Verspätung atraso [ɐ'trazu]
Versprechen promessa [pru'mɛsɐ]
versprechen prometer [prumə'ter]
Verstand inteligência [ĩntəli'ʒẽsjɐ]; *(Vernunft)* a razão [ɐ ʀɐ'zɐ̃u]
verständigen, jdn ~ informar alg [ĩfur'mar‿al'gɐ̃i]; **s. ~** entender-se [ẽntẽn'dersə]
verstehen entender [ẽntẽn'der], compreender [kõmprjẽn'der]
Versuch tentativa [tẽntɐ'tivɐ]
versuchen tentar [tẽn'tar]; *(Speisen)* provar [pru'var]
vertauschen trocar [tru'kar]
verteidigen defender [dəfẽn'der]
verteilen distribuir [dəʃtri'bwir]
Verteilung a distribuição [ɐ dəʃtribwi'sɐ̃u]
Vertrag contrato [kõn'tratu]
Vertrauen confiança [kõ'fjẽsɐ]
vertrauen auf confiar em [kõ'fjar‿ɐ̃i]
vertrauensvoll confiante [kõ'fjẽntə]
Vertreter o representante [u ʀəprəzẽn'tẽntə]
verunglücken ser vítima dum acidente [ser 'vitimɐ dũ ɐsi'dẽntə]
verursachen causar [kau'zar]
Verwaltung a administração [a‿admənijʃtrɐ'sɐ̃u]
verwandt parente [pɐ'rẽntə]
verwechseln confundir [kõfũn'dir]
verwenden empregar [ẽmprə'gar]
Verwendung emprego [ẽm'pregu]
verwirklichen realizar [ʀjɐli'zar]
verzehren comer [ku'mer]
Verzeichnis lista ['liʃtɐ]
verzeihen perdoar [pər'dwar]
Verzeihung o perdão [u pər'dɐ̃u]
verzögern demorar [dəmu'rar]
verzollen pagar direitos [pɐ'gar di'reituʃ]
verzweifelt desesperado [dəzəʃpə'radu]
viel muito ['mũintu]
vielleicht talvez [tal'veʃ]
vielmehr antes ['ẽntəʃ]

viereckig quadrado [kwɐ'dradu]
Viertel, ein ~ um quarto [ũ 'kwartu]
vierzehn Tage quinze dias ['kĩzə 'diɐʃ]
Villa vivenda [vi'vẽndɐ], vila ['vilɐ]
Visum visto ['viʃtu]
Vogel *(großer)* a ave [ɐ 'avə] *(kleiner)* pássaro ['pasɐru]
Volk povo ['povu]
voll cheio ['ʃeju]; *(~ besetzt)* completo [kõm'plɛtu]; *(ganz)* total [tu'tal]
vollenden acabar [ɐkɐ'bar], terminar [tərmi'nar]
vollkommen perfeito [pər'feitu]
Vollmacht a procuração [ɐ prɔkurɐ'sẽu]
vollständig *adj* completo [kõm'plɛtu]; *adv* completamente [kõmplɛtɐ'mẽntə]
von de [də]; *(Passiv)* por [pur]
vor *(räumlich)* diante de ['djẽntə də]; *(zeitlich)* antes de ['ẽntəʒ də]; *(in der Vergangenheit)* há [a]; ~ **allem** sobretudo [sobrə'tudu]
voraus, im ~ de antemão [d‿ẽntə'mẽu]
Vorbehalt, mit ~ com reservas [kõ ʀə'zɛrvɐʃ]
vorbeigehen passar [pɐ'sar]
vorbereiten preparar [prəpɐ'rar]
vorbestellen reservar [ʀəzər'var], marcar [mɐr'kar]
Vorfall caso ['kazu]
vorgehen *(Uhr)* estar adiantado [ʃtar‿ɐdjẽn'tadu]
vorgestern anteontem [ẽn'tjõntẽi]
Vorhang cortina [kur'tinɐ]
vorher antes ['ẽntəʃ]
vorläufig *adv* por enquanto [pur‿ẽŋ'kwẽntu]
vorletzte, der, die, das ~ o penúltimo [u pə'nultimu], a penúltima [ɐ pə'nultimɐ]
Vormittag a manhã [ɐ mɐ'ɲẽ]
vormittags de manhã [də mɐ'ɲẽ]
vorn à frente [a 'frẽntə]; **von ~** de frente [də 'frẽntə]
Vorname prenome [prə'nomə], nome de ba(p)tismo ['nomə də ba'tiʒmu]
vornehm distinto [dəʃ'tĩntu]
Vorort, Vorstadt os subúrbios [uʃ su'burbjuʃ]
Vorrat a provisão [ɐ pruvi'zẽu]
Vorsatz propósito [pru'pɔzitu]
Vorschlag proposta [pru'pɔʃtɐ]
vorschlagen propor [pru'por]
Vorschrift a prescrição [ɐ prəʃkri'sẽu]
Vorsicht cautela [kau'tɛlɐ], cuidado [kui'dadu]; ~! cuidado! [kui'dadu]
vorsichtig cuidadoso [kuidɐ'dozu], prudente [pru'dẽntə]
Vorspeise entrada [ẽn'tradɐ]
vorstellen apresentar [ɐprəzẽn'tar]
Vorstellung a apresentação [a‿aprəzẽntɐ'sẽu]; *(Begriff)* ideia (é) [i'dɛjɐ], a noção [ɐ nu'sẽu]; *(Theater)* a representação [ɐ ʀəprəzẽntɐ'sẽu]
Vorteil a vantagem [ɐ vẽn'taʒẽi]
vorteilhaft vantajoso [vẽntɐ'ʒozu]
vorüber passado [pɐ'sadu]
vorübergehen passar [pɐ'sar]
vorübergehend *adv* temporariamente [tẽmpurarjɐ'mẽntə]
Vorverkauf venda antecipada ['vẽnd‿ẽntəsi'padɐ]
Vorwand pretexto [prə'teiʃtu]
vorwärts avante [a'vẽntə]
vorzeigen apresentar [ɐprəzẽn'tar], mostrar [muʃ'trar]
vorziehen preferir [prəfə'rir]
Vorzug preferência [prəfə'rẽsjɐ]; *(Vorteil)* a vantagem [ɐ vẽn'taʒẽi]
Vulkan o vulcão [u vul'kẽu]

W

Waage balança [bɐ'lẽsɐ]
wach acordado [ɐkur'dadu]
Wachs cera ['serɐ]
wachsen crescer [krəʃ'ser]
wagen ousar [o'zar], atrever-se a [ɐtrə'vers‿ɐ]
Wagen carro ['kaʀu], o automóvel [u autu'mɔvɛl]

Wahlen as eleições [ɐz‿ilei'sõiʃ]
wählen escolher [ʃku'ʎer]; *(Politik)* eleger [ilə'ʒer], votar [vu'tar]; *(tele)* marcar [mɐr'kar]
wahr verdadeiro [vərdɐ'deiru]
während *prp* durante [du'rẽntə]; *conj* enquanto [ẽŋ'kwẽntu]
Wahrheit a verdade [ɐ vər'dadə]
wahrscheinlich provável [pru'vavɛl]
Wahrscheinlichkeit a probabilidade [ɐ prubɐbəli'dadə]
Währung moeda ['mwɛdɐ]
Wald o bosque [u 'bɔʃkə]; *(Hoch~)* floresta [flu'rɛʃtɐ]
Wand a parede [ɐ pɐ'redə]
Wanduhr relógio de parede [ʀə'lɔʒju də pɐ'redə]
wann quando ['kwẽndu]
Warenhaus o armazém [u armɐ'zẽi]
warm quente ['kẽntə]
Wärme o calor [u kɐ'lor]
wärmen aquecer [ɐkɛ'ser]
warnen (vor) avisar (de) [ɐvi'zar (də)]
warten esperar [ʃpə'rar]
Wartesaal sala de espera ['salɐ də 'ʃpɛrɐ]
warum porque ['purkə]; ~? porquê? [pur'ke]
was que [kə], o que [u kə]; ~? quê [ke], o quê [u ke]; ~ **für ein/eine ...?** que ...? [kə], que espécie de ...? [kə‿'ʃpɛsjə də]
Wäsche *(Bett~)* roupa de cama ['ʀopɐ də 'kɐmɐ]; *(Unter~)* roupa interior ['ʀopɐ ĩntə'rjor]; *(zum Waschen)* roupa suja ['ʀopɐ 'suʒɐ]
waschecht lavável [lɐ'vavɛl]
waschen lavar [lɐ'var]
Wäscherei lavandaria [lɐvẽndɐ'riɐ]
Wasser água ['agwɐ]
Watte o algodão [u algu'dɐ̃u]
Wechsel *(Veränderung)* mudança [mu'dɐ̃sɐ]; *(Austausch)* troca ['trɔkɐ]
wechseln *(Kleingeld)* trocar [tru'kar]; *(Geld)* cambiar [kɐ̃m'bjar]
wecken acordar [ɐkur'dar], despertar [dəʃpər'tar]
Wecker o despertador [u dəʃpərtɐ'dor]
weder ... noch nem ... nem [nɐ̃i ... nɐ̃i]
Weg caminho [kɐ'miɲu]
weg fora ['fɔrɐ], ausente [au'zẽntə]
wegen por causa de [pur 'kauzɐ də]
weggehen ir-se embora [irs‿ẽm'bɔrɐ]
wegnehmen tirar [ti'rar]
wegschicken mandar [mɐ̃n'dar], mandar embora [mɐ̃n'dar‿ẽm'bɔrɐ]
weh tun *(schmerzen)* doer [dwer]; *(Schmerz bereiten)* magoar [mɐ'gwar]
weich mole ['mɔlə], brando ['brɐ̃ndu], macio [mɐ'siu]; *(Ton, Farbe)* suave ['swavə]
weigern, s. ~ recusar-se [ʀəku'zarsə]
Weihnachten o Natal [u nɐ'tal]
Weihnachtsabend a noite de Natal [ɐ 'noitə də nɐ'tal]
weil porque ['purkə]
weinen chorar [ʃu'rar]
Weise *(Art)* maneira [mɐ'neirɐ], modo ['mɔdu]
weiß branco ['brɐ̃ŋku]
weit *(Gegenteil von eng)* largo ['largu]; *(Weg)* longo ['lõŋgu]; *(entfernt)* distante [dəʃ'tẽntə]; **und so ~er** etc. [et'sɛtrɐ]
Welt mundo ['mũndu]
wenden virar [vi'rar]; **s. an jdn ~** dirigir-se a alg [diri'ʒirs‿ɐ al'gẽi]
wenig pouco ['poku]; **ein ~ (von)** um pouco (de) [ũm 'poku (də)]; **~er** menos ['menuʃ]; **das ~ste** o menos [u 'menuʃ], o mínimo [u 'minimu]
wenigstens ao menos [ɐu 'menuʃ]
wenn *(Bedingung)* se [sə]; *(zeitlich)* quando ['kwẽndu]
wer quem [kɐ̃i]
werden tornar-se [tur'narsə]
werfen atirar [ɐti'rar], lançar [lɐ̃'sar]
Werk obra ['ɔbrɐ]
Werkstatt oficina [ofə'sinɐ]
werktags nos dias úteis [nuʒ 'diɐz‿'uteiʃ]
Werkzeug ferramenta [fəʀɐ'mẽntɐ]
Wert o valor [u vɐ'lor]

wert, viel ~ sein valer muito [vɐ'ler 'mũintu]
wertlos sem valor [sẽi vɐ'lor]
weshalb porque ['purkə]; **~?** porquê [pur'ke]
Westen o oeste [u o'ɛʃtə], o ocidente [u osi'dẽntə]
westlich ocidental [osidẽn'tal], do oeste [du o'ɛʃtə]
Wettbewerb concurso [kõŋ'kursu]
Wette aposta [ɐ'pɔʃtɐ]
wetten apostar [ɐpuʃ'tar]
Wetter tempo ['tẽmpu]; **bei diesem ~** com este tempo [kõ 'eʃtə 'tẽmpu]
Wetterbericht o boletim meteorológico [u bulə'tĩ mətjuru'lɔʒiku]
wichtig importante [ĩmpur'tẽntə]
wie *(Frage, Vergleich)* como ['komu]
wieder de novo [də 'novu], novamente [nɔvɐ'mẽntə]; *(noch einmal)* outra vez ['otrɐ veʃ]
wiederbekommen recuperar [ʀəkupə'rar]
wiedergeben devolver [dəvɔl'ver]
wiederholen repetir [ʀəpə'tir]
wiederkommen voltar [vɔl'tar], regressar [ʀəgrə'sar]
wiedersehen tornar a ver [tur'nar‿ɐ ver]
wiegen pesar [pə'zar]
Wiese prado ['pradu]
wieso porquê [pur'ke]
wieviel quanto ['kwẽntu]
Wild caça ['kasɐ]
wild selvagem [sɛl'vaʒẽi], silvestre [sil'vɛʃtrə]
willkommen bem-vindo [bẽi 'vĩndu]
Wind vento ['vẽntu]
Winkel *(Ecke)* canto ['kẽntu]
winken acenar [ɐsə'nar]
Winter Inverno [ĩ'vɛrnu]
wir nós [nɔʃ]
wirklich *adj* real [ʀjal]; *(echt)* verdadeiro [vərdɐ'deiru]; *adv* realmente [ʀjal'mẽntə], deveras [də'vɛrɐʃ]
Wirklichkeit a realidade [ɐ ʀjɐli'dadə]
wirksam eficaz [ifi'kaʃ]
Wirkung efeito [i'feitu]
Wirt dono ['donu]
Wirtshaus o restaurante [u ʀəʃtau'rẽntə], taberna [tɐ'bɛrnɐ]
Wissen os conhecimentos [uʃ kuɲəsi'mẽntuʃ]
wissen saber [sɐ'ber]
Witz graça ['grasɐ], anedota [ɐnə'dɔtɐ]
wo onde ['õndə]
Woche semana [sə'menɐ]; **in einer ~** dentro de uma semana ['dẽntru d‿'umɐ sə'menɐ]
wochentags nos dias úteis [nuʒ 'diɐz‿'uteiʃ]
wöchentlich *adj* semanal [səmɐ'nal]; *adv* todas as semanas ['todɐz‿ɐʃ sə'menɐʃ]
wofür para que ['pɐrɐ kə]; **~?** para quê? ['pɐrɐ ke]
woher donde ['dõndə]
wohin aonde [ɐ'õndə], para onde ['pɐrɐ 'õndə]
Wohl o bem [u bẽi]
Wohlbefinden o bem-estar [u bẽi ʃtar], boa saúde ['boɐ sɐ'udə]
wohl *(vermutlich)* provavelmente [pruvavɛl'mẽntə]
wohlhabend abastado [ɐbɐʃ'tadu]
wohlwollend benévolo [bə'nɛvulu]
wohnen morar [mu'rar]
Wohnort, ~sitz domicílio [dumi'silju], residência [ʀəzi'dẽsjɐ]
Wohnung casa ['kazɐ], apartamento [ɐpɐrtɐ'mẽntu]; **möblierte ~** casa mobilada ['kazɐ mubi'ladɐ]
Wohnzimmer sala/casa de estar ['salɐ/'kazɐ də ʃtar]
Wolke a nuvem [ɐ 'nuvẽi]
Wolkenkratzer o arranha-céus [u ɐ'ʀɐɲɐ sɛuʃ]
Wolldecke o cobertor de lã [u kubər'tor də lɐ̃]
Wolle a lã [ɐ lɐ̃]
wollen querer [kə'rer]; *(wünschen)* desejar [dəzə'ʒar]
Wort palavra [pɐ'lavrɐ]
wozu para que ['pɐrɐ kə]; **~?** para quê ['pɐrɐ ke]
wunderbar maravilhoso [mɐrɐvi'ʎozu]
wundern, s. ~ (über) admirar-se (de) [ɐdmi'rarsə (də)]
Wunsch desejo [də'zeʒu]

wünschen desejar [dəzə'ʒar]
Wut raiva ['ʀaivɐ], fúria ['furjɐ]
wütend furioso [fu'rjozu]; ~ **werden** ficar furioso [fi'kar fu'rjozu]

Z

Zahl número ['numəru]
zahlbar pagável [pɐ'gavɛl]
zahlen pagar [pɐ'gar]
zählen contar [kõn'tar]
zahlreich numeroso [numə'rozu]
Zahlung pagamento [pɐgɐ'mẽntu]
Zahn o dente [u 'dẽntə]
Zahnbürste escova de dentes ['ʃkovɐ də 'dẽntəʃ]
Zahnpaste pasta dentífrica ['paʃtɐ dẽn'tifrikɐ]
Zahnstocher palito [pɐ'litu]
Zange a tenaz [ɐ tə'naʃ], o alicate [u ɐli'katə]
zanken, s. ~ brigar [bri'gar], querelar [kərə'lar]
zart *(weich)* tenro ['tẽʀu], terno ['tɛrnu]; *(~fühlend)* delicado [dəli'kadu], sensível [sẽ'sivɛl]
Zeichen o sinal [u si'nal]; *(An~)* indício [ĩn'disju]; *(Beweis)* prova ['prɔvɐ]
zeichnen desenhar [dəzə'ɲar]
zeigen mostrar [muʃ'trar]; *(hinweisen)* indicar [ĩndi'kar]
Zeit tempo ['tẽmpu]; **zur** ~ a(c)tualmente [atwal'mẽntə]; **von** ~ **zu** ~ de vez em quando [də vez‿ẽi 'kwẽndu]
Zeitlang, eine ~ durante algum tempo [du'rẽnt‿al'gũ 'tẽmpu]
Zeitschrift revista [ʀə'viʃtɐ]
Zeitung o jornal [u ʒur'nal]
Zeitungskiosk o quiosque de jornais [u 'kjɔʃkə də ʒur'naiʃ]
Zeitungsverkäufer o vendedor de jornais [u vẽndə'dor də ʒur'naiʃ]
Zelt tenda ['tẽndɐ]
zelten fazer campismo [fɐ'zer kẽm'piʒmu], acampar [ɐkẽm'par]
Zeltplatz o parque de campismo [u 'parkə də kẽm'piʒmu], *(Br)* o camping [u 'kẽmpiŋ]
zentral central [sẽn'tral]
Zentrum centro ['sẽntru]
zerbrechen partir [pɐr'tir]
zerbrechlich frágil ['fraʒil]
zerreißen rasgar [ʀɐʒ'gar]
zerstören destruir [dəʃ'trwir]
Zeuge testemunha [təʃtə'muɲɐ]
Zeugnis testemunho [təʃtə'muɲu]; *(Bescheinigung)* certificado [sərtəfi'kadu], atestado [ɐtəʃ'tadu]
ziehen puxar [pu'ʃar], tirar [ti'rar]
Ziel obje(c)tivo [obʒɛ'tivu], fim [fĩ]; *(Reise~)* destino [dəʃ'tinu]
ziemlich bastante [bɐʃ'tẽntə]
Zigarette cigarro [si'gaʀu]
Zigarre charuto [ʃɐ'rutu]
Zimmer quarto ['kwartu]
zögern hesitar [izi'tar]
Zoll alfândega [al'fẽndəgɐ]
Zollamt alfândega [al'fẽndəgɐ]
Zollbeamter empregado da alfândega [ẽmprə'gadu dɐ al'fẽndəgɐ]
Zollgebühren direitos alfandegários [di'reituz‿alfẽndə'garjuʃ]
zornig irado [i'radu], colérico [ku'lɛriku]
zu (1) *(Richtung)* para ['pɐrɐ], a [ɐ]; *(mit adj)* demasiado [dəmɐ'zjadu]; ~ **sehr,** ~ **viel** de mais [də maiʃ], demasiado [dəmɐ'zjadu]
zu (2) *(geschlossen)* fechado [fə'ʃadu]
zubereiten preparar [prəpɐ'rar]
Zucker o açúcar [u ɐ'sukar]
zudecken cobrir [ku'brir], tapar [tɐ'par]
zuerst primeiro [pri'meiru], em primeiro lugar [ẽi pri'meiru lu'gar]
Zufall acaso [ɐ'kazu]
zufällig *adv* por acaso [pur‿ɐ'kazu]
zufrieden satisfeito [sɐtəʃ'feitu], contente [kõn'tẽntə]
Zug comboio [kõm'bɔju]
Zugang acesso [ɐ'sɛsu]
zugunsten a favor de [ɐ fɐ'vor də]
zuhören, jdm ~ escutar alg [ʃku'tar‿al'gẽi]

Zukunft futuro [fu'turu]
zukünftig futuro [fu'turu]
zulassen *(erlauben)* permitir [pərmi'tir]
zulässig permitido [pərmi'tidu]
zuletzt em último lugar [ẽi 'ultimu lu'gar], por fim [pur fĩ]
zumachen fechar [fə'ʃar]
zunächst primeiro [pri'meiru], em primeiro lugar [ẽi pri'meiru lu'gar]
zunehmen *(dicker werden)* engordar [ẽŋgur'dar]; *(anwachsen)* crescer [krəʃ'ser], aumentar [aumẽn'tar]
Zunge língua ['lĩŋgwɐ]
zurück para trás ['pɐrɐ traʃ]
zurückbringen trazer [trɐ'zer], devolver [dəvɔl'ver]
zurückgeben devolver [dəvɔl'ver], restituir [ʀəʃti'twir]
zurückkehren regressar [ʀəgrə'sar], voltar [vɔl'tar]
zurücklassen deixar [dei'ʃar]
zurückweisen recusar [ʀəku'zar], rejeitar [ʀəʒei'tar]
zurückzahlen reembolsar [ʀjẽmbol'sar]
zurückziehen, s. ~ retirar-se [ʀəti'rarsə]
zusagen *(Einladung)* aceitar [ɐsei'tar]
zusammen juntos ['ʒũntuʃ], juntamente [ʒũntɐ'mẽntə]
zusammenrechnen somar [su'mar]
Zusammenstoß o choque [u 'ʃɔkə]
zuschauen ver [ver], olhar [o'ʎar]
Zuschauer o espectador [u ʃpɛtɐ'dor]
Zuschlag *(zum Fahrpreis)* suplemento [suplə'mẽntu]
zuschließen fechar à chave [fə'ʃar‿a 'ʃavə]
Zustand estado ['ʃtadu]
zustimmen concordar [kõŋkur'dar]
zuverlässig seguro [sə'guru], de confiança [də kõ'fjẽsɐ]
zuviel de mais [də maiʃ], demasiado [dəmɐ'zjadu]
Zwang o obrigação [ɐ obrigɐ'sɐ̃u]
zwar é certo que [ɛ 'sɛrtu kə]
Zweck o fim [u fĩ], obje(c)tivo [obʒɛ'tivu]
zwecklos inútil [i'nutil]
zweckmäßig conveniente [kõvə'njẽntə], oportuno [opur'tunu]; *(nützlich)* útil ['util]
Zweifel dúvida ['duvidɐ]; **ohne** ~ sem dúvida [sẽi 'duvidɐ]
zweifelhaft duvidoso [duvi'dozu]; *(ungewiß)* incerto [ĩ'sɛrtu]
zweifellos sem dúvida [sẽi 'duvidɐ]
zweifeln, an etw ~ duvidar de algo [duvi'dar d‿'algu]
zweite, der, die, **das** ~ o segundo [u sə'gũndu], a segunda [ɐ sə'gũndɐ]
zweitens em segundo lugar [ẽi sə'gũndu lu'gar]
zwingen obrigar [obri'gar]
zwischen entre ['ẽntrə]
Zwischenfall o incidente [u ĩsi'dẽntə]
Zwischenlandung escala ['ʃkalɐ]

Redewendungen

1 Allgemeine Wendungen
Expressões correntes

Begrüßung, Vorstellung, Bekanntschaft	**Saudação, apresentação, conhecimento**
Guten Morgen!	Bom dia! [bõ 'diɐ]
Guten Tag!	Bom dia!/Boa tarde! [bõ 'diɐ/'boɐ 'tardə]
Guten Abend!	Boa tarde!/ Boa noite! ['boɐ 'tardə/'boɐ 'noitə]
Hallo!/Grüß dich!	Olá! [ɔ'la]
Wie ist Ihr Name, bitte?	Como se chama? ['komu sə 'ʃemɐ]
Mein Name ist ...	Chamo-me ... ['ʃemumə]
Sehr angenehm.	Muito prazer. ['mũintu prɐ'zer]
Es freut mich, Sie kennenzulernen.	Muito prazer em conhecê-lo/conhecê-la. ['mũintu prɐ'zer‿ɐ̃i kuɲə'selu/kuɲə'selɐ]

Darf ich bekannt machen? Das ist	Apresento-lhe [eprə'zẽntuʎə]
Frau X.	a senhora D. X. [e sə'ɲore 'done]
Fräulein X.	a menina X. [e mə'nine]
Herr X.	o senhor X. [u sə'ɲor]
mein Mann.	o meu marido. [u meu me'ridu]
meine Frau.	a minha mulher. [e 'miɲe mu'ʎɛr]
mein Sohn.	o meu filho. [u meu 'fiʎu]
meine Tochter.	a minha filha. [e 'miɲe 'fiʎe]
meine Freundin.	a minha amiga. [e 'miɲ‿a'mige]
mein Verlobter.	o meu noivo. [u meu 'noivu]
Wie geht es Ihnen/dir?	Como está/estás? ['komu ʃta/ʃtaʃ]
Danke. Und Ihnen/dir?	Bem, obrigado/obrigada. E o senhor/a senhora/você/tu? [bẽi obri'gadu/obri'gade. i u sə'ɲor/e sə'ɲore/vɔ'se/tu]
Hatten Sie eine angenehme Reise?	Fez boa viagem? [feʒ 'boe 'vjaʒẽi]
Woher kommen Sie?	Donde vem? ['dõndə vẽi]
Sind Sie schon lange hier?	Já cá está há muito tempo? [ʒa ka ʃta a 'mũintu 'tẽmpu]
Sind Sie allein?	Está só? [ʃta sɔ]
Sind Sie mit Ihrer Familie hier?	Está cá com a sua família? [ʃta ka kõ e 'sue fe'milje]
Wohnen Sie auch im Hotel Astoria?	Está também no Hotel Astória? [ʃta tẽm'bẽi nu ɔ'tɛl‿eʃ'tɔrje]
Haben Sie für morgen schon etwas vor?	Já tem alguns planos para amanhã? [ʒa tẽi al'gũʃ 'plenuʃ per‿ame'ɲẽ]
Wollen wir zusammen hingehen?	Vamos juntos? ['vemu‿'ʒũntuʃ]
Wann treffen wir uns?	A que horas nos encontramos? [e 'kjɔreʒ nuz‿ẽŋkõn'tremuʃ]
Darf ich Sie abholen?	Posso ir buscá-lo/buscá-la? ['pɔsu ir buʃ'kalu/buʃ'kale]
Ich erwarte Sie um 9 Uhr	Espero-o/Espero-a às nove horas ['ʃpɛrwu/'ʃpɛrwe aʒ 'nɔv‿'ɔreʃ]
vor dem Kino.	em frente do cinema. [ẽi 'frẽntə du si'neme]

auf dem ... Platz. im Café.	na Praça ... [nɐ 'prasɐ] no café. [nu kɐ'fɛ]
Lassen Sie mich bitte in Ruhe!	Por favor, deixe-me em paz! [pur fɐ'vor 'deiʃəm‿ɐ̃i paʃ]

Besuch — Uma visita

Entschuldigen Sie, wohnt hier Herr/Frau/Fräulein X?	Desculpe, mora aqui o senhor/a senhora D./a menina X? [dəʃ'kulpə 'mɔr‿a'ki u sə'ɲor/ɐ sə'ɲorɐ 'donɐ/ɐ mə'ninɐ]
• Nein, er/sie ist umgezogen.	Não, mudou de casa. [nɐ̃u mu'do də 'kazɐ]
Wissen Sie, wo er/sie jetzt wohnt?	Sabe onde ele/ela mora agora? [sab‿õnd‿'elə/'ɛlɐ 'mɔr‿a'gɔrɐ]
Kann ich mit Herrn/Frau/Fräulein X sprechen?	Posso falar com o senhor/a senhora D./a menina X? ['pɔsu fɐ'lar kõ u sə'ɲor/ɐ sə'ɲorɐ 'donɐ/ɐ mə'ninɐ]
Wann ist er/sie zu Hause?	Quando é que ele/que ela está em casa? ['kwɐ̃ndwɛ 'kjelə/'kjɛlɐ ʃta ɐ̃i 'kazɐ]
Kann ich eine Nachricht hinterlassen?	Posso deixar um recado? ['pɔsu dei'ʃar‿ũ ʀə'kadu]
Ich komme später noch einmal vorbei.	Volto cá mais tarde. ['vɔltu ka maiʃ 'tardə]
• Kommen Sie herein.	Entre, se faz favor. ['ɐ̃ntrə sə faʃ fɐ'vor]
• Nehmen Sie bitte Platz.	Sente-se, se faz favor. ['sɐ̃ntəsə sə faʃ fɐ'vor]

Bei Leuten, die in Portugal in größeren Wohneinheiten wohnen, sollte man in der Anschrift nie vergessen, das Stockwerk anzugeben und ob die Wohnung rechts oder links liegt, da an den Briefkästen und Klingelschildern oft keine Namen stehen. Also
„Senhora D ...
Rua ..., 3° – d.to
Lisboa“

Ich soll Sie von Paul grüßen.	Muitos cumprimentos do Paulo. ['mũintuʃ kũmpri'mẽntuʒ du 'paulu]
● Was darf ich Ihnen zu trinken anbieten?	O que é que quer tomar? [u kjɛ kə kɛr tu'mar]
● Möchten Sie etwas trinken?	Quer tomar alguma coisa? [kɛr tu'mar‿al'gumɐ 'koizɐ]
Vielen Dank.	Muito obrigado/obrigada. ['mũint‿obri'gadu/‿obri'gadɐ]
Auf Ihr Wohl!	À sua saúde! [a 'suɐ sɐ'udə]
● Können Sie nicht zum Mittagessen/Abendessen bleiben?	Não quer ficar para almoçar/para jantar? [nɐ̃u kɛr fi'kar pɐr‿almu'sar/'pɐrɐ ʒɐ̃n'tar]
Vielen Dank. Ich bleibe gern, wenn ich nicht störe.	Muito obrigado/obrigada. Aceito com prazer, se não incomodo. ['mũint‿obri'gadu/‿obri'gadɐ. ɐ'seitu kõm prɐ'zer sə nɐ̃u ĩŋku'mɔdu.]
Es tut mir leid, aber ich muß gehen.	Tenho muita pena, mas tenho que me ir embora. ['tɐɲu 'mũintɐ 'pɐnɐ mɐʃ 'tɐɲu kə m‿ir‿ẽm'bɔrɐ]
Vielen Dank für den netten Abend.	Muito obrigado/obrigada por este serão tão agradável. ['mũint‿obri'gadu/‿obri'gadɐ pur‿'eʃtə sə'rɐ̃u tɐ̃u ɐgrɐ'davɛl]
Ich hoffe, Sie bald wiederzusehen.	Espero voltar a vê-lo/vê-la brevemente. ['ʃpɛru vɔl'tar‿ɐ 'velu/'velɐ brɛvə'mẽntə.]
Ich lasse von mir hören.	Eu depois dou notícias. [eu də'poiʒ do nu'tisjɐs]

Abschied	**Despedida**
Auf Wiedersehen!	Bom dia!/Boa tarde!/Boa noite!/ Adeus!/*(Br)* Até logo! [bõ 'diɐ/'boɐ 'tardə/'boɐ 'noitə/ɐ'deuʃ/ a'tɛ 'lɔgu]
Bis bald!	Até breve! [ɐ'tɛ 'brɛvə]

Bis später!	Até logo! [ɐ'tɛ 'lɔgu]
Bis morgen!	Até amanhã! [ɐtɛ amɐ'ɲẽ]
Gute Nacht!	Boa noite! ['boɐ 'noitə]
Tschüß!	Adeus!/ *(Br)* Tchau! [ɐ'deuʃ/tʃau]
Alles Gute!	Felicidades! [fələsi'dadəʃ]
Danke, gleichfalls!	Obrigado/obrigada, igualmente! [obri'gadu/obri'gadɐ igwal'mẽntə]
Gute Reise!	Boa viagem! ['boɐ 'vjaʒẽi]
Grüßen Sie ... von mir.	Dê cumprimentos meus a ... [de kũmpri'mẽntuʒ meuz‿ɐ]

Bitte und Dank — **Como pedir um favor e agradecer**

Ja, bitte.	Sim, se faz favor. [sĩ sə faʃ fɐ'vor]
Nein, danke.	Não, obrigado/obrigada. [nɐ̃u obri'gadu/obri'gadɐ]
Darf ich Sie um einen Gefallen bitten?	Posso pedir-lhe um favor? ['pɔsu pə'dirʎ‿ũ fɐ'vor]
Ich möchte ...	Queria .../Gostaria de ... [kə'riɐ/guʃtɐ'riɐ də]
Ich brauche ...	Preciso de ... [prə'sizu də]
Könnten Sie mir bitte sagen, wo ... ist.	Podia dizer-me onde é ..., se faz favor? [pu'diɐ di'zerm‿õnd‿ɛ ... sə faʃ fɐ'vor]
Bitte geben/zeigen Sie mir ...	Dê-me/Mostre-me ..., se faz favor, ['demə/'mɔʃtrəmə ... sə faʃ fɐ'vor]
Gestatten Sie?	Dá licença? [da li'sẽsɐ]
Können Sie mir bitte helfen?	Pode-me ajudar, se faz favor? ['pɔdəm‿ɐʒu'dar sə faʃ fɐ'vor]
Danke.	Obrigado/Obrigada. [obri'gadu/obri'gadɐ]
Vielen Dank.	Muito obrigado/obrigada! ['mũint‿obri'gadu/‿obri'gadɐ]

Das ist nett, danke.	Obrigado/Obrigada, é muito amável da sua/tua parte. [obri'gadu/obri'gadɐ, ɛ 'mũint‿ɐ'mavɛl dɐ 'suɐ/'tuɐ 'partə]
Vielen Dank für Ihre Hilfe/Mühe.	Muito obrigado/obrigada pela sua ajuda/pelo seu interesse. ['mũint‿obri'gadu/‿obri'gadɐ 'pelɐ su‿a'ʒudɐ/'pelu seu ĩntə'resə]
Bitte sehr./Keine Ursache.	De nada./Não tem de quê. [də 'nadɐ/nɐ̃u tɐ̃i də ke]

Entschuldigung, Bedauern	**Como pedir desculpa**
Entschuldigung!	Desculpe!/Desculpa! [dəʃ'kulpə/dəʃ'kulpɐ]
Ich muß mich entschuldigen.	Tenho de pedir desculpa. ['teɲu də pə'dir dəʃ'kulpɐ]
Das tut mir leid.	Lamento muito. [lɐ'mẽntu 'mũintu]
Es war nicht so gemeint.	Não era isso que eu queria dizer. [nɐ̃u 'ɛrɐ 'isu kjeu kə'riɐ di'zer]
Schade!	Que pena! [kə 'penɐ]
Es ist leider nicht möglich.	Infelizmente não é possível. [ĩfəliʒ'mẽntə nɐ̃u ɛ pu'sivɛl]

Glückwunsch	**Felicitações**
Herzlichen Glückwunsch!	Muitos parabéns! ['mũintuʃ perɐ'bɐ̃iʃ]
Alles Gute!	Felicidades! [fələsi'dadəʃ]
Alles Gute zum Geburtstag!	Muitos parabéns pelo seu/teu aniversário! ['mũintuʃ perɐ'bɐ̃iʃ 'pelu seu/teu ɐnivər'sarju]
Viel Erfolg!	Boa sorte! ['boɐ 'sɔrtə]
Viel Glück!	Felicidades! [fələsi'dadəʃ]
Hals und Beinbruch!	Boa sorte! ['boɐ 'sɔrtə]

Viel Vergnügen!

Divirta-se!/Divirtam-se!/Diverte-te!
[di'virtesə/di'virtẽusə/di'vɛrtətə]

Gute Besserung!

Boas melhoras! ['boɐʒ mə'ʎɔrɐʃ]

Schöne Feiertage!

Boas Festas! ['boɐʃ 'fɛʃtɐʃ]

Frohe Weihnachten und ein glückliches Neues Jahr!

Feliz Natal e bom Ano Novo!
[fə'liʒ nɐ'tal‿i bõ 'ɐnu 'novu]

Verständigungsschwierigkeiten

Dificuldades de compreensão

Wie bitte?

Como? ['komu]

Ich verstehe Sie nicht. Bitte, wiederholen Sie es.

Não compreendo.
Pode repetir, se faz favor?
[nɐ̃u kõm'prjẽndu.
'pɔdə ʀəpə'tir sə faʃ fɐ'vor]

Sprechen Sie
Deutsch?
Englisch?
Französisch?

Fala ['falɐ]
alemão? [ɐlə'mɐ̃u]
inglês? [ĩŋ'gleʃ]
francês? [frɐ̃'seʃ]

Bitte sprechen Sie etwas langsamer/lauter.

Pode falar um pouco mais devagar/mais alto, se faz favor?
['pɔdə fɐ'lar‿ũm 'poku maiʒ dəvɐ'gar/maiz‿'altu sə faʃ fɐ'vor]

Was heißt ... auf portugiesisch?

Como se diz ... em português?
['komu sə diʃ ... ɐ̃i purtu'geʃ]

Was bedeutet das?

O que significa isso? [u kə signi'fikɐ 'isu]

Wie spricht man dieses Wort aus?

Como se pronuncia esta palavra?
['komu sə prunũ'si‿'ɛʃtɐ pɐ'lavrɐ]

Schreiben Sie es mir bitte auf!

Pode-me escrever isso, se faz favor?
['pɔdəmə‿ʃkrə'ver‿'isu sə faʃ fɐ'vor]

Buchstabieren Sie es bitte!

Diga-me letra por letra, se faz favor.
['digəmə 'letrɐ pur 'letrɐ sə faʃ fɐ'vor]

Könnten Sie mir bitte diesen Satz übersetzen?

Pode-me traduzir esta frase, se faz favor?
['pɔdəmə trɐdu'zir‿'ɛʃtɐ 'frazə sə faʃ fɐ'vor]

Wetter	O tempo
Wie wird das Wetter heute?	Como é que vai estar o tempo hoje? ['komwɛ kə vai ʃtar‿u 'tẽmpu 'oʒə]
Wir bekommen schönes / schlechtes / unbeständiges Wetter.	Vamos ter ['vɐmuʃ ter] bom tempo. [bõ 'tẽmpu] / mau tempo. [mau 'tẽmpu] / tempo variável. ['tẽmpu vɐ'rjavɛl]
Es bleibt schön.	O tempo continua bom. [u 'tẽmpu kõnti'nuɐ bõ]
Es wird wärmer/kälter.	Vamos ter mais calor/mais frio. ['vɐmuʃ ter maiʃ kɐ'lor/maiʃ 'friu]
Es wird regnen/schneien.	Vai chover/nevar. [vai ʃu'ver/nə'var]
Es ist kalt/heiß/schwül.	Está frio/calor/abafado. [ʃta 'friu/kɐ'lor/ɐbɐ'fadu]
Wir bekommen ein Gewitter/Sturm.	Vamos ter uma trovoada/um temporal. ['vɐmuʃ ter‿'umɐ tru'vwadɐ/‿ũ tẽmpu'ral]
Es ist neblig/windig.	Está nevoeiro/vento. [ʃta nə'vweiru/'vẽntu]
Das Wetter wird wieder schön.	Vamos ter outra vez bom tempo. ['vɐmuʃ ter‿'otrɐ veʒ bõ 'tẽmpu]
Die Sonne scheint.	Está sol. [ʃta sɔl]
Der Himmel ist wolkenlos/bedeckt.	O céu está limpo/coberto. [u sɛu ʃta 'lĩmpu/ku'bɛrtu]
Wie ist der Straßenzustand in der Serra da Estrela?	Como estão as estradas na Serra da Estrela? ['komu ʃtẽu ɐz‿əʃ'tradɐʒ nɐ 'sɛʀɐ dɐ 'ʃtrelɐ]
Die Straßen sind vereist.	As estradas estão cobertas de gelo. [ɐz‿əʃ'tradɐʃ ʃtẽu ku'bɛrtɐʒ də 'ʒelu]
Schneeketten sind erforderlich.	É preciso pôr correntes. [ɛ prə'sizu por ku'ʀẽntəʃ]

Wortliste Wetter

Barometer	barómetro (ô) [bɐ'rɔmətru]
bewölkt	nublado [nu'bladu]
Blitz	relâmpago, raio [ʀə'lɐ̃mpɐgu 'ʀaju]
Dämmerung	crepúsculo [krə'puʃkulu]
(am Morgen)	alvorada [alvu'radɐ]
(am Abend)	crepúsculo, o anoitecer [krə'puʃkulu, u ɐnoitə'ser]
Donner	o trovão [u tru'vɐ̃u]
Eis	gelo ['ʒelu]
Frost	geada ['ʒjadɐ]
Gewitter	trovoada [tru'vwadɐ]
Glatteis	regelo [ʀə'ʒelu]
Hagel	granizo [grɐ'nizu]
Hitze	o calor [u kɐ'lor]
Hoch	o anticiclone [u ɐ̃ntisi'klɔnə]
Klima	o clima [u 'klimɐ]
Luft	o ar [u ar]
~druck	a pressão atmosférica [ɐ prə'sɐ̃u ɐtmuʃ'fɛrikɐ]
Nebel	nevoeiro [nə'vweiru]
Niederschlag	as precipitações [ɐʃ prəsəpitɐ'sõiʃ]
Regen	chuva ['ʃuvɐ]
~schauer	aguaceiro [agwɐ'seiru]
~zeit	a estação das chuvas [a ʃtɐ'sɐ̃u dɐ‿'ʃuvɐʃ]
Schnee	a neve [ɐ 'nɛvə]
Schwüle	o calor sufocante [u kɐ'lor sufu'kɐ̃ntə]
Sonne	o sol [u sɔl]
Sonnen/aufgang	o nascer-do-sol [u nɐʃ'ser du sɔl]
~untergang	o pôr-do-sol [u por du sɔl]
Straßenzustand	estado das estradas ['ʃtadu dez‿əʃ'tradɐʃ]
Sturm	o temporal [u tẽmpu'ral]
Tauwetter	degelo [də'ʒelu]
Temperatur	temperatura [tẽmpərɐ'turɐ]
Tief	a depressão atmosférica [ɐ dəprə'sɐ̃u ɐtmuʃ'fɛrikɐ]

Wetter/bericht	o boletim meteorológico [u bulə'tĩ mətjuru'lɔʒiku]
~vorhersage	a previsão do tempo [ɐ prəvi'zɐ̃u du 'tẽmpu]
Wind	vento ['vẽntu]
Wolke	a nuvem [ɐ 'nuvɐ̃i]
Wolkenbruch	chuva torrencial ['ʃuvɐ tuʀɐ̃'sjal]

Zeitangaben	**As horas**
Wie spät ist es?	Que horas são? ['kjɔrɐʃ sɐ̃u]
Es ist	São [sɐ̃u]
3 Uhr.	três horas. [trez‿'ɔrɐʃ]
3 Uhr 10.	três e dez. [trez‿i dɛʃ]
halb 4.	três e meia. [trez‿i 'mɐjɐ]
Viertel vor 4.	quatro menos um quarto. ['kwatru 'menuz‿ũ 'kwartu]
5 vor 4.	quatro menos cinco. ['kwatru 'menuʃ 'sĩŋku]
Es ist 1 Uhr.	É uma hora. [ɛ 'umɐ 'ɔrɐ]
Es ist 12 Uhr mittag/ Mitternacht.	É meio-dia/meia-noite. [ɛ 'mɐju 'diɐ/'mɐjɐ 'noitə]
Geht diese Uhr richtig?	Este relógio está certo? ['eʃtə rə'lɔʒju ʃta 'sɛrtu]
Sie geht vor/nach.	Está adiantado/atrasado. [ʃta ɐdjɐ̃n'tadu/ɐtrɐ'zadu]
Es ist spät/zu früh.	É tarde/muito cedo. [ɛ 'tardə/'mũintu 'sedu]
Um wieviel Uhr?/ Wann?	A que horas?/Quando? [ɐ 'kjɔrɐʃ/'kwɐ̃ndu]
Um 2 Uhr.	Às duas horas. [aʒ 'duɐz‿'ɔrɐʃ]
Um 1 Uhr.	À uma hora. [a 'umɐ 'ɔrɐ]
In einer Stunde.	Dentro de uma hora. ['dẽntru d‿'umɐ 'ɔrɐ]
In zwei Stunden.	Dentro de duas horas. ['dẽntru də 'duɐz‿'ɔrɐʃ]
Nicht vor 9 Uhr morgens.	Não antes das nove da manhã. [nɐ̃u 'ɐ̃ntəʒ dɐʒ 'nɔvə dɐ mɐ'ɲɐ̃]

Nach 8 Uhr abends.	Depois das oito da noite/da tarde. [də'poiʒ dez‿'oitu dɐ 'noitə/dɐ 'tardə]
Zwischen 3 und 4.	Entre as três e as quatro. ['ẽntr‿ɐʃ trez‿i ɐʃ 'kwatru]
Gegen 4 Uhr.	Por volta das quatro horas. [pur 'vɔltɐ dɐʃ 'kwatru 'ɔrɐʃ]
In 14 Tagen.	Dentro de quinze dias. ['dẽntru də 'kĩzə 'diɐʃ]
Vor einer Woche.	Há uma semana. [a 'umɐ sə'mɐnɐ]
Wie lange?	Quanto tempo? ['kwɐ̃ntu 'tẽmpu]
Zwei Stunden (lang).	(Durante) duas horas. [(du'rɐ̃ntə) 'duɐz‿'ɔrɐʃ]
Von 10 bis 11.	Das dez às onze. [dɐʒ dɛz‿az‿'õzə]
Bis zum Wochenende.	Até ao fim-de-semana. [ɐ'tɛ ɐu fĩ də sə'mɐnɐ]
Seit wann?	Desde quando? ['deʒdə 'kwɐ̃ndu]
Seit 8 Uhr morgens.	Desde as oito da manhã. ['deʒd‿ɐz‿'oitu dɐ mɐ'ɲɐ̃]
Seit einer halben Stunde.	Há meia hora. [a 'mɐjɐ 'ɔrɐ]
Seit acht Tagen.	Há oito dias. [a 'oitu 'diɐʃ]

Nützliche Zeitangaben

abends	à tarde [a 'tardə], à noite [a 'noitə]
alle halbe Stunde	de meia em meia hora [də 'mɐjɐ ɐ̃i 'mɐjɐ 'ɔrɐ]
alle zwei Tage	de dois em dois dias [də doiz‿ɐ̃i doiʒ 'diɐʃ]
am Wochenende	no fim-de-semana [nu fĩ də sə'mɐnɐ]
diese Woche	esta semana ['ɛʃtɐ sə'mɐnɐ]
gegen Mittag	cerca do meio-dia ['serkɐ du 'mɐju 'diɐ]
gestern	ontem ['õntɐ̃i]
heute	hoje ['oʒə]
in einem Monat	dentro de um mês ['dẽntru d‿ũ meʃ]
in einer Stunde	dentro de uma hora ['dẽntru d‿'umɐ 'ɔrɐ]

in 14 Tagen	dentro de 15 dias ['dẽntru də 'kĩzə 'dieʃ]
innerhalb einer Woche	dentro de uma semana ['dẽntru d‿'ume sə'mene]
letzten Montag	na segunda-feira passada [ne sə'gũnde 'feire pe'sade]
morgen	amanhã [ame'ɲẽ]
morgens	de/pela manhã [də/'pele me'ɲẽ]
nächstes Jahr	no próximo ano [nu 'prɔsimu 'enu] para o ano ['pere u 'enu]
nachts	de/à noite [də/a 'noitə]
stündlich	de hora a hora [d‿'ɔra 'ɔre] por hora [pur‿'ɔre]
täglich	por dia [pur 'die] todos os dias ['toduz‿uʒ 'dieʃ]
tagsüber	durante o dia [du'rẽnt‿u 'die]
übermorgen	depois de amanhã [də'poiʒ d‿ame'ɲẽ]
um diese Zeit	a esta hora [e 'ɛʃte 'ɔre]
von Zeit zu Zeit	de vez em quando [də vez‿ẽi 'kwẽndu]
vorgestern	anteontem [ẽn'tjõntẽi]
vormittags	de manhã [də me'ɲẽ]
vor einer Woche	há uma semana [a 'ume sə'mene]
vor zehn Minuten	há dez minutos [a dɛʒ mi'nutuʃ]

Wochentage

Montag	segunda-feira [sə'gũnde 'feire]
Dienstag	terça-feira ['terse 'feire]
Mittwoch	quarta-feira ['kwarte 'feire]
Donnerstag	quinta-feira ['kĩnte 'feire]
Freitag	sexta-feira ['seiʃte 'feire]
Samstag	sábado ['sabedu]
Sonntag	domingo [du'mĩŋgu]

Schöpfbrunnen in der Algarve

Monate

Januar	Janeiro [ʒɐ'neiru]
Februar	Fevereiro [fəvə'reiru]
März	Março ['marsu]
April	Abril [ɐ'bril]
Mai	Maio ['maju]
Juni	Junho ['ʒuɲu]
Juli	Julho ['ʒuʎu]
August	Agosto [ɐ'goʃtu]
September	Setembro [sə'tẽmbru]
Oktober	Outubro [o'tubru]
November	Novembro [nu'vẽmbru]
Dezember	Dezembro [də'zẽmbru]

Jahreszeiten

Frühling	Primavera [primɐ'vɛrɐ]
Sommer	o Verão [u və'rɐ̃u]
Herbst	Outono [o'tonu]
Winter	Inverno [ĩ'vɛrnu]

Feiertage

Neujahr	Ano Novo ['ɐnu 'novu]
Dreikönigstag	Dia de Reis ['diɐ də ʀeiʃ]
Fastnachtsdienstag	*(Br)* Terça-feira de Carnaval ['tersɐ 'ferɐ di karna'vau]
Karfreitag	Sexta-feira Santa ['seiʃtɐ 'feirɐ 'sɐ̃ntɐ]
Ostern	Páscoa ['paʃkwɐ]
21. April	*(Br)* 21 de Abril (Dia do Tiradentes) ['vĩnti‿ũ d‿a'briu ('diɐ du tira'dẽntis)]
25. April	25 de Abril ['vĩnti 'sĩŋku d‿ɐ'bril]
1. Mai	primeiro de Maio [pri'meiru də 'maju]
Fronleichnam	Corpo de Deus ['korpu də deuʃ]
Nationalfeiertag *(in Portugal)* (10. Juni)	Festa Nacional (10 de Junho) ['fɛʃtɐ nesju'nal (deʒ də 'ʒuɲu)]
Maria Himmelfahrt (15. August)	a Assunção (15 de Agosto) [a‿asũ'sɐ̃u ('kĩzə d‿ɐ'goʃtu)]
Nationalfeiertag *(in Brasilien)* (7. September)	Festa Nacional (7 de Setembro) ['fɛste nasjo'nau ('sɛti di se'tẽmbru)]

Karneval in Rio

5. Oktober	5 de Outubro (Proclamação da República) ['sĩŋku d‿o'tubru (prukleme'sɐ̃u dɐ ʀɛ'publikɐ)]
12. Oktober	*(Br)* 12 de Outubro (Senhora da Aparecida) ['dozi d‿o'tubru (se'ɲorɐ d‿apare'sidɐ)]
Allerheiligen (1. November)	Todos os Santos (1 de Novembro) ['toduz‿uʃ 'sɐ̃ntuʃ (ũ də nu'vẽmbru)]
15. November	*(Br)* 15 de Novembro (Proclamação da República) ['kĩzi di no'vẽmbru (proklama'sɐ̃u da ʀɛ'publikɐ)]
1. Dezember	1 de Dezembro (Restauração da Independência) [pri'meiru də də'zẽmbru (rəʃtaurɐ'sɐ̃u dɐ ĩndəpẽn'dẽsjɐ)]
8. Dezember	8 de Dezembro (Imaculada Conceição) ['oitu də də'zẽmbru (imɐku'ladɐ kõsei'sɐ̃u)]
Weihnachten	o Natal [u nɐ'tal]
Heiliger Abend	noite de Natal ['noitə də nɐ'tal]
Silvesterabend	a passagem do ano [ɐ pɐ'saʒɐ̃i du 'ɐnu]

Datum und Alter | Data e idade

Datum und Alter	Data e idade
Den Wievielten haben wir heute?	Quantos são hoje? ['kwẽntuʃ sẽu 'oʒə]
Heute ist der 1. Mai.	Hoje é o primeiro de Maio. ['oʒ‿ɛ u pri'meiru də 'maju]
Morgen ist der 2. Mai.	Amanhã são 2 de Maio. [ame'ɲẽ sẽu doiʒ də 'maju]
Ich bin am 12. April 1938 geboren.	Nasci no dia/em 12 de Abril de 1938. [neʃ'si nu 'diɐ/ẽi 'dozə d‿ɐ'bril də mil nɔvə'sẽntuz‿i 'trĩntɐ i 'oito]
Wie alt sind Sie?	Quantos anos tem? ['kwẽntuz‿'ɐnuʃ tẽi]
Ich bin 39.	Tenho 39 anos. ['teɲu 'trĩntɐ i 'nov‿'ɐnuʃ]
Kinder unter 10 Jahren.	Crianças com menos de 10 anos. ['krjẽsɐʃ kõ 'menuʒ də dɛz‿'ɐnuʃ]
Für Jugendliche unter 18 kein Zutritt.	Proibida a entrada a menores de 18 anos. [prwi'bida ẽn'trada mə'nɔrəʒ də də'zɔitu 'ɐnuʃ]

Beruf, Studium, Ausbildung | Profissão, estudos, formação

Beruf, Studium, Ausbildung	Profissão, estudos, formação
Was machen Sie beruflich?	Qual é a sua profissão? [kwal‿ɛ ɐ 'suɐ prufi'sẽu]
Ich bin Arbeiter.	Sou operário. [so opə'rarju]
Ich bin Angestellter.	Sou empregado. [so ẽmprə'gadu]
Ich bin Beamter.	Sou funcionário público. [so fũsju'narju 'publiku]
Ich bin Freiberufler.	Exerço uma profissão liberal. [i'zers‿'umɐ prufi'sẽu libə'ral]
Ich bin Rentner.	Estou aposentado. [ʃto ɐpuzẽn'tadu]
Ich arbeite bei ...	Trabalho em ... [trɐ'baʎu ẽi]
Ich bin noch Schüler.	Ainda ando na escola. [ɐ'ĩndɐ 'ẽndu nɐ 'ʃkɔlɐ]
Ich bin Student.	Sou estudante. [so ʃtu'dẽntə]

Wo/Was studieren Sie?	Onde/O que estuda? ['õndə/u kə 'ʃtudɐ]
Ich studiere ... in München.	Estudo ... em Munique. ['ʃtudu ... ɐ̃i mu'nikə]

Wortliste Berufe

Akademie	academia [ɐkɐdə'miɐ]
Angestellter	empregado [ẽmprə'gadu]
Apotheker	farmacêutico [fɐrmɐ'seutiku]
Arbeiter	operário [opə'rarju]
Archäologie	arqueologia [ɐrkjulu'ʒiɐ]
Architekt	arquite(c)to [ɐrki'tɛtu]
Architektur	arquite(c)tura [ɐrkitɛ'turɐ]
Arzt	médico ['mɛdiku]
Automechaniker	mecânico de automóveis [mə'kɐniku d‿autu'mɔveiʃ]
Bäcker	padeiro [pa'deiru]
Beamter	funcionário público [fũsju'narju 'publiku]
Bergmann	mineiro [mi'neiru]
Berufsschule	escola profissional ['ʃkɔlɐ prufəsju'nal]
Betriebswirtschaft	economia de empresas [ikɔnu'miɐ d‿ẽm'prezɐʃ]
Bibliothekar	bibliotecário [bibljutə'karju]
Bildhauer	o escultor [u ʃkul'tor]
Biologie	biologia [bjulu'ʒiɐ]
Briefträger	carteiro [kɐr'teiru]
Buchhalter	o contabilista [u kõntɐbə'liʃtɐ]
Buchhändler	livreiro [li'vreiru]
Chemie	química ['kimikɐ]
Dolmetscher	o intérprete [u ĩn'tɛrprətə]
Drogist	o droguista [u dru'giʃtɐ]
Eisenbahner	ferroviário [fəʀo'vjarju]
Elektriker	o ele(c)tricista [u ilɛtrə'siʃtɐ]
Fahrlehrer	o instrutor [u ĩʃtru'tor]
Fakultät	a faculdade [ɐ fɐkul'dadə]
Fischer	o pescador [u pəʃkɐ'dor]
Förster	o guarda-florestal [u 'gwardɐ flurəʃ'tal]
Friseur (für Frauen)	cabeleireiro [kɐbəlei'reiru]
(für Männer)	barbeiro [bɐr'beiru]
Gärtner	jardineiro [ʒɐrdi'neiru]
Geographie	geografia [ʒjugrɐ'fiɐ]

Geologie	geologia [ʒjulu'ʒiɐ]
Germanistik	filologia germânica [filulu'ʒiɐ ʒər'mɐnikɐ]
Geschichte	história ['ʃtɔrjɐ]
Glaser	vidraceiro [vidrɐ'seiru]
Handelsschule	escola comercial ['ʃkɔlɐ kumər'sjal]
Handwerker	operário [opə'rarju]
Hausfrau	dona de casa ['donɐ də 'kazɐ]
Hebamme	parteira [pɐr'teirɐ]
Hochschule	a universidade [ɐ univərsi'dadə]
	escola superior ['ʃkɔlɐ supə'rjor]
Ingenieur	engenheiro [ẽʒə'ɲeiru]
Installateur	o canalizador [u kɐnɐlizɐ'dor]
Institut	instituto [ĩʃti'tutu]
Journalist	o jornalista [u ʒurnɐ'liʃtɐ]
Jura	direito [di'reitu]
Kaufmann	o comerciante [u kumər'sjẽntə]
Kellner/in	empregado [ẽmprə'gadu]
	empregada [ẽmprə'gadɐ]
Kindergärtnerin	educadora infantil [idukɐ'dorɐ ĩfẽn'til]
	(Br) jardineira [ʒardi'nerɐ]
Koch/Köchin	cozinheiro [kuzə'ɲeiru]
	cozinheira [kuzə'ɲeirɐ]
Konditor	pasteleiro [pɐʃtə'leiru]
Kraftfahrer	o automobilista [u autumubi'liʃtɐ]
Krankenschwester	enfermeira [ẽfər'meirɐ]
Künstler	o artista [u ɐr'tiʃtɐ]
Kunstgeschichte	história da arte ['ʃtɔrjɐ dɐ 'artə]
Landwirt	o agricultor [u ɐgrikul'tor]
Lehrer/in	o professor [u prufə'sor]
	a professora [ɐ prufə'sorɐ]
Lehrling	o aprendiz [u ɐprẽn'diʃ]
Maler	o pintor [u pĩn'tor]
Malerei	pintura [pĩn'turɐ]
Maschinenbau	a construção de máquinas [ɐ kõʃtru'sɐ̃u də 'makinɐʃ]
Mathematik	matemática [mɐtə'matikɐ]
Maurer	pedreiro [pə'dreiru]
Mechaniker	mecânico [mə'kɐniku]
Medizin	medicina [mədi'sinɐ]
Metzger	o talhante [u tɐ'ʎẽntə]
	(Br) açougueiro [aso'geru]
Musik	música ['muzikɐ]
Musiker	músico ['muziku]

Notar	notário [nu'tarju]
Optiker	óptico, o oculista ['ɔtiku, u ɔku'liʃtɐ]
Pfarrer	pároco ['paruku]
Physik	física ['fizikɐ]
Polizist	o polícia [u pu'lisjɐ]
Postbeamter	empregado/funcionário dos correios [ẽmprə'gadu/fũsju'narju duʃ ku'ʀejuʃ]
Psychologie	psicologia [psikulu'ʒiɐ]
Rechtsanwalt	advogado [ɐdvu'gadu]
Rentner	reformado [ʀəfur'madu]
Richter	o juiz [u ʒwiʃ]
Romanistik	filologia românica [filulu'ʒiɐ ʀu'mɐnikɐ]
Schlosser	serralheiro [səʀɐ'ʎeiru]
Schneider/in	o alfaiate [u alfɐ'jatə] a modista [ɐ mu'diʃtɐ]
Schriftsteller/in	o escritor [u ʃkri'tor] a escritora [ɐ ʃkri'torɐ]
Schuhmacher	sapateiro [sɐpɐ'teiru]
Schule	escola ['ʃkɔlɐ]
Oberschule	escola secundária ['ʃkɔlɐ səkũn'darjɐ]
Grundschule	escola primária ['ʃkɔlɐ pri'marjɐ]
Gymnasium	o liceu [u li'seu], *(Br)* ginásio [ʒi'nazju]
Schüler	aluno [ɐ'lunu], o estudante [u ʃtu'dẽntə]
Schülerin	aluna [ɐ'lunɐ], a estudante [ɐ ʃtu'dẽntə]
Student/in	o/a estudante [u/ɐ ʃtu'dẽntə]
Studienfach	matéria [mɐ'tɛrjɐ] disciplina [dəʃsi'plinɐ]
Studium	estudo ['ʃtudu]
Techniker	técnico ['tɛkniku]
Technische Hochschule	Escola Superior de Engenharia ['ʃkɔlɐ supə'rjor d‿ẽʒəɲɐ'riɐ]
Tierarzt	veterinário [vətəri'narju]
Universität	a universidade [ɐ univərsi'dadə]
Vorlesungen	as aulas [ɐz‿'aulɐʃ]

Fischer in der Algarve

Zahlen	Números
0	zero [ˈzɛru]
1	um [ũ]
2	dois [doiʃ]
3	três [treʃ]
4	quatro [ˈkwatru]
5	cinco [ˈsĩŋku]
6	seis [seiʃ]
7	sete [ˈsɛtə]
8	oito [ˈoitu]
9	nove [ˈnɔvə]
10	dez [dɛʃ]
11	onze [ˈõzə]
12	doze [ˈdozə]
13	treze [ˈtrezə]
14	catorze [kɐˈtorzə]
15	quinze [ˈkĩzə]
16	dezasseis [dəzɐˈseiʃ]
17	dezassete [dəzɐˈsɛtə]
18	dezoito [dəˈzɔitu]
19	dezanove [dəzɐˈnɔvə]
20	vinte [ˈvĩntə]
21	vinte e um [ˈvĩnt‿i ˈũ]
22	vinte e dois [ˈvĩnt‿i ˈdoiʃ]
23	vinte e três [ˈvĩnt‿i ˈtreʃ]
24	vinte e quatro [ˈvĩnt‿i ˈkwatru]
25	vinte e cinco [ˈvĩnt‿i ˈsĩŋku]
26	vinte e seis [ˈvĩnt‿i ˈseiʃ]
27	vinte e sete [ˈvĩnt‿i ˈsɛtə]
28	vinte e oito [ˈvĩnt‿i ˈoitu]
29	vinte e nove [ˈvĩnt‿i ˈnɔvə]
30	trinta [ˈtrĩntɐ]
31	trinta e um [ˈtrĩntɐ i ˈũ]
32	trinta e dois [ˈtrĩntɐ i ˈdoiʃ]
40	quarenta [kwɐˈrẽntɐ]
50	cinquenta (qü) [sĩŋˈkwẽntɐ]
60	sessenta [səˈsẽntɐ]
70	setenta [səˈtẽntɐ]
80	oitenta [oiˈtẽntɐ]
90	noventa [nuˈvẽntɐ]
100	cem [sẽi]
101	cento e um [ˈsẽntwi ˈũ]
200	duzentos [duˈzẽntuʃ]

300	trezentos [trə'zẽntuʃ]
400	quatrocentos [kwatru'sẽntuʃ]
500	quinhentos [ki'ɲẽntuʃ]
1000	mil [mil]
2000	dois mil [doiʒ mil]
3000	três mil [treʒ mil]
10000	dez mil [dɛʒ mil]
100000	cem mil [sɐ̃i mil]
1000000	um milhão [ũ mə'ʎɐ̃u]
1.	primeiro [pri'meiru]
2.	segundo [sə'gũndu]
3.	terceiro [tər'seiru]
4.	quarto ['kwartu]
5.	quinto ['kĩntu]
6.	sexto ['seiʃtu]
7.	sétimo ['sɛtimu]
8.	oitavo [oi'tavu]
9.	nono ['nonu]
10.	décimo ['dɛsimu]
½	um meio [ũ 'meju]
⅓	um terço [ũ 'tersu]
¼	um quarto [ũ 'kwartu]
¾	três quartos [treʃ 'kwartuʃ]
3,5%	três e meio por cento [trez‿i 'meju pur 'sẽntu]
27°C	vinte e sete graus ['vĩnt‿i 'sɛtə grauʃ]
– 5°C	cinco graus negativos ['sĩŋku grauʒ nəgɐ'tivuʃ]
1982	mil novecentos e oitenta e dois [mil nɔvə'sẽntuz‿i oi'tẽntɐ i 'doiʃ]

2 Mit dem Auto unterwegs
Viajar de carro

Auskunft	Informações
Wie komme ich bitte nach . . .?	Se faz favor, como se vai para . . .? [sə faʃ fɐˈvor ˈkomu sə vai ˈpɐrɐ]
Können Sie mir bitte die Strecke auf der Karte zeigen?	Pode-me indicar o caminho no mapa, se faz favor? [ˈpɔdəm‿ĩndiˈkar‿u kɐˈmiɲu nu ˈmapɐ sə faʃ fɐˈvor]
Wie weit ist das?	Quantos quilómetros (ô) são? [ˈkwẽntuʃ kiˈlɔmətruʃ sɐ̃u]
Bitte, ist das die Straße nach . . .?	Se faz favor, é esta a estrada para . . .? [sə faʃ fɐˈvor ɛ ˈɛʃtɐ ˈʃtradɐ ˈpɐrɐ]
Wie komme ich zur Autobahn nach . . .?	Como se vai para a auto-estrada de . . .? [ˈkomu sə vai ˈpɐra ˈauto ˈʃtradɐ də]
Immer geradeaus bis . . . Dann links/rechts abbiegen.	Sempre em frente até . . . Depois vire à esquerda/direita. [ˈsẽmpr‿ẽi ˈfrẽnt‿ɐˈtɛ . . . dəˈpoiʒ ˈvir‿a ˈʃkerdɐ/diˈreitɐ]

- Sie sind hier falsch. Sie müssen zurückfahren bis …

  Não é esta a estrada. Tem de voltar para trás até …
  [nɐ̃u ɛ 'ɛʃta 'ʃtradɐ. tɐ̃i də vɔl'tar 'perɐ traz‿ɐ'tɛ]

An der Tankstelle / Na estação de serviço/ No posto de gasolina

Wo ist bitte die nächste Tankstelle?

Se faz favor, onde é a estação de serviço mais próxima?
[sə faʃ fɐ'vor 'õnd‿ɛ ɐ ʃtɐ'sɐ̃u də sər'visu maiʃ 'prɔsimɐ]

Ich möchte … Liter
  Normalbenzin.
  Super.
  Diesel.

… litros de ['litruʒ də]
  gasolina normal, [gɐzu'linɐ nɔr'mal]
  súper, ['supɛr]
  gasóleo, [ga'zɔlju]
se faz favor. [sə faʃ fɐ'vor]

Super bitte, für 1000 Escudos.

Mil escudos de súper, se faz favor.
[mil 'ʃkuduʒ də 'supɛr sə faʃ fɐ'vor]

Voll, bitte.

Cheio, se faz favor. ['ʃɐju sə faʃ fɐ'vor]

Prüfen Sie bitte
  den Ölstand.
  das Kühlwasser.
  den Reifendruck.

Pode-me fazer o favor de verificar
['pɔdəmə fɐ'zer‿u fɐ'vor də vərifi'kar]
  o nível do óleo? [u 'nivɛl du 'ɔlju]
  a água do radiador?
  [ɐ 'agwɐ du ʀɐdjɐ'dor]
  a pressão dos pneus?
  [ɐ prə'sɐ̃u duʃ pneuʃ]

Sehen Sie bitte auch den Reservereifen nach.

Faça-me o favor de ver também o pneu de reserva.
['fasɐm‿u fɐ'vor də ver tɐ̃m'bɐ̃i u pneu də ʀə'zɛrvɐ]

Füllen Sie bitte Öl nach.

Ponha óleo, se faz favor.
['poɲɐ 'ɔlju sə faʃ fɐ'vor]

Könnten Sie mir einen Ölwechsel machen?

Pode-me mudar o óleo?
['pɔdəmə mu'dar‿u 'ɔlju]

Ich möchte den Wagen waschen lassen.

Pode-me lavar o carro, se faz favor?
['pɔdəmə lɐ'var‿u 'kaʀu sə faʃ fɐ'vor]

Ich möchte eine Straßenkarte dieser Gegend, bitte.

Desejava um mapa desta região.
[dəzə'ʒavɐ ũ 'mapɐ 'dɛʃtɐ ʀə'ʒjɐ̃u]

Verkehrszeichen

Gefahrenstelle

Mautstelle

Zoll

Parken verboten an ungeraden Tagen (1., 3., 5. etc.)

Parken verboten an geraden Tagen (2., 4., 6. etc.)

Durchfahrt verboten, außer für Straßenbahnen

Getrennte Fahrspur für Busse

Schneeketten auf den Antriebsrädern obligatorisch

Wegweiser

Pousada oder Estalagem

Camping für Wohnwagen

Campingplatz

Strand

Sehenswürdigkeit

Thermalbad

Aussichtspunkt

Wintersport

Angelplatz

Parken	Estacionamento
Ist hier in der Nähe eine Parkmöglichkeit?	Se faz favor, há aqui perto um parque de estacionamento? [sə faʃ fɐ'vor a ɐ'ki 'pɛrt‿ũm 'parkə də‿ʃtesjunɐ'mẽntu]
Ist der Parkplatz bewacht?	O parque é vigiado? [u 'park‿ɛ vi'ʒjadu]
Kann ich den Wagen hier abstellen?	Posso deixar aqui o carro? ['pɔsu dei'ʃar‿ɐ'ki u 'kaʀu]
Haben Sie noch einen Platz frei?	Ainda tem um lugar livre? [ɐ'ĩndɐ tẽi ũ lu'gar 'livrə]
● Wir sind leider voll besetzt.	Tenho muita pena, mas está tudo cheio. ['teɲu 'mũintɐ 'penɐ mɐz‿ə'ʃta 'tudu 'ʃeiu]
Wie lange kann ich hier parken?	Quanto tempo posso estacionar aqui? ['kwẽntu 'tẽmpu 'pɔsu ʃtesju'nar‿ɐ'ki]
Wie hoch ist die Parkgebühr pro	Qual é o preço do estacionamento por [kwal‿ɛ u 'presu do ʃtesjunɐ'mẽntu pur]
Stunde?	hora? ['ɔrɐ]
Tag?	dia? ['diɐ]
Nacht?	noite? ['noitə]
Ist das Parkhaus die ganze Nacht geöffnet?	O parque está aberto toda a noite? [u 'parkə ʃta ɐ'bɛrtu 'toda 'noitə]
Ich fahre heute/morgen um ... Uhr weiter.	Parto hoje/amanhã às ... (horas). ['partu 'oʒə/amɐ'ɲẽ aʃ . . . ('ɔrɐʃ)]

Die Höchstgeschwindigkeit in Portugal beträgt 120 km/h auf Autobahnen, 90 km/h auf Landstraßen und innerorts 60 km/h.

Der Reifendruck wird oft nicht in atü angegeben, sondern – nach dem englischen System – in p.s.i. (pounds per square inch):

atü	1,2	1,3	1,4	1,5	1,6	1,7	1,8	1,9	2,0	2,1	2,2	2,3
p.s.i.	17,0	18,5	19,9	21,3	22,7	24,2	25,6	27,1	28,4	29,9	31,3	32,7

Hinweise und Informationen

Aberto	Geöffnet
Alfândega	Zoll
Alta tensão	Hochspannung
Areia	Sand
Atenção	Achtung
Bermas baixas	Seitenstreifen nicht befahrbar
Cruzamento	Kreuzung
Cuidado!	Vorsicht!
Dias úteis	Werktags
Desvio	Umleitung
Entrada	Einfahrt
Fechado	Gesperrt
Hospital	Krankenhaus
Ir a passo	Schritt fahren
Ir pela direita	Rechts fahren
Ir pela esquerda	Links fahren
Obras	Bauarbeiten
Paragem, *(Br)* **parada**	Haltestelle
Passagem de nível	Bahnübergang
Passagem para peões	Fußgängerüberweg
Perigo!	Gefahr!
Portagem	Mautstelle
Saída	Ausfahrt
Travessia de peões	Fußgängerüberweg

Eine Panne	**Uma avaria**
Ich habe eine Panne.	Tenho uma avaria. ['teɲ‿um‿avɐ'riɐ]
Würden Sie bitte den Pannendienst anrufen?	Poderia fazer-me o favor de telefonar para o serviço de pronto socorro? [pudə'riɐ fɐ'zerm‿u fɐ'vor də tələfu'nar 'pɐrɐ u sər'visu də 'prõntu su'koʀu]

Meine Autonummer ist ...	A matrícula do meu carro é ... [ɐ mɐ'trikulɐ du meu 'kaʀu ɛ]
Würden Sie mir bitte einen Mechaniker/einen Abschleppwagen schikken?	Podia mandar-me um mecânico/um carro-grua (*Br* carro-guincho), se faz favor? [pu'diɐ mẽn'darm‿ũ mə'keniku/‿ũ 'kaʀu 'gruɐ ('kaʀu 'gĩʃu) sə faʃ fɐ'vor]
Könnten Sie mir mit Benzin aushelfen?	Podia-me dispensar um pouco de gasolina, se faz favor? [pu'diɐmə dɐʃpẽ'sar‿ũ 'poku də gɐzu'linɐ sə faʃ fɐ'vor]
Könnten Sie mir beim Reifenwechsel helfen?	Podia ajudar-me a mudar a roda, se faz favor? [pu'di‿aʒu'darm‿ɐ mu'dar‿ɐ 'ʀɔdɐ sə faʃ fɐ'vor]
Würden Sie mich bis zur nächsten Werkstatt/Tankstelle abschleppen?	Pode rebocar-me até à oficina/à estação de serviço maiš próxima? ['pɔdə ʀəbu'karm‿ɐ'tɛ a ofə'sinɐ/a ʃtɐ'sɐ̃u də sər'visu maiʃ 'prɔsimɐ]

In der Werkstatt — Na oficina

Wo ist hier in der Nähe eine Werkstatt?	Se faz favor, há alguma oficina aqui perto? [sə faʃ fɐ'vor a al'gum‿ofə'sin‿a'ki 'pɛrtu]
Mein Wagen springt nicht an.	O meu carro não pega. [u meu 'kaʀu nɐ̃u 'pɛgɐ]

Können Sie mit mir kommen/mich abschleppen?	Pode vir comigo/rebocar-me, se faz favor? ['pɔdə vir ku'migu/ʀəbu'karmə sə faʃ fɐ'vor]
Mit der Zündung/dem Motor stimmt was nicht.	A ignição/O motor não funciona bem. [ɐ igni'sɐ̃u/u mu'tor nɐ̃u fũ'sjonɐ bɐ̃i]
Der Motor läuft heiß/zieht nicht.	O motor aquece (*Br* esquenta) de mais/não puxa. [u mu'tor‿ɐ'kɛsə (is'kẽntɐ) də maiʃ/nɐ̃u 'puʃɐ]
Die Kupplung rutscht.	A embraiagem (*Br* embreagem) não agarra. [ɐ ẽmbrɐ'jaʒɐ̃i (ẽm'brjaʒɐ̃i) nɐ̃u ɐ'gaʀɐ]
Die Bremsen funktionieren nicht.	Os travões (*Br* freios) não funcionam. [uʃ trɐ'võiʃ ('frejus) nɐ̃u fũ'sjonɐ̃u]
Die Batterie ist leer.	A bateria está seca. [ɐ betə'riɐ ʃta 'sekɐ]
Aus dem Getriebe tropft Öl.	A caixa de velocidades/de mudança perde óleo. [ɐ 'kaiʃɐ də vəlusi'dadəʃ/də mu'dɐ̃sɐ 'pɛrd‿'ɔlju]
Können Sie mal nachsehen?	Pode-me fazer o favor de verificar? ['pɔdəmə fɐ'zer‿u fɐ'vor də vərifi'kar]
Wechseln Sie bitte die Zündkerzen aus.	Mude as velas, se faz favor. ['mud‿ɐʒ 'vɛlɐʃ sə faʃ fɐ'vor]
Was habe ich dafür zu bezahlen?	Quanto lhe devo? ['kwɐ̃ntu ʎə 'devu]
Haben Sie Ersatzteile für diesen Wagen?	Tem peças sobresselentes para este carro? [tɐ̃i 'pɛsɐʃ sobrəsə'lẽntəʃ 'pɐrɐ 'eʃtə 'kaʀu]
Machen Sie bitte nur die nötigsten Reparaturen.	Faça só as reparações absolutamente necessárias. ['fasɐ sɔ ɐʒ ʀəpɐrɐ'sõiz‿ɐbsulutɐ'mẽntə nəsə'sarjɐʃ]
Wann ist der Wagen fertig?	Quando é que o carro está pronto? ['kwɐ̃ndwɛ kju 'kaʀu ʃta 'prõntu]
Was wird es kosten?	Quanto é que irá custar? ['kwɐ̃ntwɛ k‿i'ra kuʃ'tar]

Tejobrücke bei Lissabon

Verkehrsunfall	**Um acidente**
Es ist ein Unfall passiert.	Houve um acidente. ['ov‿ũ ɐsi'dẽntə]
Rufen Sie bitte schnell einen Krankenwagen.	Chame depressa ['ʃɐmə də'prɛsɐ] uma ambulância. [um‿ẽmbu'lẽsjɐ]
die Polizei.	a polícia. [ɐ pu'lisjɐ]
die Feuerwehr.	os bombeiros. [uʒ bõm'beiruʃ]
Können Sie sich um die Verletzten kümmern?	Pode ocupar-se dos feridos? ['pɔd‿oku'parsə duʃ fə'riduʃ]
Haben Sie Verbandszeug?	Tem uma farmácia portátil? [tẽi 'umɐ fɐr'masjɐ pur'tatil]
Es war meine/Ihre Schuld.	A culpa foi minha/sua. [ɐ 'kulpɐ foi 'miɲɐ/'suɐ]
Sie haben die Vorfahrt nicht beachtet.	O senhor/A senhora [u sə'ɲor/ɐ sə'ɲorɐ] não respeitou a prioridade. [nɐ̃u ʀəʃpei'to ɐ prjuri'dadə]
die Kurve geschnitten.	cortou a curva. [kur'to ɐ 'kurvɐ]
die Fahrspur gewechselt ohne zu blinken.	mudou de faixa sem piscar. [mu'do də 'faiʃɐ sẽi piʃ'kar]

Sie sind zu schnell gefahren.	O senhor/A senhora ia depressa de mais. [u sə'ɲor/ɐ sə'ɲorɐ 'iɐ də'prɛsɐ də maiʃ]
Sie sind bei Rot über die Kreuzung.	O senhor/A senhora passou com o vermelho. [u sə'ɲor/ɐ sə'ɲorɐ pɐ'so kõ u vər'meʎu]
Ich gebe Ihnen meine Anschrift und Versicherungsnummer.	Vou-lhe dar o meu endereço e o número da apólice do seguro. ['voʎə dar‿u meu ẽndə'resu i u 'numəru da‿a'pɔlisə du sə'guru]
Geben Sie mir bitte Ihren Namen und Ihre Anschrift/Ihre Versicherung an.	Pode-me dizer o seu nome e o seu endereço/o nome e o endereço da sua companhia de seguros, se faz favor? [pɔdə-mə di'zer‿u seu 'nom‿i u seu ẽndə'resu/u 'nom‿i u ẽndə'resu dɐ 'suɐ kõmpɐ'ɲiɐ də sə'guruʃ sə faʃ fɐvor]
Können Sie für mich Zeuge sein?	Pode-me servir de testemunha? ['pɔdəmə sər'vir də təʃtə'muɲɐ]
Vielen Dank für Ihre Hilfe.	Muito obrigado/obrigada pela sua ajuda. ['mũint‿obri'gadu/‿obri'gadɐ 'pelɐ su‿a'ʒudɐ]

Autovermietung	**Aluguer dum automóvel**
Ich möchte einen Wagen mieten.	Queria alugar um carro. [kə'ri‿alu'gar‿ũ 'kaʀu]
Wie hoch ist die Tages-/Wochenpauschale?	Qual é a tarifa por dia/por semana? [kwal‿ɛ ɐ tɐ'rifɐ pur 'diɐ/pur sə'mɐnɐ]
Wieviel verlangen Sie pro gefahrenen km?	Quanto se paga por quilómetro (ô)? ['kwɐ̃ntu sə 'pagɐ pur ki'lɔmətru]
Wieviel muß ich als Kaution hinterlegen?	Quanto é que é preciso depositar de caução? ['kwɐ̃ntwɛ kjɛ prə'sizu dəpuzi'tar də kau'sɐ̃u]
Darf ich Ihren Führerschein sehen?	Pode-me mostrar a sua carta (*Br* carteira) de condução, se faz favor? ['pɔdəmə muʃ'trar‿ɐ 'suɐ 'kartɐ (kar'terɐ) də kõndu'sɐ̃u sə faʃ fɐ'vor]
Kann ich den Wagen gleich mitnehmen?	Posso levar já o carro? ['pɔsu lə'var ʒa u 'kaʀu]

Pferdewagen in der Algarve

Wortliste Auto

abbiegen	virar [vi'rar]
abblenden	baixar as luzes [bai'ʃar‿ɐʒ luzəʃ]
Abblendlicht	os médios [uʒ 'mɛdjuʃ]
Abschleppdienst	serviço de reboque [sər'visu də ʀə'bɔkə]
abschmieren	lubrificar [lubrəfi'kar]
Achse	eixo ['eiʃu]
Hinter ~	eixo traseiro ['eiʃu trɐ'zeiru]
Vorder ~	eixo dianteiro ['eiʃu djẽn'teiru]
Anlasser	o motor de arranque [u mu'tor d‿ɐ'ʀẽnkə]
auskuppeln	desembraiar [dəzẽmbrɐ'jar]
Auspuff	o escape [u 'ʃkapə]
Auto/bahn	auto-estrada ['auto 'ʃtradɐ]
~ fähre	o ferry-boat [u 'fɛʀi bot] (Br) barca ['barkɐ]
~ karte	o mapa das estradas [u 'mapɐ dɐz‿əʃ'tradɐʃ]
~ reifen	o pneu [u pneu]

Benzin/kanister	o bidão de gasolina [u bi'dẽu də gezu'line]
~pumpe	bomba de gasolina ['bõmbe də gezu'line]
blenden	encandear [ẽŋkẽn'djar]
Blinker	o pisca-pisca [u 'piʃke 'piʃke]
Bremse	o travão [u tre'vẽu], *(Br)* freio ['freju]
bremsen	travar [tre'var], *(Br)* frear [frjar]
Brems/belag	forro do travão (*Br* do freio) ['foʀu du tre'vẽu (du 'freju)]
~flüssigkeit	líquido dos travões (*Br* dos freios) ['likidu duʃ tre'võiʃ (dus 'frejus)]
~lichter	as luzes dos travões (*Br* dos freios) [eʒ 'luzəʒ duʃ tre'võiʃ (dus 'frejus)]
Dichtung	o empanque [u ẽm'pẽŋkə]
Düse	tubeira [tu'beire]
Einspritzpumpe	bomba de inje(c)ção ['bõmbe d‿ĩʒɛ'sẽu]
Ersatz/rad	roda sobresselente ['ʀɔde sobrəsə'lẽntə]
~teile	as peças sobresselentes [eʃ 'pɛseʃ sobrəsə'lẽntəʃ]
Fahr/gestell	chassis [ʃa'siʃ], *(Br)* chassi [ʃa'si]
~spur	pista ['piʃte], faixa ['faiʃe]
Fehler	defeito [də'feitu]
Fehlzündung	falha da ignição ['faʎe de igni'sẽu]
Fernlicht	os máximos [uʒ 'masimuʃ]
Frostschutzmittel	o anti-freeze [u 'ẽnti 'frizə]
Führerschein	carta (*Br* carteira) de condução ['karte (kar'tere) də kõndu'sẽu]
Fußbremse	o travão (*Br* freio) de pé [u tre'vẽu ('freju) də pɛ]
Gang	a velocidade [e vəlusi'dadə]
erster ~	primeira (velocidade) [pri'meire (vəlusi'dadə)]
Leerlauf	ponto morto ['põntu 'mortu]
Rückwärts~	marcha atrás ['marʃ‿a'traʃ] *(Br)* marcha à ré ['marʃ‿a ʀɛ]
Gas geben	acelerar [esələ'rar]
gebrochen	partido [per'tidu]
Getriebe	caixa de velocidades/de mudança ['kaiʃe də vəlusi'dadəʃ/də mu'dẽse]
Handbremse	o travão (*Br* freio) de mão [u tre'vẽu ('freju) də mẽu]
Hebel	alavanca [ele'vẽŋke]

Hinterrad	roda traseira ['ʀɔdɐ trɐ'zeirɐ]
~antrieb	a tra(c)ção atrás [ɐ tra'sɐ̃u ɐ'traʃ]
Hupe	buzina [bu'zinɐ]
Licht~	o sinal de luzes [u si'nal də 'luzəʃ]
Karosserie	carroçaria [kɐʀusɐ'riɐ]
Keilriemen	correia [ku'ʀɐjɐ]
Kofferraum	mala (do carro) ['malɐ (du 'kaʀu)]
Kolben	êmbolo ['ẽmbulu]
Kugellager	rolamento de esferas [ʀulɐ'mẽntu də 'ʃfɛrɐʃ]
Kühler	o radiador [u ʀɐdjɐ'dor]
Kühlwasser	água de refrigeração ['agwɐ də ʀəfriʒərɐ'sɐ̃u]
Kupplung	a embraiagem [ɐ ẽmbrɐ'jaʒɐ̃i] *(Br)* a embreagem [a ẽm'brjaʒɐ̃i]
Kurbelwelle	eixo de manivela ['eiʃu də mɐni'vɛlɐ]
Kurzschluß	curto-circuito ['kurtu sir'kuitu]
Lenkrad	o volante [u vu'lẽntə]
Lichtmaschine	dínamo ['dinɐmu]
Luftpumpe	bomba de ar ['bõmbɐ d‿ar]
Motor	o motor [u mu'tor]
~haube	o capot (*Br* capô) [u ka'po]
Nummerschild	placa da matrícula ['plakɐ dɐ mɐ'trikulɐ]
Öl	óleo ['ɔlju]
~meßstab	vara indicadora do nível do óleo ['varɐ ĩndikɐ'dorɐ du 'nivel du 'ɔlju]
~stand	o nível do óleo [u 'nivɛl du 'ɔlju]
~wechsel	mudança de óleo [mu'dɐ̃sɐ d‿'ɔlju]
Rad	roda ['ʀɔdɐ]
Reifen	o pneu [u pneu]
~druck	a pressão dos pneus [ɐ prə'sɐ̃u duʃ pneuʃ]
schlauchloser ~	o pneu sem câmara de ar [u pneu sɐ̃i 'kɐmɐrɐ d‿ar]
Reserverad	roda sobresselente ['ʀɔdɐ sobrəsə'lẽntə]
Rück/licht	as luzes traseiras [ɐʒ 'luzəʃ trɐ'zeirɐʃ]
~spiegel	o retrovisor [u ʀɛtrɔvi'zor]
Schalthebel	alavanca de mudança [ɐlɐ'vɐ̃ŋkɐ də mu'dɐ̃sɐ]
Scheiben/waschanlage	o lava-pára-brisas [u 'lavɐ 'parɐ 'brizɐʃ]
~wischer	o limpa-pára-brisas [u 'lĩmpɐ 'parɐ 'brizɐʃ]
Scheinwerfer	o farol [u fɐ'rɔl]
Schiebedach	te(c)to de correr ['tɛtu də ku'ʀer]

schmieren	lubrificar [lubrəfi'kar]
Schraube	parafuso [pere'fuzu]
Schrauben/mutter	porca ['pɔrke]
~schlüssel	a chave inglesa [e 'ʃav‿ĩŋ'gleze]
~zieher	a chave de fenda [e 'ʃavə də 'fẽnde]
Sicherheitsgurt	cinto de segurança ['sĩntu də səgu'rẽse]
Standlicht	os mínimos [uʒ 'minimuʃ]
Steckschlüssel	a chave de caixa [e 'ʃavə də 'kaiʃe]
Stoß/dämpfer	o amortecedor [u emurtəsə'dor]
~stange	o pára-choques [u 'pare 'ʃɔkəʃ]
Tachometer	o conta-quilómetros (ô) [u 'kõnte ki'lɔmətruʃ]
Ventil	válvula ['valvule]
Vergaser	o carburador [u kerbure'dor]
Verteiler	o distribuidor [u dəʃtribwi'dor]
Vorderrad	roda dianteira ['ʀɔde djẽn'teire]
~antrieb	a tra(c)ção à frente [e tra'sẽu a 'frẽntə]
Wagen/heber	macaco [me'kaku]
~schlüssel	a chave do carro [e 'ʃavə du 'kaʀu]
~wäsche	a lavagem do carro [e le'vaʒẽi du 'kaʀu]
Warndreieck	triângulo [tri'ẽŋgulu]
Windschutzscheibe	o pára-brisas [u 'pare 'brizeʃ]
Winterreifen	os pneus de Inverno [uʃ pneuʒ d‿ĩ'vɛrnu]
Zünd/kerze	vela ['vɛle]
~schloß	fechadura de ignição [fəʃe'dure d‿igni'sẽu]
~schlüssel	a chave de ignição [e 'ʃavə d‿igni'sẽu]
Zündung	a ignição [e igni'sẽu]
Zylinder	cilindro [sə'lĩndru]
~kopf	cabeça do cilindro [ke'bese du sə'lĩndru]

3 Reisen mit Bahn, Flugzeug oder Schiff Viajar de comboio (*Br* trem), de avião ou de barco

Im Reisebüro	**Na agência de viagens**
Ich möchte einen Flug nach ... buchen.	Queria uma passagem de avião para ... [kə'riɐ 'umɐ pɐ'saʒɐ̃i d‿ɐ'vjɐ̃u 'perɐ]
Wie sind die Flugverbindungen nach ...?	A que horas há avião para ...? [ɐ 'kjɔrez‿a ɐ'vjɐ̃u 'perɐ]
Sind noch Plätze frei?	Ainda há lugares? [ɐ'ĩnd‿a lu'garəʃ]
Gibt es auch Charterflüge?	Há também voos (ôo) fretados/charter? [a tɐ̃m'bɐ̃i 'vouʃ frə'taduʃ/'ʃartɛr]
Was kostet der Flug Touristenklasse/ 1. Klasse?	Quanto custa a passagem em classe turística/em primeira classe? ['kwɐ̃ntu 'kuʃta pɐ'saʒɐ̃i ɐ̃i 'klasə tu'riʃtikɐ/ ɐ̃i pri'meirɐ 'klasə]
Wieviel Gepäck ist frei?	A quantos quilos de bagagem dá direito o bilhete? [ɐ 'kwɐ̃ntuʃ 'kiluʒ də bɐ'gaʒɐ̃i da di'reitu bə'ʎetə]

Was kostet das Kilo Übergewicht?	Quanto se paga por cada quilo de excesso de peso? ['kwẽntu sə 'pagɐ pur 'kɐdɐ 'kilu də 'ʃsɛsu də 'pezu]
Ich möchte diesen Flug annulieren/umbuchen.	Queria anular esta passagem/mudar o voo. [kə'ri‿anu'lar‿ɛʃtɐ pɐ'saʒɐ̃i/mu'dar‿u 'vou]
Habe ich in ... Anschluß an die Fähre?	Tenho ligação (*Br* conexão) com o barco em ...? ['teɲu ligɐ'sɐ̃u (konɛ'ksɐ̃u) kõ u·'barku ɐ̃i]
Ich möchte einen Liegewagenplatz/Schlafwagenplatz für den Zug um 20 Uhr nach ...	Queria um lugar em couchette/vagão-cama (*Br* vagão-leito) no comboio (*Br* trem) das 20 horas para ... [kə'riɐ ũ lu'gar‿ɐ̃i ku'ʃɛtə/va'gɐ̃u 'kɐmɐ (va'gɐ̃u 'leitu) nu kõm'bɔju (trɐ̃i) deʒ vĩn'tjɔreʃ 'pɐrɐ]
Gibt es einen Autoreisezug nach ...?	Há um comboio (*Br* trem) de transporte de automóveis para ... [a ũ kõm'bɔju (trɐ̃i) də trɐ̃ʃ'pɔrtə d‿autu'mɔveiʃ 'pɐrɐ]
Was kostet das für ein Auto mit vier Personen?	Quanto se paga por um carro com quatro pessoas? ['kwẽntu sə 'pagɐ pur‿ũ 'kaʀu kõ 'kwatru pə'soɐʃ]

Eisenbahn — Caminho (*Br* estrada) de ferro

Auf dem Bahnhof — Na estação

Eine einfache Fahrt 2. Klasse/1. Klasse nach ... bitte.	Um bilhete de segunda/de primeira classe para ..., se faz favor. [ũ bə'ʎetə də sə'gũndɐ/də pri'meirɐ 'klasə 'pɐrɐ ... sə faʃ fɐ'vor]
Zweimal ... hin und zurück, bitte.	Dois bilhetes de ida e volta para ..., se faz favor. [doiʒ bə'ʎetəʒ d‿'idɐ i 'vɔltɐ 'pɐrɐ ... sə faʃ fɐ'vor]

Gibt es verbilligte Ausflugskarten?	Há bilhetes de tarifa reduzida para excursões? [a bə'ʎetəʒ də tɐ'rifɐ rədu'zidɐ 'pɐrɐ ʃkur'sõiʃ]
Gibt es verbilligte Wochenendkarten?	Há bilhetes de fim-de-semana? [a bə'ʎetəʒ də fĩ də sə'mɐnɐ]
Gibt es eine Ermäßigung für Kinder?	Há uma redução para crianças? [a 'umɐ rədu'sɐ̃u 'pɐrɐ 'krjɐ̃sɐʃ]
Bitte eine Platzkarte für den Zug um ... Uhr nach ...	Queria reservar um lugar no comboio (*Br* trem) das ... para ... [kə'riɐ ʀəzər'var‿ũ lu'gar nu kõm'bɔju (trẽi) dɐʃ ... 'pɐrɐ]
● Ein Fensterplatz?	Um lugar á janela? [ũ lu'gar‿a ʒɐ'nɛlɐ]
Wie teuer ist eine Schlafwagenkarte/ Liegewagenkarte?	Quanto custa um bilhete de vagão-cama (*Br* vagão-leito)/de couchette? ['kwɐ̃ntu 'kuʃtɐ ũ bə'ʎetə də va'gɐ̃u 'kɐmɐ (va'gɐ̃u 'leitu)/də ku'ʃɛtə]
Ich möchte diesen Koffer als Reisegepäck aufgeben.	Queria despachar esta mala com o bilhete. [kə'riɐ dəʃpɐ'ʃar‿'ɛʃtɐ 'malɐ kõ u bə'ʎetə]
● Wollen Sie Ihr Gepäck versichern?	Quer fazer um seguro da bagagem? [kɛr fɐ'zer‿ũ sə'guru dɐ bɐ'gaʒɐ̃i]
Was kostet das?	Quanto custa? ['kwɐ̃ntu 'kuʃtɐ]
Geht das Gepäck mit dem ...-Uhr Zug ab?	A bagagem vai no comboio (*Br* trem) das ...? [ɐ bɐ'gaʒɐ̃i vai nu kõm'bɔju (trẽi) dɐʃ]
Wann kommt es in ... an?	Quando chega a ...? ['kwɐndu 'ʃega]

Hat der Zug von ... Verspätung?	O comboio (*Br* trem) de ... tem atraso? [u kõm'bɔju (trẽi) də ... tẽi ɐ'trazu]
Wann habe ich Anschluß nach ...?	Quando tenho ligação (*Br* conexão) para ...? ['kwẽndu 'teɲu ligɐ'sɐ̃u (konɛ'ksɐ̃u) 'pɐrɐ]
Wo muß ich umsteigen?	Onde tenho de mudar de comboio (*Br* trem)? ['õndə 'teɲu də mu'dar də kõm'bɔju (trẽi)]
Von welchem Gleis fährt der Zug nach ... ab?	De que cais parte o comboio (*Br* trem) para ...? [də kə kaiʃ 'part‿u kõm'bɔju (trẽi) 'pɐrɐ]
Der Zug aus ... fährt auf Gleis 1 ein.	O comboio (*Br* trem) proveniente de ... entra no cais número um. [u kõm'bɔju (trẽi) pruvə'njẽntə də ... 'ẽntrɐ nu kaiʒ 'numəru ũ]
Der Zug aus ... hat 10 Minuten Verspätung.	O comboio (*Br* trem) proveniente de ... tem dez minutos de atraso. [u kõm'bɔju (trẽi) pruvə'njẽntə də ... tẽi dɛʒ mi'nutuʒ d‿ɐ'trazu]
Achtung, Reisende! Der Zug nach ... fährt ab. Wir wünschen gute Reise.	Atenção, senhores passageiros! O comboio (*Br* trem) com destino a ... vai partir. Boa viagem! [ɐtẽ'sɐ̃u sə'ɲorəʃ pɐsɐ'ʒeiruʃ. u kõm'bɔju (trẽi) kõ dəʃ'tinu ɐ ... vai pɐr'tir. 'boɐ 'vjaʒẽi]

Fundbüro	**Se(c)ção de perdidos e achados**
Wo ist das Fundbüro, bitte?	Onde é a se(c)ção de perdidos e achados, se faz favor? [õnd‿ɛ ɐ sɛk'sɐ̃u də pər'diduz‿i ɐ'ʃaduʃ sə faʃ fɐ'vor]
Ich habe ... verloren.	Perdi ... [pər'di]
Ich habe meine Handschuhe im Zug vergessen.	Esqueci-me das luvas no comboio (*Br* trem). [ʃkɛ'simə dɐʒ 'luvɐʒ nu kõm'bɔju (trẽi)]
Hier ist meine Hotelanschrift.	Aqui tem o endereço do meu hotel. [ɐ'ki tẽi u ẽndə'resu du meu ɔ'tɛl]

Hinweise und Informationen

Aberto	Geöffnet
Bilheteira, *(Br)* **bilheteria**	Fahrkartenschalter
Chefe de estação	Bahnhofsvorsteher
Chegada	Ankunft
Cuidado com os degraus!	Vorsicht, Stufen!
Elevador	Aufzug
Empurre	Drücken
Entrada	Eingang
Entrada proibida	Zutritt verboten
É proibido atravessar as linhas	Überschreiten der Gleise verboten
É proibido debruçar-se com o comboio em andamento	Nicht hinauslehnen
Fechado	Geschlossen
Freio de emergência *(Br)*	Notbremse
Fumadores	Raucher
Homens	Herren
Horário	Fahrplan
Lavabos	Toiletten
Livre	Frei
Lugar reservado	Reserviert
Não abrir a porta	Tür nicht öffnen
Não descer com o comboio em movimento	Nicht aussteigen, bevor der Zug hält
Não fumadores	Nichtraucher
Ocupado	Besetzt
Partida	Abfahrt
Passagem subterrânea	Unterführung
Puxe	Ziehen
Saída	Ausgang
Sala de espera	Wartesaal
Senhoras	Damen
Sinal de alarme	Notbremse

Im Zug	**No comboio (*Br* trem)**
Verzeihung, ist dieser Platz frei?	Desculpe, este lugar está livre? [dəʃ'kulpə 'eʃtə lu'gar ʃta 'livrə]
Können Sie mir bitte helfen?	Pode-me ajudar, se faz favor? ['pɔdəm‿ɐʒu'dar sə faʃ fɐ'vor]
Darf ich das Fenster öffnen/schließen?	Posso abrir/fechar a janela? ['pɔsu ɐ'brir/fə'ʃar‿ɐ ʒɐ'nɛlɐ]
Entschuldigen Sie, bitte. Dies ist ein Nichtraucherabteil.	Desculpe, este compartimento é para não fumadores. [dəʃ'kulpə 'eʃtə kõmpɐrti'mẽntu ɛ 'pɐrɐ nɐ̃u fumɐ'dorəʃ]
Entschuldigen Sie, das ist mein Platz. Ich habe eine Platzkarte.	Desculpe, esse lugar é meu. Tenho aqui o bilhete de reserva. [dəʃ'kulpə 'esə lu'gar‿ɛ meu. 'tɐɲu ɐ'ki u bə'ʎetə də ʀə'zɛrvɐ]
Die Fahrkarten, bitte.	Os bilhetes, se fazem favor. [uʒ bə'ʎetəʃ sə 'fazɐ̃i fɐ'vor]
Hält dieser Zug in . . .?	Este comboio (*Br* trem) pára em . . .? ['eʃtə kõm'bɔju (trẽi) 'parɐ ɐ̃i]
Wann kommen wir in . . . an?	Quando chegamos a . . .? ['kwɐ̃ndu ʃə'gɐmuz‿ɐ]
Wo sind wir jetzt?	Onde estamos agora? ['õndə 'ʃtɐmuz‿ɐ'gɔrɐ]
Wie lange haben wir hier Aufenthalt?	Quanto tempo paramos aqui? ['kwɐ̃ntu 'tẽmpu pɐ'rɐmuz‿ɐ'ki]
Kommen wir pünktlich an?	Chegamos à hora marcada? [ʃə'gɐmuz‿a 'ɔrɐ mɐr'kadɐ]
Haben wir Verspätung?	Temos atraso? ['temuz‿ɐ'trazu]

Das Lösen einer Fahrkarte für einen Schnellzug *(expresso)* ist in Portugal immer mit einer Platzreservierung gekoppelt. Das heißt, daß man ohne Platzkarte in diesen Zügen keinen oder nur schwer einen Sitzplatz bekommt. Außerdem ist das Nachlösen im Zug teuer. Es empfiehlt sich daher, die Fahrkarte vor Fahrtantritt zu besorgen.

Flugzeug — Avião

Am Flughafen — No aeroporto

Wo ist der Schalter der TAP/VARIG?	Onde é o guiché (ê) da TAP/VARIG? [õnd‿ɛ u gi'ʃɛ de tap/'varig]
Wo ist der Informationsschalter/Warteraum?	Onde são as informações?/ Onde é a sala de espera? ['õndə sɐ̃u ez‿ĩfurmɐ'sõiʃ/ õnd‿ɛ ɐ 'salɐ də 'ʃpɛrɐ]
Kann ich das als Handgepäck mitnehmen?	Posso levar isto como bagagem de mão? ['pɔsu lə'var‿'iʃtu 'komu bɐ'gaʒɐ̃i də mɐ̃u]
Hat die Maschine nach ... Verspätung?	O avião para ... tem atraso? [u ɐ'vjɐ̃u 'pɐrɐ ... tɐ̃i ɐ'trazu]
Wieviel Verspätung hat sie?	Quanto tempo tem de atraso? ['kwɐ̃ntu 'tẽmpu tɐ̃i d‿ɐ'trazu]
Ist die Maschine aus ... schon gelandet?	O avião de ... já aterrou (*Br* aterrissou)? [u ɐ'vjɐ̃u də ... ʒa ɐtə'ʀo (ateʀi'so)]

Letzter Aufruf. Die Passagiere nach ..., Flug-Nr. ... werden gebeten, sich zum Ausgang ... zu begeben.

Última chamada. Pedimos aos senhores passageiros do voo (ôo) número ..., com destino a ..., que se dirijam para a porta número ...
['ultimɐ ʃɐ'madɐ. pə'dimuz‿euʃ sə'ɲorəʃ pesɐ'ʒeiruʒ du 'vou 'numəru ... kõ dəʃ'tinu ɐ ... kə sə di'riʒẽu 'pɐra 'pɔrtɐ 'numəru ...]

An Bord

A bordo

Bitte das Rauchen einstellen! Anschnallen, bitte!

Por favor, não fumar! Apertem os cintos!
[pur fɐ'vor nẽu fu'mar. ɐ'pɛrtẽi uʃ 'sĩntuʃ]

Wie hoch fliegen wir?

A que altura estamos a voar?
[ɐ kjal'turɐ 'ʃtemuz‿ɐ vwar]

Wir fliegen auf einer durchschnittlichen Flughöhe von 8000 Metern.

Estamos a voar a uma altura média de oito mil metros.
['ʃtemuz‿ɐ vwar‿ɐ um‿al'turɐ 'mɛdjɐ d‿'oitu mil 'mɛtruʃ]

Was ist das für ein Fluß/See?

Que rio/lago é aquele?
[kə 'ʀiu/'lagu ɛ ɐ'kelə]

Was ist das für ein Gebirge?

Que montanha é aquela?
[kə mõn'teɲɐ ɛ ɐ'kɛlɐ]

Wo sind wir jetzt?

Onde estamos agora?
['õndə 'ʃtemuz‿ɐ'gɔrɐ]

Wann landen wir in ...?

Quando aterramos (*Br* aterrissamos) em ...?
['kwẽndu etə'ʀɐmuz (ateʀi'sɐmuz) ẽi]

Wie ist das Wetter in ...?

Como está o tempo em ...?
['komu ʃta u 'tẽmpu ẽi]

Wir landen in etwa ... Minuten.

Aterramos (*Br* aterrissamos) dentro de ... minutos.
[etə'ʀɐmuʒ (ateʀi'sɐmuz) 'dẽntru də ... mi'nutuʃ]

Ankunft	**Chegada**
Ich finde mein Gepäck/meinen Koffer nicht.	Não encontro a minha bagagem/mala. [nẽu ẽŋ'kõntr‿ɐ 'miɲɐ bɐ'gaʒẽi/'malɐ]
Mein Gepäck ist verlorengegangen.	A minha bagagem perdeu-se. [ɐ 'miɲɐ bɐ'gaʒẽi pər'deusə]
Mein Koffer ist beschädigt worden.	A minha mala está estragada. [ɐ 'miɲɐ 'malɐ ʃta ʃtrɐ'gadɐ]
An wen kann ich mich wenden?	Onde posso reclamar? ['õndə 'pɔsu ʀəklɐ'mar]
Von wo fährt der Bus zum Air Terminal ab?	Donde parte o autocarro (*Br* ônibus) para o terminal? ['dõndə 'part‿u auto'kaʀu ('onibus) 'pɐrɐ u tərmi'nal]

Schiff / Barco

Auskunft	**Informações**
Welche ist die beste Schiffsverbindung nach ...?	Se faz favor, que barco hei-de tomar para ...? [sə faʃ fɐ'vor kə 'barku 'eidə tu'mar 'pɐrɐ]
Wo/Wann fährt	Donde/Quando parte ... ['dõndə/'kwẽndu 'partə]
das nächste Schiff	o próximo navio [u 'prɔsimu nɐ'viu]
die nächste Fähre	o próximo ferry-boat (*Br* a próxima barca) [u 'prɔsimu 'fɛʀi bot (a 'prɔsimɐ 'barkɐ)]
das nächste Motorboot	o próximo barco [u 'prɔsimu 'barku]
der nächste Dampfer	o próximo vapor [u 'prɔsimu vɐ'por]
nach ...?	para ...? ['pɐrɐ]
Wie lange dauert die Überfahrt?	Quanto tempo dura a travessia? ['kwẽntu 'tẽmpu 'dura trɐvə'siɐ]
Welche Häfen werden angelaufen?	Em que portos fazemos escala? [ẽi kə 'pɔrtuʃ fɐ'zemuz‿əʃ'kalɐ]
Wann legen wir in ... an?	Quando chegamos a ...? ['kwẽndu ʃə'gemuz‿ɐ]

Wie lange haben wir Aufenthalt in .. ?	Quanto tempo ficamos em ...? ['kwẽntu 'tẽmpu fi'kemuz‿ẽi]
Ich möchte eine Schiffskarte nach ...	Queria uma passagem para ... ['kərie 'ume pe'saʒẽi 'pere]
1. Klasse	primeira classe [pri'meire 'klasə]
Touristenklasse	classe turística ['klasə tu'riʃtike]
eine Einzelkabine	um camarote individual [ũ keme'rɔt‿ĩndəvi'dwal]
eine Zweibettkabine	um camarote para duas pessoas [ũ keme'rɔtə 'pere 'dueʃ pə'soeʃ]
Ich möchte eine Karte für die Rundfahrt um ... Uhr.	Queria um bilhete para a excursão das ... (horas). [kə'rie ũm bə'ʎetə 'pera ʃkur'sẽu daʃ ... ('ɔreʃ)]

An Bord — A bordo

Bitte, ich suche Kabine Nr. ...	Pode-me dizer, se faz favor, onde é o camarote número ...? ['pɔdəmə di'zer sə faʃ fe'vor õnd‿ɛ u keme'rɔtə 'numəru]
Kann ich eine andere Kabine haben?	Podem-me dar outro camarote? ['pɔdẽimə dar‿'otru keme'rɔtə]
Wo ist mein Koffer/mein Gepäck?	Onde está a minha mala/a minha bagagem? ['õndə ʃta e 'miɲe 'male/e 'miɲe be'gaʒẽi]
Wo ist der Speisesaal/der Aufenthaltsraum?	Onde é a sala de jantar/o salão? [ond‿ɛ e 'sale də ʒẽn'tar/u se'lẽu]
Wann wird gegessen?	A que horas são as refeições? [e 'kjɔreʃ sẽu eʒ ʀəfei'sõiʃ]
Steward, bringen Sie mir bitte ...	Traga-me, se faz favor, ... ['tragemə sə faʃ fe'vor]
Ich fühle mich nicht wohl.	Não me sinto bem. [nẽu mə 'sĩntu bẽi]
Rufen Sie bitte den Schiffsarzt!	Faça-me o favor de chamar o médico de bordo! ['fasem‿u fe'vor də ʃe'mar‿u 'mɛdiku də 'bɔrdu]

Geben Sie mir bitte ein Mittel gegen Seekrankheit. | Pode-me dar um remédio contra o enjoo (ôo), se faz favor? ['pɔdəmə dar‿ũ ʀə'mɛdju 'kõntrɐ u ẽ'ʒou sə faʃ fɐ'vor]

Wortliste Reisen

Abflug	partida [pɐr'tidɐ]
	a descolagem [ɐ dəʃku'laʒẽi]
Abteil	compartimento [kõmpɐrti'mẽntu]
Anflug	chegada [ʃə'gadɐ]
	a aterragem [a‿atə'ʀaʒẽi]
	(Br) a aterrissagem [a‿ateʀi'saʒẽi]
Anhänger (am Koffer)	etiqueta [eti'ketɐ]
Anker	âncora ['ẽŋkurɐ]
anlaufen	fazer escala em [fɐ'zer 'ʃkalɐ ẽi]
anlegen in	atracar em [ɐtrɐ'kar‿ẽi]
Anlegeplatz	embarcadouro [ẽmbɐrkɐ'doru]
Anschluß	a ligação [ɐ ligɐ'sẽu]
	(Br) a conexão [a konɛ'ksẽu]
Anschnallgurt	cinto de segurança ['sĩntu də səgu'rẽsɐ]
auslaufen	sair do porto [sɐ'ir du 'portu]
ausschiffen	desembarcar [dəzẽmbɐr'kar]

aussteigen	descer [dəʃ'ser], apear-se [ɐ'pjarsə]
Auto/fähre	o ferry-boat [u 'fɛʀi bot] *(Br)* barca ['barkɐ]
~reisezug	comboio (*Br* o trem) para transporte de automóveis [kõm'bɔju (u trẽi) 'pɐrɐ trẽʃ'pɔrtə d‿autu'mɔvɛiʃ]
Backbord	bombordo [bõm'bordu]
Bahn/hof	a estação [ɐ ʃtɐ'sɐ̃u]
~steigkarte	o bilhete de gare [u bə'ʎetə də 'garə]
Besatzung	a tripulação [ɐ tripulɐ'sɐ̃u]
Bettkarte	suplemento para vagão-cama (*Br* vagão-leito) [suplə'mẽntu 'pɐrɐ va'gɐ̃u 'kɐmɐ (va'gɐ̃u 'leitu)]
Boje	bóia ['bɔjɐ]
Bordfest	festa a bordo ['fɛʃta 'bɔrdu]
Buchung	reserva [ʀə'zɛrvɐ] a marcação [ɐ mɐrkɐ'sɐ̃u]
Bug	proa ['proɐ]
Chartermaschine	o charter [u 'ʃartɛr]
Deck	o convés [u kõ'vɛʃ]
Düsenmaschine	o avião a jacto [u ɐ'vjɐ̃u ɐ 'ʒatu]
D-Zug	expresso [(ei)'ʃprɛsu]
Eilzug	comboio (*Br* o trem) semidire(c)to [kõm'bɔju (u trẽi) səmidi'rɛtu]
Eisenbahn	caminho (*Br* estrada) de ferro [kɐ'miɲu (es'tradɐ) də 'fɛʀu]
~fähre	o ferry-boat [u 'fɛʀi bot] *(Br)* barca ['barkɐ]
Fahr/plan	horário [o'rarju]
~preis	preço do bilhete ['presu du bə'ʎetə]
~werk	o trem de aterragem (*Br* de aterrissagem) [u trẽi·d‿etə'ʀaʒẽi (di ateʀi'saʒẽi)]
Flug	voo (ôo) ['vou]
~gast	passageiro [pɐsɐ'ʒeiru]
~gesellschaft	companhia de aviação [kõmpɐ'ɲiɐ d‿ɐvjɐ'sɐ̃u]
~hafen	aeroporto [ɐɛro'portu]
~hafengebühr	taxa de aeroporto ['taʃɐ d‿aɛro'portu]
~plan	horário (dos aviões) [o'rarju (duz‿ɐ'vjõiʃ)]
~strecke	rota ['ʀɔtɐ]
~zeug	o avião [u ɐ'vjɐ̃u]

Gepäck	a bagagem [ɐ bɐ'gaʒẽi]
~aufbewahrung	depósito de bagagens [də'pɔzitu də bɐ'gaʒẽiʃ]
~schein	guia ['giɐ]
~schließfach	depósito automático de bagagens [də'pɔzit‿autu'matiku də bɐ'gaʒẽiʃ]
~träger	o carregador [u kɐʀəgɐ'dor]
~wagen	carrinho porta-bagagem [kɐ'ʀiɲu 'pɔrtɐ bɐ'gaʒẽi]
Handgepäck	a bagagem de mão [ɐ bɐ'gaʒẽi də mẽu]
Heck	popa ['popɐ]
Hubschrauber	helicóptero [eli'kɔptəru]
Jacht	o iate [u 'jatə]
Kabine	cabina [ka'binɐ]
Kai	o cais [u kaiʃ]
Kajüte	o camarote [u kɐmɐ'rɔtə]
Kapitän	o capitão [u kɐpi'tẽu]
Kinderfahrkarte	meio-bilhete ['mɐju bə'ʎetə]
Knoten	o nó [u nɔ]
Kreuzfahrt	cruzeiro [kru'zeiru]
Kurs/buch	o guia dos caminhos de ferro (*Br* das estradas de ferro) [u 'giɐ duʃ kɐ'miɲuʒ də 'fɛʀu (daz‿es'tradɐs di 'fɛʀu)]
~wagen	a carruagem dire(c)ta [ɐ kɐ'ʀuaʒẽi di'rɛtɐ]
Landausflug	a excursão [ɐ (ei)ʃkur'sẽu]
Landesteg	embarcadouro [ẽmbɐrkɐ'doru]
Leuchtturm	o farol [u fɐ'rɔl]
Liegewagen	a couchette [ɐ ku'ʃɛtə]
Linienmaschine	o avião de carreira [u ɐ'vjẽu də kɐ'ʀeirɐ]
Lokomotive	locomotiva [lukumu'tivɐ]
Luftkissenboot	o hovercraft [u ovər'kraft]
Mannschaft	a tripulação [ɐ tripulɐ'sẽu]
Matrose	marinheiro [mɐri'ɲeiru]
Not/ausgang	saída de emergência [sɐ'idɐ d‿imər'ʒẽsjɐ]
~landung	a aterragem (*Br* aterrissagem) forçada [a‿atə'ʀaʒẽi (ateʀi'saʒẽi) fur'sadɐ]
~rutsche	o tobogã de emergência [u tɔbɔ'gẽ d‿imər'ʒẽsjɐ]
Personenzug	comboio (*Br* o trem) que pára em todas as estações [kõm'bɔju (u trẽi) kə 'parɐ ẽi 'todez‿ɐʃ ʃtɐ'sõiʃ]

Pilot	piloto [pi'lotu]
Platzkarte	o bilhete de marcação de lugar [u bə'ʎetə də mɐrkɐ'sɐ̃u də lu'gar]
Reise/tasche	saco de viagem ['saku də 'vjaʒɐ̃i]
~ziel	destino [dəʃ'tinu]
Rettungs/boot	barco salva-vidas ['barku 'salvɐ 'vidɐʃ]
~ring	bóia salva-vidas ['bɔjɐ 'salvɐ 'vidɐʃ]
Rollfeld	pista de aterragem (*Br* de aterrissagem) ['piʃtɐ d‿etə'ʀaʒɐ̃i (di ateʀi'saʒɐ̃i)]
Rück/fahrkarte	o bilhete de ida e volta [u bə'ʎetə d‿'idɐ i 'vɔltɐ]
~flug	voo (ôo) de regresso ['vou də ʀə'grɛsu]
Rundreisefahrschein	o bilhete circular [u bə'ʎetə sirku'lar]
Sammelfahrschein	o bilhete cole(c)tivo [u bə'ʎetə kulɛ'tivu]
Schaffner	o revisor [u ʀəvi'zor]
Schiffsarzt	médico de bordo ['mɛdiku də 'bɔrdu]
Schlafwagenkarte	o bilhete de vagão-cama (*Br* vagão-leito) [u bə'ʎetə də va'gɐ̃u 'kɐmɐ (va'gɐ̃u 'leitu)]
Schnellzug	comboio (*Br* o trem) rápido [kõm'bɔju (u trɐ̃i) 'ʀapidu]
Schwimmweste	o colete de salvação [u ku'letə də salvɐ'sɐ̃u]
seekrank	enjoado [ẽ'ʒwadu]
Steuerbord	estibordo [ʃti'bordu]
Übergepäck	excesso de bagagem [(ei)'ʃsɛsu də bɐ'gaʒɐ̃i]
Überseedampfer	transatlântico [trɐ̃zɐ'tlɐ̃ntiku]
Wartesaal	sala de espera ['salɐ də 'ʃpɛrɐ]
Waschraum	os lavabos [uʒ lɐ'vabuʃ]
zollfreier Laden	loja franca ['lɔʒɐ 'frɐŋkɐ] duty-free shop ['djuti fri ʃɔp]
Zuschlag	suplemento [suplə'mẽntu]
Zwischen/deck	as entrecobertas [ɐz‿ẽntrəku'bɛrtɐʃ]
~landung	escala ['ʃkalɐ]

4 An der Grenze - Zoll
Na fronteira - Alfândega

Paßkontrolle	**Controle de passaportes**
● Ihren Paß, bitte!	O seu passaporte, se faz favor! [u seu paseˈpɔrtə sə faʃ feˈvor]
● Ihr Paß ist abgelaufen.	O seu passaporte caducou. [u seu paseˈpɔrtə keduˈko]
● Haben Sie einen Impfschein?	Tem um certificado de vacina? [tẽi ũ sərtəfiˈkadu də veˈsine]
Ich bin gegen … geimpft.	Estou vacinado/vacinada contra [ʃto vesiˈnadu/vesiˈnade ˈkõntre]
Pocken	a varíola. [e veˈriule]
Cholera	a cólera. [e ˈkɔləre]
Gelbfieber	a febre amarela. [e ˈfɛbr‿emeˈrɛle]
Typhus	o tifo. [u ˈtifu]
Kann ich das Visum hier bekommen?	Posso obter aqui o visto? [ˈpɔs‿obˈter‿eˈki u ˈviʃtu]
● Haben Sie ein Visum?	Tem um visto? [tẽi ũ ˈviʃtu]

Zollkontrolle	Alfândega
Haben Sie etwas zu verzollen?	Tem alguma coisa a declarar? [tẽi al'gumɐ 'koiza dəklɐ'rar]
Nein, ich habe nur ein paar Geschenke.	Não, senhor, levo apenas alguns presentes. [nẽu sə'ɲor lɛvu ɐ'penɐz‿al'gũʃ prə'zẽntəʃ]
Fahren Sie bitte rechts/links heran.	Estacione ali à direita/à esquerda, se faz favor. [ʃtɐ'sjon‿ɐ'li a di'reitɐ/a 'ʃkerdɐ sə faʃ fɐ'vor]
Öffnen Sie bitte den Kofferraum/diesen Koffer.	Abra a mala do carro/esta mala, se faz favor. ['abra 'malɐ du 'kaʀu/'ɛʃtɐ 'malɐ sə faʃ fɐ'vor]
Muß ich das verzollen?	Tenho de pagar direitos disto? ['teɲu də pɐ'gar di'reituʒ 'diʃtu]
Wieviel Zoll muß ich bezahlen?	Quanto tenho a pagar de direitos? ['kwẽntu 'teɲu ɐ pɐ'gar də di'reituʃ]

Zoll

Wortliste Zoll

Beruf	a profissão [ɐ prufi'sẽu]
Bestimmungen	as disposições [ɐʒ dəʃpuzi'sõiʃ]
Cholera	cólera ['kɔlərɐ]
Familien/name	apelido [ɐpə'lidu]
~stand	estado civil ['ʃtadu sə'vil]
ledig	solteiro [sol'teiru]
verheiratet	casado [kɐ'zadu]
verwitwet	viúvo ['vjuvu]
Führerschein	carta (*Br* carteira) de condução ['kartɐ (kar'terɐ) də kõndu'sẽu]
Geburts/datum	data de nascimento ['datɐ də nɐʃsi'mẽntu]
~name	o nome de solteira [u 'nomə də sol'teirɐ]
~ort	o lugar de nascimento [u lu'gar də nɐʃsi'mẽntu]
Gelbfieber	a febre amarela [ɐ 'fɛbr‿ɐmɐ'rɛlɐ]
Grenzübergang	posto fronteiriço ['poʃtu frõntei'risu]
gültig	válido ['validu]
internationaler Impfpaß	certificado internacional de vacina [sərtəfi'kadu ĩntərnɐsju'nal də vɐ'sinɐ]
Malaria	malária [mɐ'larjɐ]

Nationalitätskennzeichen	placa de nacionalidade ['plake də nesjuneli'dadə]
Nummernschild	placa da matrícula ['plake de me'trikule]
Paßkontrolle	o controle de passaportes [u kõn'trɔlə də pase'pɔrtəʃ]
Personalausweis	o bilhete (*Br* a carteira) de identidade [u bə'ʎetə (a kar'tere) d‿idẽnti'dadə]
Pocken	varíola [ve'riule]
Staatsangehörigkeit	a nacionalidade [e nesjuneli'dadə]
Typhus	tifo ['tifu]
Versicherungskarte	carta verde ['karte 'verdə]
Visum	visto ['viʃtu]
Vorname	o prenome [u prə'nomə] o nome de ba(p)tismo [u 'nomə də ba'tiʒmu]
Wohnort	domicílio [dumi'silju]
Zoll	alfândega [al'fẽndəge]
~amt	alfândega [al'fẽndəge]
~beamter	empregado da alfândega [ẽmprə'gadu da‿al'fẽndəge]
~frei	isento de direitos [i'zẽntu də di'reituʃ]
~gebühren	os direitos alfandegários [uʒ di'reituz‿alfẽndə'garjuʃ]
~kontrolle	o controle da alfândega [u kõn'trɔlə da‿al'fẽndəge]
~pflichtig	sujeito a direitos [su'ʒeitu e di'reituʃ]

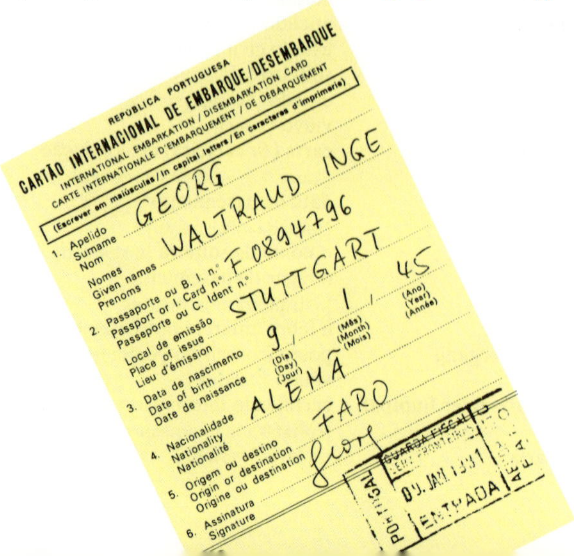
REPÚBLICA PORTUGUESA
CARTÃO INTERNACIONAL DE EMBARQUE/DESEMBARQUE
INTERNATIONAL EMBARKATION / DISEMBARKATION CARD
CARTE INTERNATIONALE D'EMBARQUEMENT / DE DEBARQUEMENT
(Escrever em maiúsculas / In capital letters / En caractères d'imprimerie)
1. Apelido / Surname / Nom: GEORG
Nomes / Given names / Prenoms: WALTRAUD INGE
2. Passaporte ou B. I. n.° / Passport or I. Card n.° / Passeporte ou C. Ident n.°: F 0894796
Local de emissão / Place of issue / Lieu d'émission: STUTTGART
3. Data de nascimento / Date of birth / Date de naissance: 9 (Dia) (Day) (Jour) 1 (Mês) (Month) (Mois) 45 (Ano) (Year) (Année)
4. Nacionalidade / Nationality / Nationalité: ALEMÃ
5. Origem ou destino / Origin or destination / Origine ou destination: FARO
6. Assinatura / Signature: Georg

5 Bank - Geldwechsel
Banco - Câmbio

Wo ist hier bitte eine Bank/ein Wechselbüro?
Onde há aqui um banco/um cambista?
['õnd‿a ɐ'ki ũ 'bẽŋku/ũ kẽm'biʃtɐ]

Wann öffnet/schließt die Bank?
A que horas abre/fecha o banco?
[ɐ 'kjɔrez‿'ɐbrə/'fɛʃɐ u 'bẽŋku]

Ich möchte DM (Schilling, Schweizer Franken) in Escudos (Cruzeiros) umwechseln.
Queria trocar marcos (xelins, francos suíços) por escudos (cruzeiros).
[kə'riɐ tru'kar 'markuʃ (ʃə'lĩʃ 'frẽŋkuʃ 'swisuʃ) pur 'ʃkuduʃ (kru'zerus)]

Wie ist heute der Wechselkurs?
Como está hoje o câmbio?
['komu ʃta 'oʒ‿u 'kẽmbju]

Wieviel Escudos (Cruzeiros) bekomme ich für 100 DM?
Quantos escudos (cruzeiros) se recebem por cem marcos?
['kwẽntuz‿əʃ'kuduʃ (kru'zerus) sə ʀə'sɛbẽi pur sẽi 'markuʃ]

In Portugal ist es vielfach noch üblich, bei der Unterteilung des *escudo* statt in *centavos* in *réis* zu rechnen. Der *real* ist eine alte Währung, die längst nicht mehr existiert. 1000 *réis* entsprachen 1 *escudo*. Für 2$50 sagt man daher immer noch *dois e quinhentos* und nicht *dois e cinquenta*.
Statt *mil escudos* sagt man fast immer *um conto*.

Banco de Portugal
BGF 09244
1000
Ch.11
Mil Escudos
ouro
LISBOA, 20 DE MAIO DE 1968
BGF 09244
1000
D. PEDRO V
BANCO DE PORTUGAL
100
Ch.Z
Cem
Escudos
ouro
1CB 21150
1CB 21150
100
NG 30366
Banco de Portugal
Ch.9
Cinquenta
Escudos
ouro
NG 30366
50
LISBOA, 20 DE MAIO DE 1968
50
25

BANCO CENTRAL DO BRASIL
50
A03076
088387
CINQUENTA
CRUZEIROS
BANCO CENTRAL DO BRASIL
10
B01653
076094
DEZ
CRUZEIROS
BANCO CENTRAL DO BRASIL
5
B04943
014171
CINCO
CRUZEIROS
BANCO CENTRAL DO BRASIL
1
B11603
067046
UM
CRUZEIRO

Ich möchte diesen Reisescheck/Euroscheck einlösen.	Queria receber este cheque de viagem/eurocheque. [kə'riɐ ʀəsə'ber‿'eʃtə 'ʃɛkə də 'vjaʒẽi/ eurɔ'ʃɛkə]
• Darf ich bitte Ihren Paß sehen?	Pode-me mostrar o seu passaporte, se faz favor? ['pɔdəmə muʃ'trar‿u seu pasɐ'pɔrtə sə faʃ fɐ'vor]
• Würden Sie bitte hier unterschreiben?	Assine aqui, se faz favor. [ɐ'sin‿ɐ'ki sə faʃ fɐ'vor]
Ist Geld für mich überwiesen worden?	Veio algum dinheiro para mim? ['veju al'gũ də'ɲeiru 'pɐrɐ mĩ]
Ist Geld auf mein Konto/für mich überwiesen worden?	Foi enviado algum dinheiro para a minha conta? [foi ẽ'vjadu al'gũ də'ɲeiru 'pɐra 'miɲɐ 'kõntɐ]
• Gehen Sie bitte zur Kasse.	Vá à caixa, se faz favor. [va a 'kaiʃɐ sə faʃ fɐ'vor]
• Wie wollen Sie das Geld haben?	Como quer o dinheiro? ['komu kɛr‿u də'ɲeiru]
Bitte nur Scheine.	Em notas, se faz favor. [ẽi 'nɔtɐʃ sə faʃ fɐ'vor]
Auch etwas Kleingeld.	Algum dinheiro miúdo também, se faz favor. [al'gũ də'ɲeiru 'mjudu tẽm'bẽi sə faʃ fɐ'vor]
Geben Sie mir bitte drei 1000-Escudo-(Cruzeiro-) Scheine und den Rest in Kleingeld.	Dê-me três notas de mil escudos (cruzeiros) e o resto em dinheiro miúdo, se faz favor. ['demə treʒ 'nɔtɐʒ də mil 'ʃkuduʃ (kru'zerus) i u 'ʀɛʃtu ẽi də'ɲeiru 'mjudu sə faʃ fɐ'vor]

Wortliste Bank

abheben	levantar [ləvẽn'tar]
auszahlen	pagar [pɐ'gar]
Bank/angestellter	empregado bancário [ẽmprə'gadu bẽŋ'karju]
~konto	conta no banco ['kõntɐ nu 'bẽŋku]
Bargeld	dinheiro de contado [də'ɲeiru də kõn'tadu]

Betrag	importância [ĩmpur'tẽsjɐ] quantia [kwẽn'tiɐ]
Devisen	as divisas [ɐʒ də'vizɐʃ]
einzahlen	pagar [pɐ'gar], depositar [dəpuzi'tar]
Euroscheck	o eurocheque [u eurɔ'ʃɛkə]
Formular	impresso [ĩm'prɛsu]
Geld	dinheiro [də'ɲeiru]
Kleingeld	dinheiro miúdo [də'ɲeiru 'mjudu]
~schein	nota ['nɔtɐ]
~wechsel	câmbio ['kẽmbju]
D-Mark	marco alemão ['marku ɐlə'mẽu]
Schilling	o xelim austríaco [u ʃə'lĩ ɐuʃ'triɐku]
Schweizer Franken	franco suíço ['frẽŋku 'swisu]
Kasse	caixa ['kaiʃɐ]
Konto	conta ['kõntɐ]
Kreditbrief	carta de crédito ['kartɐ də 'krɛditu]
Kreditkarte	o cartão de crédito [u kɐr'tẽu də 'krɛditu]
Kurs	câmbio ['kẽmbju]
Münze	moeda ['mwɛdɐ]
Provision	a comissão [ɐ kumi'sẽu]
Quittung	recibo [ʀə'sibu]
Reisescheck	o cheque de viagem [u 'ʃɛkə də 'vjaʒẽi]
Schalter	o guiché (ê) [u gi'ʃɛ]
Scheck	o cheque [u 'ʃɛkə]
einen ~ ausstellen	passar um cheque [pɐ'sar‿ũ 'ʃɛkə]
einen ~ einlösen	levantar um cheque [ləvẽn'tar‿ũ 'ʃɛkə]
~buch	livro de cheques ['livru də 'ʃɛkəʃ]
~karte	o cartão (de cheques) [u kɐr'tẽu (də 'ʃɛkəʃ)]
Sparbuch	caderneta de depósitos [kɐdər'netɐ də də'pɔzituʃ]
Sparkasse	caixa económica (ô) ['kaiʃ‿iku'nɔmikɐ]
telegrafisch	telegráfico [tələ'grafiku]
Überweisung	transferência [trẽʃfə'rẽsjɐ]
umwechseln	cambiar [kẽm'bjar], trocar [tru'kar]
unterschreiben	assinar [ɐsi'nar]
Unterschrift	assinatura [ɐsinɐ'turɐ]
Währung	moeda ['mwɛdɐ]
Wechselkurs	câmbio ['kẽmbju]
zahlen	pagar [pɐ'gar]
Zahlung	pagamento [pɐgɐ'mẽntu]

6 Unterkunft
Alojamento

Auskunft	Informações
Können Sie mir bitte ... empfehlen?	Se faz favor, pode-me recomendar [sə faʃ fɐ'vor 'pɔdəmə ʀəkumẽn'dar]
ein gutes Hotel	um bom hotel? [ũm bõ ɔ'tɛl]
ein einfaches Hotel	um hotel simples? [ũ ɔ'tɛl 'sĩmpləʃ]
eine Pension	uma pensão? ['umɐ pẽ'sɐ̃u]
ein Privatzimmer	um quarto particular? [ũ 'kwartu pɐrtiku'lar]
Ist es zentral gelegen?	Fica no centro? ['fikɐ nu 'sẽntru]
Ist es ruhig gelegen?	Fica num sítio sossegado? ['fikɐ nũ 'sitju susə'gadu]
Was wird eine Übernachtung etwa kosten?	Sabe quanto pode custar um quarto? ['sabə 'kwẽntu 'pɔdə kuʃ'tar‿ũ 'kwartu]
Ist es weit von hier?	É longe daqui? [ɛ 'lõʒə dɐ'ki]
Wie komme ich am besten hin?	Qual é o melhor caminho para ir até lá? [kwal‿ɛ u mə'ʎɔr kɐ'miɲu 'pɐrɐ ir‿ɐ'tɛ la]

Gibt es hier eine Jugendherberge/einen Campingplatz?	Há aqui uma pousada da juventude/ um parque de campismo (*Br* um camping)? [a ɐ'ki 'umɐ po'zadɐ dɐ ʒuvẽn'tudə/ ũm 'parkə də kẽm'piʒmu (ũ 'kẽmpiŋ)]

An der Rezeption / Na recepção

Haben Sie noch Zimmer frei?	Tem quartos livres? [tẽi 'kwartuʒ 'livrəʃ]
• Nein, wir sind leider ganz belegt.	Não, senhor/senhora. Temos tudo cheio. [nẽu sə'ɲor/sə'ɲorɐ. 'temuʃ 'tudu 'ʃeju]
Würden Sie bitte ein anderes Hotel anrufen und fragen, ob dort noch etwas frei ist?	Podia-me fazer o favor de telefonar para outro hotel e perguntar se têm algum quarto livre? [pu'diɐmə fɐ'zer‿u fɐ'vor də tələfu'nar 'pɐrɐ 'otr‿ɔ'tɛl i pərgũn'tar sə tẽiẽ al'gũ 'kwartu 'livrə]
• Ja, was für ein Zimmer wünschen Sie?	Com certeza. Que espécie de quarto deseja? [kõ sər'tezɐ. kə 'ʃpɛsjə də 'kwartu də'zeʒɐ]
ein Einzelzimmer	um quarto individual [ũ 'kwartu ĩndəvi'dwal]
ein Zweibettzimmer	um quarto de casal [ũ 'kwartu də kɐ'zal]
ein ruhiges Zimmer	um quarto sossegado [ũ 'kwartu susə'gadu]
ein sonniges Zimmer	um quarto com sol [ũ 'kwartu kõ sɔl]
mit Dusche	com duche (*Br* ducha) [kõ 'duʃə ('duʃɐ)]
mit Bad	com casa de banho (*Br* banheiro) [kõ 'kazɐ də 'bɐɲu (ba'ɲeru)]
mit Balkon	com varanda [kõ vɐ'rẽndɐ]
mit Blick aufs Meer	com vista para o mar [kõ 'viʃtɐ 'pɐrɐ u mar]
straßenseitig gelegen	que fique para o lado da rua [kə 'fikə 'pɐrɐ u 'ladu dɐ 'ʀuɐ]
hofseitig gelegen	que fique para o lado de trás [kə 'fikə 'pɐrɐ u 'ladu də traʃ]

Kann ich das Zimmer ansehen?	Posso ver o quarto? ['pɔsu ver‿u 'kwartu]
Dieses Zimmer gefällt mir nicht. Zeigen Sie mir ein anderes.	Não gosto deste quarto. Pode-me mostrar outro, se faz favor? [nɐ̃u 'gɔʃtu 'deʃtə 'kwartu. 'pɔdəmə muʃ'trar‿otru sə faʃ fɐ'vor]
Dieses Zimmer ist sehr hübsch. Ich nehme es.	Este quarto é bom. Fico com ele. ['eʃtə 'kwartu ɛ bõ. 'fiku kõ 'elə]
Was kostet das Zimmer mit	Quanto custa o quarto com ['kwɐ̃ntu 'kuʃtɐ u 'kwartu kõ]
Frühstück?	pequeno almoço (*Br* café da manhã)? [pə'ken‿al'mosu (ka'fɛ da ma'ɲɐ̃)]
Halbpension?	meia pensão? ['mejɐ pẽ'sɐ̃u]
Vollpension?	pensão completa? [pẽ'sɐ̃u kõm'plɛtɐ]
Ist alles inklusive?	Está tudo incluído? [ʃta 'tud‿ĩŋ'klwidu]
Gibt es eine Ermäßigung für Kinder?	Fazem desconto a crianças? ['fazɐ̃i dəʃ'kõntu ɐ 'krjɐ̃sɐʃ]
● Wollen Sie bitte den Anmeldeschein ausfüllen?	Quer fazer o favor de preencher esta ficha? [kɛr fɐ'zer‿u fɐ'vor də prjẽ'ʃer‿'ɛʃtɐ 'fiʃɐ]

Darf ich Ihren Reisepaß/Personalausweis sehen?

Pode-me mostrar o seu passaporte/o seu bilhete (*Br* a sua carteira) de identidade?
['pɔdəmə muʃ'trar‿u seu pasɐ'pɔrtə/‿u seu bə'ʎetə (a 'sua kar'terɐ) d‿idẽnti'dadə]

Bitte lassen Sie das Gepäck auf mein Zimmer bringen.

Pódem-me levar a bagagem para o quarto?
['pɔdẽimə lə'var‿ɐ bɐ'gaʒẽi 'perɐ u 'kwartu]

Wo kann ich den Wagen abstellen?

Onde posso deixar o carro?
['õndə 'pɔsu dei'ʃar‿u 'kaʀu]

In unserer Garage/auf unserem Parkplatz.

Na nossa garagem/No nosso parque de estacionamento.
[nɐ 'nɔsɐ gɐ'raʒẽi/nu 'nɔsu 'parkə də‿ʃtesjunɐ'mẽntu]

Gespräche mit dem Hotelpersonal

Para se dirigir ao pessoal do hotel

Wo ist
der Speisesaal?
der Aufzug?
das Bad?

Onde é ['õnd‿ɛ]
a sala de jantar? [ɐ 'salɐ də ʒẽn'tar]
o elevador? [u iləvɐ'dor]
a casa de banho (*Br* o banheiro)? [ɐ 'kazɐ də 'bɐɲu (u ba'ɲeru)]

Schicken Sie mir bitte das Frühstück um ... Uhr aufs Zimmer.

Pode-me servir o pequeno almoço (*Br* o café da manhã) no quarto às ..., se faz favor?
['pɔdəmə sər'vir‿u pə'ken‿al'mosu (u ka'fe da ma'ɲẽ) nu 'kwartu aʃ . . . sə faʃ fɐ'vor]

Wo kann man frühstücken?

Onde se toma o pequeno almoço (*Br* o café da manhã)?
['õndə sə 'tomɐ u pə'ken‿al'mosu (u ka'fɛ da ma'ɲã)]

● Sollen wir Ihnen das Frühstück aufs Zimmer schicken?	Quer tomar o pequeno almoço (*Br* o café da manhã) no quarto? [kɛr tu'mar‿u pə'ken‿al'mosu (u ka'fɛ da ma'ɲẽ) nu 'kwartu]
Zum Frühstück nehme ich	Ao pequeno almoço (*Br* No café da manhã) tomo [ɐu pə'ken‿al'mosu (nu ka'fɛ da ma'ɲẽ) 'tomu]
Tee mit Milch/ Zitrone.	chá com leite/limão. [ʃa kõ 'leitə/li'mẽu]
schwarzen Kaffee.	café só. [kɐ'fɛ sɔ]
Kaffee mit Milch.	café com leite. [kɐ'fɛ kõ 'leitə]
Schokolade.	chocolate. [ʃuku'latə]
einen Fruchtsaft.	um sumo (*Br* suco) de fruta. [ũ 'sumu ('suku) də 'frutɐ]
ein weiches Ei.	um ovo quente. [ũ 'ovu 'kẽntə]
Rühreier.	ovos mexidos. ['ɔvuʒ mə'ʃiduʃ]
Brot/Brötchen.	pão/pãezinhos. [pẽu/pẽi'ziɲuʃ]
ein Hörnchen.	um croissant. [ũ krwa'sẽ]
Butter.	manteiga. [mẽn'teigɐ]
Käse.	queijo. ['keiʒu]
Schinken.	fiambre. ['fjẽmbrə]
Honig.	mel. [mɛl]
Marmelade.	doce, marmelada. ['dosə, mɐrmə'ladɐ
Hat das Hotel ein Schwimmbad/einen eigenen Strand?	O hotel tem piscina/praia privativa? [u ɔ'tɛl tẽi pəʃ'sinɐ/'prajɐ privɐ'tivɐ]
Wecken Sie mich bitte morgen früh um ... Uhr.	Acorde-me amanhã às ... (horas), se faz favor. [ɐ'kɔrdəm‿ame'ɲẽ aʃ ... ('ɔrɐʃ) sə faʃ fɐ'vor]
Würden Sie mir bitte ... bringen?	Podia-me fazer o favor de me trazer [pu'diemə fɐ'zer‿u fɐ'vor də mə trɐ'zer]
noch ein Handtuch	mais uma toalha? [maiz‿'umɐ 'twaʎɐ
ein Stück Seife	um sabonete? [ũ sɐbu'netə]
einige Kleiderbügel	umas cruzetas/uns cabides? ['umɐʃ kru'zetɐʃ/ũʃ kɐ'bidəʃ]
eine Wolldecke	um cobertor de lã? [ũ kubər'tor də lɐ̃
ein Kissen	uma almofada? ['um‿almu'fadɐ]
Bitte meinen Schlüssel.	A minha chave, se faz favor. [ɐ 'miɲɐ 'ʃavə sə faʃ fɐ'vor]

Hat jemand nach mir gefragt?	Alguém perguntou por mim? [al'gẽi pərgũn'to pur mĩ]
Ist Post für mich da?	Há correio para mim? [a ku'ʀeju 'pɐrɐ mĩ]
Haben Sie Ansichtskarten/Briefmarken?	Tem postais ilustrados/selos? [tɐ̃i̯ puʃ'taiz‿iluʃ'traduʃ/'seluʃ]
Wo kann ich diesen Brief einwerfen?	Onde posso deitar esta carta? ['õndə 'pɔsu dei'tar‿'ɛʃtɐ 'kartɐ]
Wo kann ich telefonieren?	Onde posso telefonar? ['õndə 'pɔsu tələfu'nar]
Ich möchte dieses Telegramm aufgeben.	Queria mandar este telegrama. [kə'riɐ mẽn'dar‿'eʃtə tələ'gremɐ]
Kann ich meine Sachen hier lassen, bis ich wiederkomme?	Posso deixar aqui as minhas coisas até eu voltar? ['pɔsu dei'ʃar‿ɐ'ki ɐʒ 'miɲɐʃ 'koizez‿ɐ'tɛ eu vɔl'tar]

Beanstandungen	Reclamações
Das Zimmer ist nicht gereinigt worden.	O quarto não foi limpo. [u 'kwartu nẽu foi 'lĩmpu]
Die Dusche Die Spülung Die Heizung Das Licht Das Radio Der Fernseher funktioniert nicht.	O duche (*Br* A ducha) [u 'duʃə (a 'duʃɐ)] O autoclismo (*Br* A descarga) [u autɔ'kliʒmu (a des'kargɐ)] O aquecimento [u ɐkɛsi'mẽntu] A luz [ɐ luʃ] O rádio [u 'ʀadju] A televisão [ɐ tələvi'zẽu] não funciona. [nẽu fũ'sjonɐ]
Der Wasserhahn tropft.	A torneira pinga. [ɐ tur'neirɐ 'pĩngɐ]
Es kommt kein (warmes) Wasser.	Não corre água (quente). [nẽu 'koʀ‿'agwɐ ('kẽntə)]
Die Toilette/Das Waschbecken ist verstopft.	A retrete/bacia do lavatório está entupida. [ɐ ʀə'trɛtə/bɐ'siɐ du lɐvɐ'tɔrju ʃtɐ ẽntu'pidɐ]
Das Fenster schließt nicht/geht nicht auf.	A janela não se fecha/não se abre. [ɐ ʒɐ'nɛlɐ nẽu sə 'fɛʃɐ/nẽu 'sjabrə]
Der Schlüssel paßt nicht.	A chave não serve. [ɐ 'ʃavə nẽu 'sɛrvə]

Abreise	Partida
Ich reise heute abend/morgen um ... Uhr ab.	Parto esta tarde/amanhã às ... (horas). ['partu 'ɛʃtɐ 'tardə/amɐ'ɲẽ aʃ ... ('ɔrɐʃ)]
Bis wann muß ich das Zimmer räumen?	Quando é que tenho de desocupar o quarto? ['kwẽndwɛ kə 'teɲu də dəzɔku'par‿u 'kwartu]
Machen Sie bitte die Rechnung fertig.	Prepare-me a conta, se faz favor. [prə'parəm‿ɐ 'kõntɐ sə faʃ fɐ'vor]
Getrennte Rechnungen bitte.	Contas separadas, se faz favor. ['kõntɐʃ səpɐ'radɐʃ sə faʃ fɐ'vor]
Die Rechnung stimmt nicht.	Creio que a conta não está certa. ['kreju kjɐ 'kõntɐ nẽu ʃta 'sɛrtɐ]

Nehmen Sie deutsches Geld/Euroschecks?	Aceitam dinheiro alemão/eurocheques? [ɐ'seitẽu də'ɲeiru ɐlə'mẽu/eurɔ'ʃɛkəʃ]
Bitte senden Sie meine Post an diese Adresse nach.	Faça favor de me mandar o correio para este endereço. ['fasɐ fɐ'vor də mə mẽn'dar‿u ku'ʀeju 'pɐrɐ 'eʃt‿ẽndə'resu]
Lassen Sie bitte mein Gepäck herunterbringen.	Pode mandar trazer para baixo a minha bagagem, se faz favor? ['pɔdə mẽn'dar trɐ'zer 'pɐrɐ 'baiʃu ɐ 'miɲɐ bɐ'gaʒẽi sə faʃ fɐ'vor]
Lassen Sie bitte mein Gepäck zum Bahnhof/zum Air Terminal bringen.	Pode mandar levar a minha bagagem à estação/ao terminal, se faz favor? ['pɔdə mẽn'dar lə'var‿ɐ 'miɲɐ bɐ'gaʒẽi a ʃtɐ'sẽu/ɐu tərmi'nal sə faʃ fɐ'vor]
Rufen Sie mir bitte ein Taxi.	Pode-me chamar um táxi, se faz favor? ['pɔdəmə ʃɐ'mar‿ũ 'taksi sə faʃ fɐ'vor]
Ich reise mit dem Zug um ... Uhr nach ...	Parto no comboio (*Br* trem) das ... para ... ['partu nu kõm'bɔju (trẽi) dɐʃ . . .. 'pɐrɐ]
Vielen Dank für alles. Auf Wiedersehen.	Muito obrigado/obrigada por tudo. Adeus. ['mũint‿obri'gadu/obri'gadɐ pur 'tudu. ɐ'deuʃ]

Camping — Campismo (*Br* camping)

Gibt es in der Nähe einen Campingplatz?	Há aqui perto um parque de campismo (*Br* um camping)? [a ɐ'ki 'pɛrt‿ũ 'parkə də kẽm'piʒmu (ũ 'kẽmpiŋ)]
Wie kommt man hin?	Pode-me indicar o caminho? ['pɔdəm‿ĩndi'kar‿u kɐ'miɲu]
Könnten Sie mir bitte den Weg auf der Karte zeigen?	Pode-me indicar o caminho no mapa, se faz favor? ['pɔdəm‿ĩndi'kar‿u kɐ'miɲu nu 'mapɐ sə faʃ fɐ'vor]

Haben Sie noch Platz für einen Wohnwagen/ein Zelt?	Ainda têm lugar para uma caravana (*Br* um trailer)/uma tenda? [ɐ'ĩndɐ tɐ̃iɐ̃ lu'gar 'pɐrɐ 'umɐ kɐrɐ'vɐnɐ (ũ 'treilɐ)/'umɐ 'tẽndɐ]
Wie hoch ist die Gebühr pro Tag und Person?	Quanto se paga por dia e por pessoa? ['kwɐ̃ntu sə 'pagɐ pur 'diɐ i pur pə'soɐ]
Wie hoch ist die Gebühr für	Quanto se paga por ['kwɐ̃ntu sə 'pagɐ pur‿]
das Auto?	um carro? [‿ũ 'kaʀu]
den Wohnwagen?	uma caravana (*Br* um trailer)? [‿'umɐ kɐrɐ'vɐnɐ (ũ 'treilɐ)]
das Zelt?	uma tenda? [‿'umɐ 'tẽndɐ]
Vermieten Sie Ferienhäuser/Wohnwagen?	Alugam bungalows/caravanas (*Br* trailers)? [ɐ'lugɐ̃u bũŋga'loʃ/kɐrɐ'vɐnɐʃ ('treilɐs)]
Wo kann ich meinen Wohnwagen aufstellen/mein Zelt aufschlagen?	Onde posso instalar a minha caravana (*Br* o meu trailer)/a minha tenda? ['õndə 'pɔs‿ĩʃtɐ'lar‿ɐ 'miɲɐ kɐrɐ'vɐnɐ (u meu 'treilɐ)/ɐ 'miɲɐ 'tẽndɐ]
Wir bleiben ... Tage/Wochen.	Pensamos ficar ... dias/semanas. [pẽ'sɐmuʃ fi'kar . . . 'diɐʃ/sə'mɐnɐʃ]
Gibt es hier ein Lebensmittelgeschäft?	Há aqui uma mercearia? [a ɐ'ki 'umɐ mərsjɐ'riɐ]
Wo sind die	Onde são ['õndə sɐ̃u]
Toiletten?	as casas de banho (*Br* os banheiros)? [ɐʃ 'kazɐʒ də 'bɐɲu (uz ba'ɲerus)]
Waschräume?	os lavabos? [uʒ lɐ'vabuʃ]
Duschen?	os duches (*Br* as duchas)? [uʒ 'duʃəʃ (az 'duʃɐs)]
Wo sind die Abfallbehälter?	Onde estão os recipientes para o lixo? ['õndə ʃtɐ̃u uʒ ʀəsi'pjẽntəʃ 'pɐrɐ u 'liʃu]
Gibt es hier Stromanschluß?	Há aqui tomadas de corrente? [a ɐ'ki tu'madɐʒ də ku'ʀẽntə]
Haben Sie 220 oder 110 Volt?	A corrente é de 220 ou 110? [ɐ ku'ʀẽnt‿ɛ də du'zẽntuz‿i 'vĩnt‿o 'sẽntwi 'dɛʃ]

Wo kann ich Gasflaschen umtauschen?	Onde é que se podem trocar as botijas de gás? ['õnd‿ɛ kə sə 'pɔdẽi tru'kar‿ɐʒ bu'tiʒɐʒ də gaʃ]
Ist der Campingplatz bei Nacht bewacht?	O parque de campismo (*Br* o camping) está guardado durante a noite? [u 'parkə də kẽm'piʒmu (u 'kẽmpiŋ) ʃta gwɐr'dadu du'rẽnt‿ɐ 'noitə]
Gibt es hier einen Kinderspielplatz?	Há aqui um parque infantil? [a ɐ'ki ũ 'park‿ĩfẽn'til]
Können Sie mir bitte ... leihen?	Pode-me emprestar ...? ['pɔdəm‿ẽmprəʃ'tar]

Wortliste Unterkunft

Anmeldung	a recepção [ɐ ʀəsɛ'sɐ̃u]
Apartment	apartamento [ɐpɐrtɐ'mẽntu]
Aschenbecher	cinzeiro [sĩ'zeiru]
Aufzug	o elevador [u iləvɐ'dor]
	o ascensor [u ɐʃsẽ'sor]
Badezimmer	casa de banho ['kazɐ də 'bɐɲu]
	(Br) banheiro [ba'ɲeru]
Balkon	varanda [vɐ'rẽndɐ]
	o balcão [u bal'kɐ̃u]
Bett	cama ['kɐmɐ]
~decke	colcha ['kolʃɐ]
	(wollene) o cobertor [u kubər'tor]
~laken	o lençol [u lẽ'sɔl]
~wäsche	roupa de cama ['ʀopɐ də 'kɐmɐ]
Kinderbett	cama de criança ['kɐmɐ də 'krjẽsɐ]
Kopfkissen	almofada [almu'fadɐ]
	travesseiro [trɐvə'seiru]
Camping/ausweis	o cartão de campista [u kɐr'tɐ̃u də kẽm'piʃtɐ]
~führer	o guia de campismo [u 'giɐ də kẽm'piʒmu]

Dusche	o duche [u 'duʃə]
	(Br) a ducha [a 'duʃɐ]
Eimer	o balde [u 'baldə]
Etage	o andar [u ẽn'dar]
Fenster	janela [ʒɐ'nɛlɐ]
Gas/flasche	botija de gás [bu'tiʒɐ də gaʃ]
~kocher	o fogão a gás [u fu'gɐ̃u ɐ gaʃ]
Halbpension	meia pensão ['mejɐ pẽ'sɐ̃u]
Handtuch	toalha ['twaʎɐ]
Hausschlüssel	a chave da casa [ɐ 'ʃavə dɐ 'kazɐ]
Heizung	aquecimento [ɐkɛsi'mẽntu]
Kanister	o bidão [u bi'dɐ̃u]
	lata ['latɐ]
Kategorie	categoria [kɐtəgu'riɐ]
Kinderspielplatz	o parque infantil [u 'park‿ĩfẽn'til]
Kleiderbügel	cruzeta [kru'zetɐ]
	o cabide [u kɐ'bidə]
Klimaanlage	o ar condicionado [u ar kõndəsju'nadu]
Kocher	o fogão [u fu'gɐ̃u]
Kochstelle	cozinha [ku'ziɲɐ]
Kost und Logis	comida e alojamento [ku'midɐ i ɐluʒɐ'mẽntu]
Kühl/schrank	frigorífico [frigu'rifiku]
	(Br) geladeira [ʒela'derɐ]
~tasche	saco frigorífico ['saku frigu'rifiku]
Lampe	candeeiro [kẽn'djeiru]
Lebensmittelgeschäft	mercearia [mərsjɐ'riɐ]
Leihgebühr	taxa de aluguer ['taʃɐ d‿ɐlu'gɛr]
Lichtschalter	o interruptor [u ĩntəʀup'tor]
Luftmatratze	o colchão pneumático [u kol'ʃɐ̃u pneu'matiku]
Miete	renda ['ʀẽndɐ]
	o aluguer [u ɐlu'gɛr]
Mitgliedskarte	o cartão de sócio [u kɐr'tɐ̃u də 'sɔsju]
Motel	o motel [u mo'tɛl]
Nachttisch	mesa-de-cabeceira ['mezɐ də kɐbə'seirɐ]
~lampe	candeeiro de mesa-de-cabeceira [kẽn'djeiru də 'mezɐ də kɐbə'seirɐ]
Propangas	o gás propano [u gaʃ pru'pɐnu]
Schlafsack	saco de dormir ['saku də dur'mir]
Schlüssel	a chave [ɐ 'ʃavə]
Schrank	armário [ɐr'marju]
Sessel	cadeira [kɐ'deirɐ]

Spiegel	espelho ['ʃpeʎu]
Spirituskocher	o fogão de álcool [u fu'gɐ̃u d‿'alkwɔl]
Steckdose	tomada [tu'madɐ]
Stecker	ficha ['fiʃɐ]
Strom	a corrente [ɐ ku'ʀẽntə]
~anschluß	tomada de corrente [tu'madɐ də ku'ʀẽntə]
~spannung	a tensão elé(c)trica [ɐ tẽ'sɐ̃u i'lɛtrikɐ] a voltagem [ɐ vɔl'taʒɐ̃i]
Terrasse	terraço [tə'ʀasu]
Toilette	casa de banho ['kazɐ də 'bɐɲu] *(Br)* banheiro [ba'ɲeru]
Toilettenpapier	o papel higiénico (ê) [u pɐ'pɛl‿i'ʒjɛniku]
Trinkwasser	água potável ['agwɐ pu'tavɛl]
Übernachtung	dormida [dur'midɐ] *(Br)* o pernoite [u per'noiti]
Verlängerungs/schnur	a extensão [ɐ (ei)ʃtẽ'sɐ̃u]
~woche	semana suplementar [sə'mɐnɐ suplәmẽn'tar]
vermieten	alugar [ɐlu'gar]
Vollpension	a pensão completa [ɐ pẽ'sɐ̃u kõm'plɛtɐ]
Vorhang	cortina [kur'tinɐ]
Wasch/becken	lavatório [lɐvɐ'tɔrju] bacia [bɐ'siɐ]
~raum	os lavabos [uʒ lɐ'vabuʃ]
Wasser	água ['agwɐ]
~glas	copo de água ['kɔpu d‿'agwɐ]
~hahn	torneira [tur'neirɐ]
kaltes ~	água fria ['agwɐ 'friɐ]
warmes ~	água quente ['agwɐ 'kẽntə]
Wohnung	casa ['kazɐ] apartamento [ɐpɐrtɐ'mẽntu]
Wohnwagen	caravana [kɐrɐ'vɐnɐ] *(Br)* o trailer [u 'treilɐ]
Zelt	tenda ['tẽndɐ]
zelten	acampar [ɐkẽm'par]
Zentralheizung	aquecimento central [ɐkɛsi'mẽntu sẽn'tral]
Zimmer	quarto ['kwartu]
Zwischenstecker	tomada intermediária [tu'mad‿ĩntərmə'djarjɐ] a extensão múltipla [ɐ (ei)ʃtẽ'sɐ̃u 'multiplɐ] *(Br)* o benjamim [u bẽʒa'mĩ]

7 Essen und Trinken
Comer e beber

Im Restaurant	No restaurante
Wo gibt es hier	Pode-me dizer, se faz favor, onde há aqui ['pɔdəmə di'zer sə faʃ fɐ'vor õnd‿a ɐ'ki]
ein gutes Restaurant?	um bom restaurante? [ũ bõ ʀəʃtau'rẽntə]
einen Schnellimbiß?	um snack-bar? [ũ snɛk bar]
ein typisches Restaurant?	um restaurante típico? [ũ ʀəʃtau'rẽntə 'tipiku]
ein nicht zu teures Restaurant?	um restaurante não muito caro? [ũ ʀəʃtau'rẽntə nɐ̃u 'mũintu 'karu]
Wo kann man hier in der Nähe gut essen?	Onde se pode comer bem aqui perto? ['õndə sə 'pɔdə ku'mer bɐ̃i a'ki 'pɛrtu]
Ist dieser Tisch/Platz noch frei?	Esta mesa/Este lugar está livre? ['ɛʃtɐ 'mezɐ/'eʃtə lu'gar ʃta 'livrə]
Einen Tisch für 2/3 Personen, bitte.	Uma mesa para duas/três pessoas, se faz favor. ['umɐ 'mezɐ 'pɐrɐ 'duɐʃ/treʃ pə'soɐʃ sə faʃ fɐ'vor]

Reservieren Sie uns bitte für heute abend einen Tisch für 4 Personen.	Pode-nos reservar para hoje à noite uma mesa para quatro pessoas, se faz favor? ['pɔdənuʒ ʀəzər'var 'perɐ 'oʒ‿a 'noitə 'umɐ 'mezɐ 'perɐ 'kwatru pə'soɐʃ sə faʃ fɐ'vor]

Bestellung	**Pedido**
Herr Ober, die Speisekarte/Weinkarte, bitte.	Pode-me trazer a lista (*Br* o cardápio)/a lista dos vinhos, se faz favor? ['pɔdəmə trɐ'zer‿ɐ 'liʃtɐ (u kar'dapju)/ ɐ 'liʃtɐ doʒ 'viɲuʃ sə faʃ fɐ'vor]
Was können Sie mir empfehlen?	O que é que me aconselha? [u kjɛ kə m‿ɐkõ'seʎɐ]
Geben Sie auch halbe Portionen für Kinder?	Tem também meias doses para crianças? [tẽi tẽm'bẽi 'mejɐʒ 'dɔzəʃ 'perɐ 'krjẽsɐʃ]
Was nehmen Sie als Vorspeise/Nachtisch?	O que é que deseja como entrada/de sobremesa? [u kjɛ kə də'zeʒɐ 'komu ẽn'tradɐ/ də sobrə'mezɐ]
Ich nehme ...	Quero ... ['kɛru]
Als Vorspeise/Nachtisch nehme ich ...	Como entrada/De sobremesa quero ... ['komu ẽn'tradɐ/də sobrə'mezɐ 'kɛru]
Bitte bringen Sie uns ...	Traga-nos, se faz favor ... ['tragɐnuʃ sə faʃ fɐ'vor]
Dauert es lange? Wir haben es eilig.	Demora muito? Nós estamos com pressa. [də'mɔrɐ 'mũintu. nɔz‿əʃ'temuʃ kõ 'prɛsɐ]

Wenn man à la carte ißt, wird das „Couvert" – bestehend aus Brot und Butter – extra berechnet.

Ein „großes" Essen besteht im allgemeinen aus mindestens vier Gängen: Vorspeise, Fischgericht, Fleischgericht, Nachspeise.

• Wie möchten Sie Ihr Steak haben?	Como deseja o bife? ['komu də'zeʒɐ u 'bifə]
gut durch	bem passado [bɐ̃i pɐ'sadu]
halbdurch	pouco passado ['poku pɐ'sadu]
englisch	à inglesa [a ĩŋ'glezɐ]
• Was wollen Sie trinken?	O que é que deseja beber? [o kjɛ kə də'zeʒɐ bəber]
Bitte ein Glas ...	Um copo de ..., se faz favor. [ũ 'kɔpu də ... sə faʃ fɐ'vor]
Bitte eine Flasche/eine halbe Flasche ...	Uma garrafa/Meia garrafa de ..., se faz favor ['umɐ gɐ'ʀafɐ/'mejɐ gɐ'ʀafɐ də ... sə faʃ fɐ'vor]

Beanstandungen — Reclamações

Hier fehlt	Falta aqui ['falt‿a'ki]
ein Messer.	uma faca. ['umɐ 'fakɐ]
eine Gabel.	um garfo. [ũ 'garfu]
ein Löffel.	uma colher. ['umɐ ku'ʎɛr]
ein Teller.	um prato. [ũ 'pratu]
ein Glas.	um copo. [ũ 'kɔpu]
Das habe ich nicht bestellt.	Não foi isto que eu pedi. [nɐ̃u foi 'iʃtu kjeu pə'di]
Das Essen ist kalt/versalzen.	A comida está fria/salgada. [ɐ ku'midɐ ʃta 'friɐ/sal'gadɐ]
Das Fleisch ist zäh/zu fett.	A carne é dura/tem muita gordura. [ɐ 'karn‿ɛ 'durɐ/tɐ̃i 'mũintɐ gur'durɐ]
Der Fisch ist nicht frisch.	O peixe não é fresco. [u 'peiʃə nɐ̃u ɛ 'freʃku]
Nehmen Sie es bitte zurück.	Leve-o, se faz favor. ['lɛvju sə faʃ fɐ'vor]

Die Rechnung | A conta

Bezahlen, bitte.	A conta, se faz favor. [ɐ 'kõntɐ sə faʃ fɐ'vor]
Bitte alles zusammen/ getrennte Rechnung.	Tudo junto/Contas separadas, se faz favor. ['tudu 'ʒũntu/'kõntɐʃ səpɐ'radɐʃ sə faʃ fɐ'vor]
Ist die Bedienung inklusive?	O serviço está incluído? [u sər'visu ʃta ĩŋ'klwidu]
Das scheint mir nicht zu stimmen.	Parece-me que há aqui um engano. [pɐ'rɛsəmə kja ɐ'ki ũ ẽŋ'genu]
Das habe ich nicht gehabt. Ich hatte ...	Isto não veio. O que veio foi ... ['iʃtu nɐ̃u 'veju. u kə 'veju foi]
Das ist für Sie.	Isto é para si (*Br* para você). ['iʃtu ɛ 'pɐrɐ si ('parɐ vɔ'se)]
Das Essen war ausgezeichnet.	A comida estava excelente. [ɐ ku'midɐ 'ʃtavɐ (ei)ʃsə'lẽntə]

Wortliste Essen

Abendessen	o jantar [u ʒɐ̃n'tar]
anmachen (Salat)	temperar [tẽmpə'rar]
Aschenbecher	cinzeiro [sĩ'zeiru]
bedienen, sich	servir-se [sər'virsə]
Besteck	o talher [u tɐ'ʎɛr]
Brot	o pão [u pɐ̃u]
Brotkorb	cesto do pão ['seʃtu du pɐ̃u]
Dosenöffner	o abre-latas [u 'abrə 'latɐʃ]
durchgebraten	bem assado/passado [bɐ̃i ɐ'sadu/pɐ'sadu]
Eierbecher	o porta-ovos [u 'pɔrtɐ 'ɔvuʃ]
entkorken	desarrolhar [dəzɐʀu'ʎar] desrolhar [dəʒʀu'ʎar]
Essig	o vinagre [u vi'nagrə]
Essig- und Ölständer	galheteiro [gɐʎə'teiru]
fett	gordo ['gordu]
Flaschenöffner	o abre-garrafas [u 'abrə gɐ'ʀafɐʃ]
frisch	fresco ['freʃku]
Frühstück	pequeno almoço [pə'ken‿al'mosu] *(Br)* o café da manhã [u ka'fɛ da ma'ɲɐ̃]
Füllung	recheio [ʀə'ʃeju]

Gabel	garfo ['garfu]
Gang	prato ['pratu]
gar	bem cozido [bẽi ku'zidu]
gebacken	frito ['fritu]
gebraten	assado [ɐ'sadu]
am Spieß	no espeto [nu 'ʃpetu]
vom Grill	na grelha [nɐ 'greʎɐ]
in der Pfanne	na sertã [nɐ sər'tẽ]
gedünstet	estufado [ʃtu'fadu]
gefüllt	recheado [ʀə'ʃjadu]
gekocht	cozido [ku'zidu]
geräuchert	(de)fumado [(də)fu'madu]
geröstet	*(Kartoffeln)* corado [kɔ'radu]
Geschmack	gosto ['goʃtu], o sabor [u sɐ'bor]
Gewürz	condimento [kõndi'mẽntu]
Gräte	espinha ['ʃpiɲɐ]
Gurke	pepino [pə'pinu]
hungrig sein	ter fome [ter 'fɔmə]
Kaffeekanne	cafeteira [kɐfə'teirɐ]
Kapern	as alcaparras [ɐz‿alkɐ'paʀɐʃ]
Karaffe	garrafa [gɐ'ʀafɐ]
Kellner/in	empregado [ẽmprə'gadu]
	empregada [ẽmprə'gadɐ]
Knoblauch	alho ['aʎu]
Knochen	osso ['osu]
kochen	cozer [ku'zer], cozinhar [kuzi'ɲar]
	(Wasser) ferver [fər'ver]
Korkenzieher	o saca-rolhas [u 'sakɐ 'ʀoʎɐʃ]
Krug	jarro ['ʒaʀu]
Löffel	a colher [ɐ ku'ʎɛr]
Teelöffel	a colher de chá [ɐ ku'ʎɛr də ʃa]
Lorbeer	louro ['loru]
mager	magro ['magru]
Mayonnaise	a maionese [ɐ majo'nɛzə]
Messer	faca ['fakɐ]
Mittagessen	almoço [al'mosu]
Muskatnuß	a noz-moscada [ɐ nɔʒ muʃ'kadɐ]
Nelken	cravo-de-cabecinha ['kravu də kɐbə'siɲɐ]
Ober	o chefe [u 'ʃɛfə]
	(Br) o garçom [u gar'sõ]
Öl	óleo ['ɔlju]
Oliven	as azeitonas [ɐz‿ɐzei'tonɐʃ]
Petersilie	salsa ['salsɐ]

Pfeffer	pimenta [pi'mẽntɐ]
Portion	a dose [ɐ 'dɔzə]
Pilze	os cogumelos [uʃ kugu'mɛluʃ]
roh	cru [kru]
Rost	grelha ['greʎɐ]
saftig	suculento [suku'lẽntu]
Salz	o sal [u sal]
sauer	acre ['akrə]
	azedo [ɐ'zedu]
scharf	picante [pi'kẽntə]
Scheibe	fatia [fɐ'tiɐ]
schmackhaft	saboroso [sɐbu'rozu]
Schonkost	dieta ['djɛtɐ]
Schüssel	prato ['pratu], travessa [trɐ'vɛsɐ]
Senf	mostarda [muʃ'tardɐ]
Serviette	guardanapo [gwɐrdɐ'napu]
Soße	molho ['moʎu]
Speise	comida [ku'midɐ]
	prato ['pratu]
Suppenteller	prato fundo/de sopa ['pratu 'fũndu/də 'sopɐ]
süß	doce ['dosə]
Tablett	bandeja [bẽn'deʒɐ]
	tabuleiro [tɐbu'leiru]
Tagesgericht	prato do dia ['pratu du 'diɐ]
Tasse	chávena ['ʃavənɐ]
	(Br) xícara ['ʃikɐrɐ]
Untertasse	o pires [u 'pirəʃ]
Teekanne	o bule [u 'bulə], chaleira [ʃɐ'leirɐ]
Tischtuch	toalha de mesa ['twaʎɐ də 'mezɐ]
Touristenmenu	ementa turística [i'mẽntɐ tu'riʃtikɐ]
weich	tenro ['tẽʀu]
würzen	temperar [tẽmpə'rar]
zäh	duro ['duru]
Zahnstocher	palito [pɐ'litu]
zart	tenro ['tẽʀu]
Zitrone	o limão [u li'mẽu]
Zuckerdose	açucareiro [ɐsukɐ'reiru]
Zwiebel	cebola [sə'bolɐ]

Bezeichnung portugiesischer Gaststätten

café entspricht etwa dem deutschen Café.

pastelaria ist eine Konditorei.

café-restaurante – Café, in dem man auch zu Mittag und zu Abend essen kann.

snack-bar – Lokal, in dem man an der Theke oder an einem Tisch Getränke aller Art sowie Sandwiches, Vorspeisen und einige Gerichte bekommt.

bar – Lokal, in dem man Getränke aller Art bekommt.

cervejaria – Bierlokal, in dem man meistens auch *mariscos* (Meeresfrüchte) essen kann.

tasca – kleines, volkstümliches Lokal, in dem man außer Getränken auch einfache Speisen bekommt.

Ementa
Speisekarte

Sopas

Sopa de legumes
['sopɐ də lə'guməʃ]
Gemüsesuppe

Caldo verde
['kaldu 'verdə]
Kohlsuppe

Sopa de peixe
['sopɐ də 'peiʃə]
Fischsuppe

Suppen

Sopa de tomate e cebola
['sopɐ də tɔ'mat‿i sə'bolɐ]
Tomaten- und Zwiebelsuppe

Canja
['kẽʒɐ]
Hühnersuppe mit Reis

Açorda
[ɐ'sordɐ]
Brot- und Knoblauchsuppe

Acepices

Salada de atum
[sɐ'ladɐ d‿ɐ'tũ]
Thunfischsalat

Melão com presunto
[mə'lẽu kõm prə'zũntu]
Melone mit Schinken

Anchovas com azeitonas
[ẽ'ʃovɐʃ kõ ɐzei'tonɐʃ]
Sardellen mit Oliven

Caracóis
[kɐrɐ'kɔiʃ]
Schnecken

Vorspeisen

Espargos frios
['ʃparguʃ 'friuʃ]
kalter Spargel

Amêijoas com limão
[ɐ'meiʒwɐʃ kõ li'mẽu]
Herzmuscheln mit Zitrone

Sardinhas em azeite
[sɐr'diɲɐz‿ẽi ɐ'zeitə]
Sardinen in Olivenöl

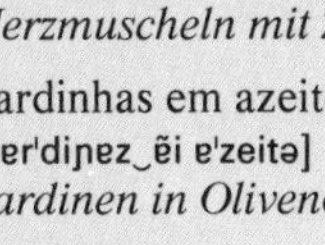

Peixe — Fischgerichte

Atum
[ɐ'tũ]
Thunfisch

Bacalhau com todos
[bɐkɐ'ʎau kõ 'toduʃ]
Stockfisch garniert

Espadarte fumado
[ʃpɐ'dartə fu'madu]
geräucherter Schwertfisch

Sardinhas assadas
[sɐr'diɲɐz‿ɐ'sadɐʃ]
gegrillte Sardinen

Linguado
[liŋ'gwadu]
Seezunge

Filetes de cherne
[fi'letəʒ də 'ʃernə]
Sägebarschfilet

Corvina grelhada
[kur'vinɐ grə'ʎadɐ]
gegrillter Rabenfisch

Pescada à portuguesa
[pəʃ'kad‿a purtu'gezɐ]
Weißling auf portugiesische Art

Caldeirada
[kaldei'radɐ]
Fischeintopf

Ensopado de enguias
[ẽsu'padu d‿ẽŋ'giɐʃ]
Aaleintopf

Mariscos — Meeresfrüchte

Camarão grelhado
[kɐmɐ'rɐ̃u grə'ʎadu]
gegrillte Krabben

Lulas à sevilhana
['lulɐz‿a səvi'ʎɐnɐ]
gebackener Tintenfisch

Amêijoas ao natural
[ɐ'meiʒwɐz‿ɐu nɐtu'ral]
Herzmuscheln Natur

Cataplana
[kɐtɐ'plɐnɐ]
Herzmuscheln mit Schweinefleisch und Wurst

Aves e caça — Geflügel und Wild

Bife de peru frito
['bifə də pə'ru 'fritu]
Truthahnsteak

Pato
['patu]
Ente

Lebre
['lɛbrə]
Hase

Frango assado
['frɐ̃ŋgu ɐ'sadu]
gebratenes Hähnchen

Perdiz
[pər'diʃ]
Rebhuhn

Coelho
['kweʎu]
Kaninchen

Carne

Bife à portuguesa
[bif‿a purtu'gezɐ]
Portugiesisches Rindersteak

Perna de vitela
['pɛrnɐ də vi'tɛlɐ]
Kalbskeule

Sauté de rins
[so'te də rĩʃ]
Kalbsnierenbraten

Escalope de vitela
Kalbsschnitzel
[ʃkɐ'lɔpə də vi'tɛlɐ]

Língua de vaca
['liŋgwɐ də 'vakɐ]
Ochsenzunge

Leitão assado
[lei'tɐ̃u ɐ'sadu]
Spanferkelbraten

Rolinhos de carne
[ru'liɲuʒ də 'karnə]
Rouladen

Churrasco
[ʃu'ʀaʃku]
Fleisch am Spieß

Fígado de vitela
['figɐdu də vi'tɛlɐ]
Kalbsleber

Rins
[rĩʃ]
Nieren

Miolos de vitela
['mjoluʒ də vi'tɛlɐ]
Kalbshirn

Fleischgerichte

Costeleta de porco
[kuʃtə'letɐ də 'porku]
Schweinekotelett

Porco assado
['porku ɐ'sadu]
Schweinebraten

Lombo de carneiro
['lõmbu də kɐr'neiru]
Hammelrücken

Bife de cebolada
['bifə də səbu'ladɐ]
Zwiebelsteak

Escalope à milanesa
[ʃkɐ'lɔp‿a milɐ'nezɐ]
Wiener Schnitzel

Rosbife
[ʀoʒ'bifə]
Roastbeef

Carne na grelha
['karnə nɐ 'greʎɐ]
Rostbraten

Pimentões recheados
[pimẽn'tõiʒ ʀə'ʃjaduʃ]
Gefüllte Paprikaschoten

Tripas
['tripɐʃ]
Kutteln

Bofes picados
['bɔfəʃ pi'kaduʃ]
Lungenhaschee

Iscas
['iʃkɐʃ]
Gebratene Leber mit Zwiebeln

Legumes

Alcachofras
[alkɐ'ʃɔfrɐʃ]
Artischocken

Aipo
['aipu]
Sellerie

Espargos
['ʃparguʃ]
Spargel

Cogumelos
[kugu'mɛluʃ]
Pilze

Gemüse

Batatas
[bɐ'tatɐʃ]
Kartoffeln

Beringelas fritas
[bərĩ'ʒɛlɐʃ 'fritɐʃ]
gebratene Auberginen

Feijões
[fei'ʒõiʃ]
Schnittbohnen

Pepinos
[pə'pinuʃ]
Gurken

Sobremesa

Pudim flan
[pu'dĩ flɐ̃]
Karamelpudding

Pêra Helena
['perɐ i'lenɐ]
Birne Hélène

Sorvete
[sur'vɛtə]
Fruchteis

Compota de maçã
[kõm'pɔtɐ də mɐ'sɐ̃]
Apfelkompott

Manjar branco
[mɐ̃'ʒar 'brɐ̃ŋku]
Maizenapudding

Nachtisch

Gelado misto
[ʒə'ladu 'miʃtu]
gemischtes Eis

Suspiro
[suʃ'piru]
Meringe, Baiser

Arroz doce
[ɐ'ʀoʒ 'dosə]
Milchreis

Maçã assada
[mɐ'sɐ̃ ɐ'sadɐ]
Bratapfel

Tarta de amêndoa
['tartɐ d‿ɐ'mẽndwɐ]
Mandelkuchen

Lista de bebidas
Getränkekarte

Bebidas não alcoólicas

Café (com leite)
[kɐ'fɛ (kõ 'leitə)]
Kaffee (mit Milch)

Bica
['bikɐ]
Schwarzer Kaffee

Garoto
[gɐ'rotu]
Kleiner Kaffee mit Milch

Galão
[gɐ'lɐ̃u]
Milchkaffee im Glas

Chá com leite/limão
[ʃa kõ 'leitə/li'mɐ̃u]
Tee mit Milch/Zitrone

Alkoholfreie Getränke

Sumo de laranja
['sumu də lɐ'rɐ̃ʒɐ]
Orangensaft

Laranjada
[lɐrɐ̃'ʒadɐ]
Orangeade

Limonada
[limu'nadɐ]
Limonade

Água mineral
['agwɐ minə'ral]
Mineralwasser

com/sem gás
[kõ/sɐ̃i gaʃ]
mit/ohne Kohlensäure

Licores, Brandies, Aguardentes e Aperitivos

Liköre, Branntweine, Schnäpse und Aperitifs

Medronho
[mə'droɲu]
Baumerdbeerschnaps

Licor Beirão
[li'kor bei'rɐ̃u]
Kräuterlikör

Ginjinha
[ʒĩ'ʒiɲɐ]
Kirschlikör

Porto
['portu]
Portwein

Macieira
[mɐ'sjeirɐ]
Portugiesischer Weinbrand

Aguardente de figos
[agwar'dẽntə də 'figuʃ]
Feigenschnaps

Bagaço
[bɐ'gasu]
Traubenschnaps

Madeira
[mɐ'deirɐ]
Madeirawein

Vinhos

Weine

Vinho branco
['viɲu 'brẽŋku]
Weißwein

Vinho tinto
['viɲu 'tĩntu]
Rotwein

Vinho verde
['viɲu 'verdə]
junger Wein

Colares
[ku'larəʃ]
herber Tischwein

Dão
[dɐ̃u]
Tischwein aus Mittelportugal

Bucelas
[bu'sɛlɐʃ]
herber Weißwein

8 In der Stadt
Na cidade

Auf dem Verkehrsbüro	**No Turismo**
Können Sie mir bitte ein Hotelverzeichnis geben.	Pode-me dar uma lista dos hotéis, se faz favor? ['pɔdəmə dar‿'umɐ 'liʃtɐ duz‿ɔ'tɛiʃ sə faʃ fɐ'vor]
Ich möchte einen Stadtplan haben.	Queria uma planta da cidade. [kə'riɐ 'umɐ 'plẽntɐ dɐ si'dadə]
Haben Sie Prospekte von …	Tem prospectos de … [tẽi pruʃ'pɛtuʒ də]
Haben Sie einen Veranstaltungskalender für diese Woche?	Tem um programa dos espe(c)táculos desta semana? [tɐi ũm pru'grɐmɐ duz‿əʃpɛ'takuluʒ 'dɛʃtɐ sə'mɐnɐ]
Gibt es Stadtrundfahrten?	Há excursões para visita à cidade? [a ʃkur'sõiʃ 'pɐrɐ və'zita si'dadə]

Was kostet die Rundfahrt?	Quanto custa a excursão? ['kwɐ̃ntu 'kuʃta ʃkur'sɐ̃u]
Wann/Wo fährt der Bus ab?	Quando/Donde parte o autocarro (*Br* ônibus)? ['kwɐndu/'dõndə 'part‿u auto'kaʀu ('onibus)]

Erkundigung nach dem Weg	**Perguntar pelo caminho**
Bitte, wo ist . . .?	Se faz favor, onde é . . .? [sə faʃ fɐ'vor 'õnd‿ɛ]
Können Sie mir sagen, wie ich nach . . komme?	Pode-me dizer, se faz favor, como se vai para . . .? ['pɔdəmə di'zer sə faʃ fɐ'vor 'komu sə vai 'pɐrɐ]
Ist es weit zum/zur . . .?	O/A . . . é longe daqui? [u/ɐ . . . ɛ 'lõʒə dɐ'ki]
Welches ist der kürzeste Weg nach/zu . . .?	Qual é o caminho mais curto para . . .? [kwal‿ɛ u kɐ'miɲu maiʃ 'kurtu 'pɐrɐ]
• Es ist (nicht) weit.	(Não) é longe. [(nɐ̃u) ɛ 'lõʒə]
• Es ist ganz in der Nähe.	É muito perto daqui. [ɛ 'mũintu 'pɛrtu dɐ'ki]
• Gehen Sie geradeaus.	Siga em frente. ['sig‿ɐ̃i 'frẽntə]
• Gehen Sie nach links/nach rechts.	Vire à esquerda/direita. [vir‿a 'ʃkerdɐ/di'reitɐ]
• Erste/zweite Straße links/rechts.	A primeira/segunda rua à esquerda/direita. [ɐ pri'meirɐ/sə'gũndɐ 'ʀua 'ʃkerdɐ/di'reitɐ]
• Gehen Sie über	Atravesse [ɐtrɐ'vɛs‿]
die Brücke.	a ponte. [‿ɐ 'pontə]
den Platz.	a praça. [‿ɐ 'prasɐ]
die Straße.	a rua [‿ɐ 'ʀuɐ]
• Dann fragen Sie noch einmal.	Depois terá de perguntar outra vez. [də'poiʃ tə'ra də pərgũn'tar‿'otrɐ veʃ]

Sie können den Bus	Pode tomar ['pɔdə tu'mar] o autocarro (*Br* ônibus). [u auto'kaʀu ('onibus)]
die Straßenbahn	o eléctrico (*Br* bonde). [u i'lɛtriku ('bõndi)]
die U-Bahn	o metro (*Br* metrô). [u 'mɛtru (me'tro)]
nehmen.	

Bus, Straßenbahn, U-Bahn	**Autocarro, eléctrico, metro (*Br* ônibus, bonde, metrô)**
Welcher Bus/welche Straßenbahn fährt nach ...?	Qual é o autocarro (*Br* ônibus)/o eléctrico (*Br* bonde) para ...? [kwal‿ɛ u auto'kaʀu ('onibus)/u i'lɛtriku ('bõndi) 'pɐrɐ]
Bitte, wo ist die nächste Bus-/Straßenbahn-Haltestelle?	Se faz favor, onde é a paragem do autocarro/eléctrico (*Br* parada do ônibus/bonde)? [sə faʃ fe'vor 'õnd‿ɛ ɐ pɐ'reʒɐ̃i du auto-'kaʀu/i'lɛtriku (pa'radɐ du 'onibus/'bõndi)]

Wo ist die nächste U-Bahnstation?	Onde é a estação do metro (*Br* metrô) mais próxima, se faz favor? [õnd‿ɛ ɐ ʃtɐ'sɐ̃u du 'mɛtru (me'tro) maiʃ 'prɔsimɐ sə faʃ fɐ'vor]
Welche Linie fährt nach ...?	Qual é a linha que vai para ...? [kwal‿ɛ ɐ 'liɲɐ kə vai 'pɐrɐ]
In welche Richtung muß ich fahren?	Em que dire(c)ção tenho de ir? [ɐ̃i kə dirɛ'sɐ̃u 'tɐɲu d‿ir]
Wieviele Haltestellen sind es?	Quantas paragens (*Br* paradas) há até ...? ['kwɐ̃ntɐʃ pɐ'raʒɐ̃iz‿(pa'radɐz‿)‿a ɐ'tɛ]
Wo muß ich aussteigen/umsteigen?	Onde tenho que descer/mudar? ['õndə 'tɐɲu kə dəʃ'ser/mu'dar]
Sagen Sie mir bitte, wenn wir dort sind.	Pode fazer o favor de me avisar quando lá chegarmos? ['pɔdə fɐ'zer‿u fɐ'vor də m‿ɐvi'zar 'kwɐ̃ndu la ʃə'garmuʃ]
Bitte, einen Fahrschein nach ...	Um bilhete para ..., se faz favor. [ũm bə'ʎetə 'pɐrɐ ... sə faʃ fɐ'vor]

Bushaltestellen auf Überlandstrecken in Portugal sind oft nur auf einer Straßenseite durch ein Halteschild gekennzeichnet. Dieses Schild gilt jedoch für beide Straßenseiten und damit für beide Richtungen.

Taxi	Táxi
Wo ist der nächste Taxistand?	Pode-me dizer, se faz favor, onde é a praça de táxis mais próxima? ['pɔdəmə di'zer sə faʃ fɐ'vor 'ond‿ɛ ɐ 'prasɐ də 'taksiʒ maiʃ 'prɔsimɐ]
Zum Bahnhof.	Para a estação. ['pɐra ʃtɐ'sɐ̃u]
Zum ... Hotel.	Para o hotel ... ['pɐrɐ u ɔ'tɛl]
In die ... Straße.	Rua ... ['ʀuɐ]
Nach ..., bitte.	Para ..., se faz favor. ['pɐrɐ ... sə faʃ fɐ'vor]
Wieviel kostet es nach ...?	Quanto terei de pagar para ir até ...? ['kwɐ̃ntu tə'rei də pɐ'gar 'pɐrɐ ir‿ɐ'tɛ]
Das ist für Sie.	Isto é para si (*Br* para você). ['iʃtu ɛ 'pɐrɐ si ('parɐ vɔ'se)]

Stadtrundfahrt, Ausflüge	Visita à cidade, excursões
Welche Sehenswürdigkeiten gibt es hier?	O que há aqui de interessante para ver? [u kja ɐ'ki d‿ĩntərə'sɐ̃ntə 'pɐrɐ ver]
Wir möchten	Gostaríamos de visitar [guʃtɐ'riɐmuʒ də vəzi'tar]
die Ausstellung	a exposição. [ɐ (ei)ʃpuzi'sɐ̃u]
das Museum	o museu. [u mu'zeu]
das Schloß	o palácio. [u pɐ'lasju]
die Kirche	a igreja. [ɐ i'greʒɐ]
besichtigen.	
Wann ist das Museum geöffnet?	Quando é que o museu está aberto? ['kwɐ̃ndwɛ kju mu'zeu ʃta ɐ'bɛrtu]
Wann beginnt die Führung?	A que horas começa a visita guiada? [ɐ 'kjɔrɐʃ ku'mɛsɐ və'zitɐ 'gjadɐ]
Gibt es auch eine Führung in Deutsch?	Há também uma visita guiada em alemão? [a tɐ̃m'bɐ̃i 'umɐ və'zitɐ 'gjad‿ɐ̃i ɐlə'mɐ̃u]
Darf man hier fotografieren?	Aqui podem-se tirar fotografias? [ɐ'ki 'pɔdɐ̃isə ti'rar futugrɐ'fiɐʃ]

1

2

Portugal

1 Kloster Batalha
2 Hieronimuskloster bei Lissabon
3 Burg von Silves
4 Coimbra
5 Turm von Belém bei Lissabon
6 Kirche Santo António in Lagos

4

6

Was für ein Platz/eine Kirche ist das?
Como se chama esta praça/igreja? ['komu sə 'ʃɐm‿'ɛʃtɐ 'prasɐ/i'greʒɐ]

Wann wurde dieses Gebäude erbaut?
Quando foi construído este edifício? ['kwẽndu foi kõʃ'trwid‿'eʃt‿idə'fisju]

Ist das ...?
É este o ...?/É esta a ...? [ɛ 'eʃt‿u/ɛ 'ɛʃta]

Kommen wir am/an ... vorbei?
Passamos por ...? [pɐ'sɐmuʃ pur]

Besichtigen wir auch ...?
Vamos visitar também ...? ['vɐmuʒ vəzi'tar tẽm'bẽi]

Wieviel freie Zeit haben wir in ...?
Quanto tempo livre temos em ...? ['kwẽntu 'tẽmpu 'livrə 'temuz‿ẽi]

Wann fahren wir zurück?
A que horas partimos? [ɐ 'kjɔrɐʃ pɐr'timuʃ]

Wann werden wir zurück sein?
A que horas chegamos? [ɐ 'kjɔrɐʃ ʃə'gɐmuʃ]

Kirche, Gottesdienst
Igreja, serviço religioso

Wo ist die ... Kirche/die Kathedrale?
Onde é a igreja de .../a catedral? ['õnd‿ɛ ɐ i'greʒɐ də/ɐ kɐtə'dral]

Wann findet der Gottesdienst statt?
A que horas é a missa? [ɐ 'kjɔrɐz‿ɛ ɐ 'misɐ]

Ist heute eine Taufe/eine Trauung?
Há hoje um ba(p)tizado/um casamento? [a 'oʒ‿ũm bati'zadu/ũ kɐzɐ'mẽntu]

Werden Kirchenkonzerte veranstaltet?
Há concertos na igreja? [a kõ'sertuʒ nɐ i'greʒɐ]

Wann kann man die Kirche/die Kapelle besichtigen?
Quando se pode visitar a igreja/a capela? ['kwẽndu sə 'pɔdə vəzi'tar‿ɐ i'greʒɐ/

Wo wohnt der Pfarrer/der Kirchendiener?
Onde mora o pároco/o sacristão? ['õndə 'mɔrɐ u 'paruku/u sɐkrəʃ'tɐ̃u]

Wir möchten gerne die Kirche besichtigen.
Gostaríamos de visitar a igreja. [guʃtɐ'riɐmuʒ də vəzi'tar‿ɐ i'greʒɐ]

Können Sie uns bitte begleiten/den Schlüssel geben.
Pode-nos acompanhar/dar a chave? ['pɔdənuz‿ɐkõmpɐ'ɲar/dar‿ɐ 'ʃavə]

1

2

3

Brasilien

1 Bahia (Salvador)
2 Kathedrale in Brasilia
3 Iguaçú-Wasserfälle
4 Copacabana in Rio de Jar
5 São Francisco in Ouro Pre
6 Rio de Janeiro

4

5

6

Wortliste Stadt — Sehenswürdigkeiten

Abtei	abadia [ɐbɐ'diɐ]
Allee	avenida [ɐvə'nidɐ]
	alameda [ɐlɐ'medɐ]
Altar	o altar [u al'tar]
Ausgrabungen	as escavações [ɐz‿əʃkɐvɐ'sõiʃ]
Ausstellung	a exposição [ɐ (ei)ʃpuzi'sɐ̃u]
barock	barroco [bɐ'ʀoku]
Besichtigung	visita [və'zitɐ]
Bibliothek	biblioteca [biblju'tɛkɐ]
Bild	quadro ['kwadru]
~hauer	o escultor [u ʃkul'tor]
Bogen	arco ['arku]
~gang	arcada [ɐr'kadɐ]
Botanischer Garten	o jardim botânico [u ʒɐr'dĩm bu'tɐniku]
Botschaft	embaixada [ẽmbai'ʃadɐ]
Brücke	a ponte [ɐ 'põntə]
Brunnen	poço ['posu], a fonte [ɐ 'fõntə]
Burg	castelo [kɐʃ'tɛlu]
Bürgermeister	o burgomestre [u burgu'mɛʃtrə]
	o presidente da Câmara Municipal [u prəzi'dẽntə dɐ 'kɐmɐrɐ munəsi'pal]
	(Br) prefeito [pre'feitu]
Chor	coro ['koru]
~stuhl	cadeira do coro [kɐ'deirɐ du 'koru]
Christ	o cristão [u kriʃ'tɐ̃u]
Christentum	cristianismo [kriʃtjɐ'niʒmu]
Denkmal	monumento [munu'mẽntu]
Dom	a catedral [ɐ kɐtə'dral]
Endstation	término ['tɛrminu]
Fassade	fachada [fɐ'ʃadɐ]
Flügel	ala ['alɐ]
Fresko	fresco ['freʃku]
	(Br) afresco [a'fresku]
Friedhof	cemitério [səmi'tɛrju]
Führung	visita guiada [və'zitɐ 'gjadɐ]
Fundbüro	a se(c)ção de perdidos e achados [ɐ sɛk'sɐ̃u də pər'diduz‿i ɐ'ʃaduʃ]
Galerie	galeria [gɐlə'riɐ]
Gasse	travessa [trɐ'vɛsɐ]
	viela ['vjɛlɐ]
Gebäude	edifício [idə'fisju]
Gehsteig	passeio [pɐ'seju]

Geistlicher	o sacerdote [u sesər'dɔtə]
	o padre [u 'padrə]
Gemälde	quadro ['kwadru]
	pintura [pĩn'turɐ]
Geschäft	loja ['lɔʒɐ]
Gewölbe	abóbada [ɐ'bɔbɐdɐ]
Glocke	sino ['sinu]
gotisch	gótico ['gɔtiku]
Gottesdienst	missa ['misɐ]
	ofício divino [o'fisju də'vinu]
Grab	túmulo ['tumulu]
	sepultura [səpul'turɐ]
Grünanlage	espaço verde ['ʃpasu 'verdə]
Haltestelle	a paragem [ɐ pɐ'raʒẽi]
	(Br) parada [pa'radɐ]
Hof	pátio ['patju]
Innenstadt	centro da cidade ['sẽntru dɐ si'dadə]
Jahrhundert	século ['sɛkulu]
Jude	o judeu [u ʒu'deu]
Kanzel	púlpito ['pulpitu]
Kapelle	capela [kɐ'pɛlɐ]
Kathedrale	a catedral [ɐ kɐtə'dral]
Katholik	católico [kɐ'tɔliku]
Kino	o cinema [u si'nemɐ]
Kirche	igreja [i'greʒɐ]
Kirchen/diener	o sacristão [u sakrəʃ'tɐ̃u]
~konzert	concerto de música sacra [kõ'sertu də 'muzikɐ 'sakrɐ]
Kirchturm	campanário [kɐ̃mpɐ'narju]
	a torre [ɐ 'toʀə]
Konfession	a religião [ɐ ʀələ'ʒjɐ̃u]
	a confissão [ɐ kõfi'sɐ̃u]
Konsulat	consulado [kõsu'ladu]
Kopie	cópia ['kɔpjɐ]
Krankenhaus	o hospital [u oʃpi'tal]
Kreuz	a cruz [ɐ kruʃ]
~gang	claustro ['klauʃtru]
Krypta	cripta ['kriptɐ]
Kuppel	cúpula ['kupulɐ]
Leuchter	o castiçal [u kɐʃti'sal]
Maler	o pintor [u pĩn'tor]
manuelinisch	manuelino [mɐnwə'linu]
Markt	mercado [mər'kadu]
Marmor	o mármore [u 'marmurə]

Albufeira – Praia dos Pescadores

Messe	missa ['mise]
Methodist	o metodista [u mətu'diʃte]
Mittelalter	a Idade Média [e i'dadə 'mɛdje]
mittelalterlich	medieval [mədje'val]
Mittelschiff	a nave central [e 'navə sẽn'tral]
Mosaik	mosaico [mu'zaiku]
Moschee	mesquita [məʃ'kite]
Museum	o museu [u mu'zeu]
Oper	ópera ['ɔpəre]
Orgel	o órgão [u 'ɔrgẽu]
Original	o original [u oriʒi'nal]
Palast	palácio [pe'lasju]
Park	o parque [u 'parkə]
Pavillon	o pavilhão [u pevi'ʎẽu]
Pfarrer	pároco ['paruku]
Pfeiler	o pilar [u pi'lar]
Platz	praça ['prase]
Portal	o portal [u pur'tal]
Predigt	o sermão [u sər'mẽu]
Protestant	o protestante [u prutəʃ'tẽntə]
Querschiff	a nave transversal [e 'navə trẽʒvər'sal] transepto [trẽ'sɛptu]

Rathaus	Câmara Municipal ['kemerɐ munəsi'pal]
	(Br) Prefeitura [prefei'turɐ]
Religion	a religião [ɐ ʀələ'ʒjɐ̃u]
romanisch	românico [ʀu'meniku]
römisch	romano [ʀu'mɐnu]
Ruine	ruína ['ʀwinɐ]
Rundfahrt	circuito [sir'kuitu], volta ['vɔltɐ]
Sakristei	sacristia [sakrəʃ'tiɐ]
Sarkophag	sarcófago [sɐr'kɔfɐgu]
Säule	coluna [ku'lunɐ]
Schaufenster	montra ['mõntrɐ]
	(Br) vitrina [vi'trinɐ]
Schiff	navio [nɐ'viu]
Schloß	palácio [pɐ'lasju], castelo [keʃ'tɛlu]
Schule	escola ['ʃkɔlɐ]
Sehenswürdigkeiten	os monumentos [uʒ munu'mẽntuʃ]
Stadtrundfahrt	visita à cidade [və'zita si'dadə]
Stadtteil	bairro ['baiʀu]
Stadtzentrum	centro da cidade ['sẽntru dɐ si'dadə]
Statue	estátua ['ʃtatwɐ]
Sternwarte	observatório astronómico (ô) [obsərvɐ'tɔrju ɐʃtru'nɔmiku]
Stil	estilo ['ʃtilu]
Straße	rua ['ʀuɐ]
Synagoge	sinagoga [sinɐ'gɔgɐ]
Taufbecken	pia ba(p)tismal ['piɐ batiʒ'mal]
Taxistand	praça de táxis ['prasɐ də 'taksiʃ]
Tempel	templo ['tẽmplu]
Theater	teatro ['tjatru]
Tor	o portão [u pur'tɐ̃u], porta ['pɔrtɐ]
Turm	a torre [ɐ 'toʀə]
U-Bahn	metropolitano [mətrupuli'tɐnu]
	metro ['mɛtru]
	(Br) o metrô [u me'tro]
Umgebung	os arredores [uz‿ɐʀə'dɔrəʃ]
Universität	a universidade [ɐ univərsi'dadə]
Vorort	subúrbio [su'burbju]
	bairro periférico ['baiʀu pəri'fɛriku]

9 Auf der Post
No correio

Wo ist das nächste Postamt/der nächste Briefkasten?
Pode-me dizer, se faz favor, onde é o correio mais próximo/a caixa de correio mais próxima?
[ˈpɔdəmə diˈzer sə faʃ fɐˈvor ˈõnd‿ɛ u kuˈʀeju maiʃ ˈprɔsimu/ɐ ˈkaiʃɐ də kuˈʀeju maiʃ ˈprɔsimɐ]

Was kostet ein Brief/eine Ansichtskarte
Quanto paga uma carta/um postal
[ˈkwẽntu ˈpagɐ ˈumɐ ˈkartɐ/ũm puʃˈtal]

nach Deutschland? – para a Alemanha? [ˈpɐra‿eləˈmɐɲɐ]
nach Österreich? – para a Áustria? [ˈpɐra‿ˈauʃtrjɐ]
in die Schweiz? – para a Suíça? [ˈpɐra ˈswisɐ]

Drei Briefmarken zu ... Escudos, bitte.
Três selos de ... escudos, se faz favor.
[treʃ ˈseluʒ də . . . ˈʃkuduʃ sə faʃ fɐˈvor]

Diesen Brief bitte
Queria mandar esta carta
[kəˈriɐ mẽnˈdar‿ˈɛʃtɐ ˈkartɐ]

per Einschreiben. – registada. [ʀəʒiʃˈtadɐ]
als Luftpost. – por avião. [pur‿ɐˈvjɐ̃u]
Express. – expressa. [(ei)ˈʃprɛsɐ]

Kann ich bei Ihnen auch Sondermarken bekommen?
Tem também selos especiais?
[tɐ̃i tɐ̃mˈbɐ̃i ˈseluz‿əʃpəˈsjaiʃ]

Diesen Satz/Je eine Marke, bitte.

Dê-me esta série/um selo de cada série, se faz favor.
[ˈdem‿ˈɛʃtɐ ˈsɛrjə/‿ũ ˈselu də ˈkɐdɐ ˈsɛrjə sə faʃ fɐˈvor]

Postlagernd

Posta restante

Ist Post für mich da? Mein Name ist . . .

Há correio para mim? O meu nome é . . . [a kuˈʀeju ˈpɐrɐ mĩ. u meu ˈnom‿ɛ]

● Nein, es ist nichts da.

Não, não há nada. [nɐ̃u nɐ̃u a ˈnadɐ]

● Ja, es ist etwas da. Ihren Ausweis, bitte.

Há, sim. Tem um documento de identificação, se faz favor?
[a sĩ. tɐ̃i ũ dukuˈmẽntu d‿idẽntəfikɐˈsɐ̃u sə faʃ fɐˈvor]

Ferngespräche und Telegramme

Telefone e telegramas

Ich möchte ein Telegramm aufgeben.

Queria mandar um telegrama.
[kəˈriɐ mɐ̃nˈdar‿ũ tələˈgrɐmɐ]

Telefonmünzen gibt es nur in Brasilien, nicht in Portugal.

Können Sie mir bitte beim Ausfüllen helfen?	Pode-me ajudar a preencher o impresso, se faz favor? ['pɔdəm‿ɐʒu'dar‿ɐ prjẽ'ʃer‿u ĩm'prɛsu sə faʃ fɐ'vor]
Was kostet ein Wort?	Quanto custa cada palavra? ['kwẽntu 'kuʃtɐ 'kɐdɐ pɐ'lavrɐ]
Kommt das Telegramm heute noch in ... an?	Este telegrama ainda chega hoje a ...? ['eʃtə tələ'grɐm‿a'ĩndɐ 'ʃegɐ 'ɔʒ‿ɐ]
Wo ist die nächste Telefonzelle?	Onde é a cabina telefónica (ô) mais próxima? ['õnd‿ɛ ɐ ka'binɐ tələ'fɔnikɐ maiʃ 'prɔsimɐ]
Können Sie mir bitte eine Telefonmünze geben?	(*Br)* Pode-me dar uma ficha de telefone, se faz favor? ['pɔdi mi dar‿'uma 'fiʃɐ di tele'foni si fas fa'vor]
Können Sie mir bitte wechseln? Ich brauche Kleingeld zum Telefonieren.	Pode-me trocar este dinheiro, se faz favor? Preciso de moedas para telefonar. ['pɔdəmə tru'kar‿'eʃtə də'ɲeiru sə faʃ fɐ'vor. prə'sizu də 'mwɛdɐʃ 'pɐrɐ tələfu'nar]
Bitte ein Ferngespräch nach ...	Queria uma chamada para ... se faz favor. [kə'riɐ 'umɐ ʃɐ'madɐ 'pɐrɐ ... sə faʃ fɐ'vor]
Gehen Sie in Kabine Nr. ...	Cabina número ... [ka'binɐ 'numəru]
Die Leitung ist besetzt.	Está impedido. [ʃta ĩmpə'didu]
Es meldet sich niemand.	Ninguém responde. [nĩŋ'gẽi ʀəʃ'põndə]
Bleiben Sie bitte am Apparat.	Não desligue, se faz favor. [nɐ̃u dəʒ'ligə sə faʃ fɐ'vor]
Hallo, mit wem spreche ich?	Está? Quem fala? [ʃta. kẽi 'falɐ]
Hier spricht ...	Aqui fala ... [ɐ'ki 'falɐ]
Kann ich bitte Herrn/Frau/Fräulein ... sprechen?	Posso falar com o senhor/a senhora/a menina ..., se faz favor? ['pɔsu fɐ'lar kõ u sə'ɲor/ɐ sə'ɲorɐ/ɐ mə'ninɐ ... sə faʃ fɐ'vor]

A PREENCHER PELOS SERVIÇOS CTT

CTT

CORREIOS E TELECOMUNICAÇÕES DE PORTUGAL

TELEGRAMA

Marca do dia

NÚMERO | PALAVRAS | DATA | HORA

IND. DE SERVIÇO | ORIGEM

CUSTO

Indicações de transmissão

INDICAÇÕES (Vide verso)

NOME DO DESTINATÁRIO

MORADA E TELEFONE (ou TELEX)

$

$

$

$

TOTAL $

PARA EVITAR ERROS DE TRANSMISSÃO USE LETRA MAIÚSCULA DE IMPRENSA

TEXTO E ASSINATURA

HORA DE APRESENTAÇÃO

NOME, MORADA E TELEFONE DO EXPEDIDOR (estas indicações não são transmitidas)

Mo

VALE POSTAL NACIONAL

ESCUDOS

$

QUANTIA

REMETENTE

NOME

MORADA E LOCALIDADE

DESTINATÁRIO

NOME

MORADA E LOCALIDADE

NÚM. EMISSÃO

ESPAÇO RESERVADO A MARCAÇÃO ÓPTICA • NÃO ESCREVER • NEM DOBRAR

MOD 2

N.º | CÓD. CEP | DATA | VALOR

(A preencher pelos CTT)

REQUISIÇÃO DE REGISTO – TALÃO

R. n.º

Categoria

Operações acessórias

A cobrar $

Por avião – Não

Marca do dia

O Empregado,

(A preencher pelo público)

Destinatário

Morada

Remetente

Morada

(A preencher pelos CTT)

41

RECIBO

Registo n.º

Categoria

Operações acessórias

A cobrar $

Por avião – Não

Marca do dia

O Empregado,

(A preencher pelo público) (*a*)

Destinatário

Morada

(*a*) Facultativo.

Wortliste Post

absenden	enviar [ẽ'vjar], mandar [mẽn'dar]
Absender	o remetente [u ʀəmə'tẽntə]
Adresse	endereço [ẽndə'resu]
Anruf	chamada [ʃɐ'madɐ]
	o telefonema [u tələfu'nemɐ]
anrufen	telefonar [tələfu'nar]
Ansichtskarte	o postal ilustrado [u puʃ'tal‿iluʃ'tradu]
aufgeben	enviar [ẽ'vjar], mandar [mẽn'dar]
Bestimmungsort	destino [dəʃ'tinu]
Brief	carta ['kartɐ]
~kasten	caixa do correio ['kaiʃɐ du ku'ʀeju]
~marke	selo ['selu]
~markenautomat	o distribuidor automático de selos [u dəʃtribwi'dor‿autu'matiku də 'seluʃ]
~träger	carteiro [kɐr'teiru]
~umschlag	o envelope [u ẽvə'lɔpə]
	sobrescrito [sobrəʃ'kritu]
Drucksache	(os) impressos [(uz‿)ĩm'prɛsuʃ]
durchwählen	ligar dire(c)tamente [li'gar dirɛtɐ'mẽntə]
Eilbrief	carta expressa ['kartɐ (ei)'ʃprɛsɐ]
Einschreibebrief	carta registada ['kartɐ ʀəʒiʃ'tadɐ]
Empfänger	destinatário [dəʃtinɐ'tarju]
Ferngespräch	chamada interurbana [ʃɐ'mad‿ĩntɛrur'bɐnɐ]
Fernsprechamt	a central telefónica (ô) [ɐ sẽn'tral tələ'fɔnikɐ]
Formular	impresso [ĩm'prɛsu]
	formulário [furmu'larju]
frankieren	franquiar [frẽŋ'kjar]
Gebühr	taxa ['taʃɐ], tarifa [tɐ'rifɐ]
Gewicht	peso ['pezu]
Hörer	o auscultador [u ɐuʃkultɐ'dor]
Kabel	cabo ['kabu]
Leerung	a tiragem [ɐ ti'raʒẽi]
Luftpost	correio aéreo [ku'ʀeju ɐ'ɛrju]
mit ~	por avião [pur‿ɐ'vjẽu]
Münzfernsprecher	cabina telefónica (ô) [ka'binɐ tələ'fɔnikɐ]
Münzwechsler	automático para trocar moedas [autu'matiku 'pɐrɐ tru'kar 'mwɛdɐʃ]
Nachnahme, per	à cobrança [a ku'brẽsɐ]
nachsenden	enviar [ẽ'vjar], remeter [ʀəmə'ter]

Ortsgespräch	chamada local [ʃɐ'madɐ lu'kal]
Paket	encomenda (postal) [ẽŋku'mẽndɐ (puʃ'tal)]
Porto	o porte [u 'pɔrtə], franquia [frẽŋ'kiɐ]
Post/amt	correio [ku'ʀeju]
	a estação dos correios [ɐ ʃtɐ'sɐ̃u duʃ ku'ʀejuʃ]
~anweisung	o vale de correio [u 'valə də ku'ʀeju]
~karte	o postal [u puʃ'tal]
~lagernd	posta restante ['pɔʃtɐ ʀəʃ'tẽntə]
~sparbuch	caderneta da caixa económica (ô) postal [kɐdər'netɐ dɐ 'kaiʃ‿iku'nɔmikɐ puʃ'tal]
R-Gespräch	chamada a pagar pelo destinatário [ʃɐ'mada pɐ'gar 'pelu dəʃtinɐ'tarju]
Schalter	o guiché (ê) [u gi'ʃɛ]
Sondermarke	selo especial ['selu ʃpə'sjal]
Telefon	o telefone [u tələ'fɔnə]
~buch	lista telefónica (ô) ['liʃtɐ tələ'fɔnikɐ]
~gespräch	chamada telefónica (ô) [ʃɐ'madɐ tələ'fɔnikɐ]
	o telefonema [u tələfu'nemɐ]
~nummer	número de telefone ['numəru də tələ'fɔnə]
~zelle	cabina telefónica (ô) [ka'binɐ tələ'fɔnikɐ]

Telegramm	o telegrama [u tələ'grɐmɐ]
Übergewicht	peso a mais ['pezu ɐ maiʃ]
	excesso de peso [(ei)'ʃsɛsu də 'pezu]
Überweisung, telegrafische	o vale telegráfico [u 'valə tələ'grafiku]
Verbindung	a ligação [ɐ ligɐ'sɐ̃u]
Vermittlung	a central telefónica (ô) [ɐ sẽn'tral tələ'fɔnikɐ]
Voranmeldung	chamada com pré-aviso [ʃɐ'madɐ kõm prɛ ɐ'vizu]
Vordruck	impresso [ĩm'prɛsu]
Vorwahlnummer	indicativo [ĩndikɐ'tivu]
wählen	marcar (o número) [mɐr'kar (u 'numəru)]
Wertangabe	a declaração de valor [ɐ dəklɐrɐ'sɐ̃u də vɐ'lor]
Zahlkarte	o vale de correio [u 'valə də ku'ʀeju]
Zollerklärung	a declaração para a alfândega [ɐ dəklɐrɐ'sɐ̃u 'pɐra‿al'fɐ̃ndəgɐ]
Zustellung	a distribuição [ɐ dəʃtribwi'sɐ̃u]

Vorwahlnummern:

Bundesrepublik Deutschland	07/49
Schweiz	07/41

Nach Österreich gibt es von Portugal aus keine direkte Verbindung.

10 Auf der Polizei Na esquadra da polícia

Wo ist die nächste Polizeistelle?	Pode-me dizer, se faz favor, onde é o posto da polícia mais próximo? ['pɔdəmə di'zer sə faʃ fɐ'vor 'õnd‿ɛ u 'poʃtu dɐ pu'lisjɐ maiʃ 'prɔsimu]
Ich möchte einen Diebstahl/Verlust anzeigen.	Quero participar um roubo/uma perda. ['kɛru pertəsi'par‿ũ 'ʀobu/'umɐ 'pɛrdɐ]
Mir ist	Roubaram-me [ʀo'barɐ̃um‿]
die Handtasche	a mala de mão (*Br* a bolsa). [‿ɐ 'malɐ də mãu (a 'bolsɐ)]
die Brieftasche	a carteira. [‿ɐ kɐr'teirɐ]
der Koffer	a mala. [‿ɐ 'malɐ]
der Fotoapparat	a máquina fotográfica. [‿a 'makinɐ futu'grafikɐ]
das Auto	o carro. [‿u 'kaʀu]
gestohlen worden.	
Mein Auto ist aufgebrochen worden.	Arrombaram-me a porta do carro. [ɐʀõm'barɐ̃um‿ɐ 'pɔrtɐ du 'kaʀu]
Aus meinem Auto ist ... gestohlen worden.	Roubaram-me do carro ... [ʀo'barɐ̃umə du 'kaʀu]

Ich habe ... verloren.	Perdi ... [pər'di]
Können Sie mir bitte helfen?	Pode-me ajudar, por favor? ['pɔdəm‿ɐʒu'dar pur fɐ'vor]
• Wir werden der Sache nachgehen.	Vamo-nos ocupar do assunto. ['vɐmunuz‿ɔku'par du ɐ'sũntu]
• Ihren Namen und Ihre Anschrift, bitte.	O seu nome e o seu endereço, se faz favor. [u seu 'nom‿i u seu ẽndə'resu sə faʃ fɐ'vor]

Wortliste Polizei

anzeigen	denunciar [dənũ'sjar]
Armband	pulseira [pul'seirɐ]
~uhr	relógio de pulso [ʀə'lɔʒju də 'pulsu]
Autoschlüssel	as chaves do carro [ɐ‿'ʃavəʒ du 'kaʀu]
beschlagnahmen	apreender [ɐprjẽn'der]
	confiscar [kõfiʃ'kar]
Brieftasche	carteira [kɐr'teirɐ]
Dieb	o ladrão [u lɐ'drɐ̃u]
~stahl	roubo ['ʀobu]
Erpressung	a chantagem [ɐ ʃẽn'taʒɐ̃i]
Fotoapparat	máquina fotográfica ['makinɐ futu'grafikɐ]
Gefängnis	a prisão [ɐ pri'zɐ̃u]
Geld	dinheiro [də'ɲeiru]
~börse	*(Br)* bolsa ['bolsɐ]
	o porta-moedas [u 'pɔrtɐ 'mwɛdɐʃ]
Gericht	o tribunal [u tribu'nal]
Handtasche	mala de mão ['malɐ də mɐ̃u]
	bolsa ['bolsɐ]
Kette	o colar [u ku'lar]
Koffer	mala ['malɐ]
Polizei	polícia [pu'lisjɐ]
~revier	esquadra da polícia ['ʃkwadrɐ dɐ pu'lisjɐ]
~wagen	carro da polícia ['kaʀu dɐ pu'lisjɐ]
Polizist	o polícia [u pu'lisjɐ]

Rauschgift	droga ['drɔgɐ]
	os estupefacientes [uz‿əʃtupəfɐ'sjẽntəʃ]
	(Br) os entorpecentes [uz‿ẽntorpe'sẽntis]
Rechtsanwalt	advogado [ɐdvu'gadu]
Richter	o juiz [u ʒwiʃ]
Ring	o anel [u ɐ'nɛl]
Schirm	o guarda-chuva [u 'gwardɐ 'ʃuvɐ]
Schlüssel	a chave [ɐ 'ʃavə]
Schmuggel	contrabando [kõntrɐ'bɐ̃ndu]
Schuld	culpa ['kulpɐ]
Tasche	saco ['saku], pasta ['paʃtɐ]
Überfall	assalto [ɐ'saltu]
	a agressão [a‿agrə'sɐ̃u]
Uhr	relógio [ʀə'lɔʒju]
Unfall	o acidente [u ɐsi'dẽntə]
	o desastre [u də'zaʃtrə]
Verbrechen	o crime [u 'krimə]
verhaften	prender [prẽn'der]
Verlust	perda ['pɛrdɐ]

Polizisten in Faro

11 Zeitvertreib – Vergnügungen Passatempos – Diversões

Im Schwimmbad/ Am Strand	**Na piscina/Na praia**
Gibt es hier ein	Há aqui uma [a ɐ'ki 'umɐ]
Freibad?	piscina ao ar livre? [pəʃ'sin‿au ar 'livrə]
Hallenbad?	piscina coberta? [pəʃ'sinɐ ku'bɛrtɐ]
Thermalbad?	piscina termal? [pəʃ'sinɐ tər'mal]
Eine Eintrittskarte (mit Kabine), bitte.	Um bilhete (com cabina), se faz favor. [ũm bə'ʎetə (kõ ka'binɐ) sə faʃ fɐ'vor]
Nur für Schwimmer!	Só para nadadores! [sɔ 'pɐrɐ nɐdɐ'dorəʃ]
Baden verboten!	Proibido tomar banho! [prwi'bidu tu'mar 'bɐɲu]
Ist der Strand	A praia [ɐ 'prajɐ]
sandig?	é de areia? [ɛ d‿ɐ'rejɐ]
steinig?	é pedregosa? [ɛ pədrə'gɔzɐ]
felsig?	tem rochas? [tɐ̃i 'ʀɔʃɐʃ]

Wie weit darf man hinausschwimmen?	Até onde se pode nadar? [ɐ'tɛ 'õndə sə 'pɔdə nɐ'dar]
Ist es für Kinder gefährlich?	É perigoso para as crianças? [ɛ pəri'gozu 'pɐraʃ 'krjẽsɐʃ]
Ich möchte ... mieten.	Queria alugar [kə'ri‿alu'gar]
ein Boot	um barco. [ũm 'barku]
einen Liegestuhl	uma cadeira de repouso. ['umɐ kɐ'deirɐ də ʀə'pozu]
einen Sonnenschirm	um guarda-sol. [ũ 'gwardɐ sɔl]
ein Paar Wasserski	um par de esquis aquáticos. [ũm par də ʃkiz‿ɐ'kwatikuʃ]
Was kostet es pro Stunde/Tag?	Quanto se paga por hora/por dia? ['kwẽntu sə 'pagɐ pur‿'ɔrɐ/pur 'diɐ]

DIAS	PREIA-MAR	BAIXA-MAR
12	07.11 e 19.47	00.31 e 13.10
13	08.10 e 20.51	01.32 e 14.15
14	09.20 e 22.06	02.44 e 15.28
15	10.37 e 23.21	04.03 e 16.41

O Sol nasce às 07.54
Ocaso às 17.36

Sport	**Desporto** (*Br* **Esporte**)
Welche Sportveranstaltungen gibt es hier?	Que manifestações desportivas há aqui? [kə mɐnifəʃtɐ'sõiʒ dəʃpur'tivɐz‿a ɐ'ki]

Was kann man hier an Sport treiben?	Que desportos (*Br* esportes) se podem praticar aqui? [kə dəʃ'pɔrtuʃ (is'pɔrtis) sə 'pɔdẽi prɐti'kar‿ɐ'ki]
Gibt es hier	Há aqui [a ɐ'ki]
einen Golfplatz?	um campo de golfe? [ũ 'kẽmpu də 'gɔlfə]
einen Tennisplatz?	um campo de ténis (ê)? [ũ 'kẽmpu də 'tɛniʃ]
eine Pferderennbahn?	um hipódromo? [ũ i'pɔdrumu]
Wo kann man hier angeln?	Onde é que se pode pescar à linha? ['õnd‿ɛ kə sə 'pɔdə pəʃ'kar‿a 'liɲɐ]
Ich möchte mir das Fußballspiel/das Pferderennen ansehen.	Queria ir ver o jogo de futebol/a corrida de cavalos. [kə'riɐ ir ver‿u 'ʒogu də futə'bɔl/ɐ ku'ʀidɐ də kɐ'valuʃ]
Wann/Wo findet es statt?	Quando é/Onde é? [kwẽn'dwɛ/õn'djɛ]
Was kostet der Eintritt?	Quanto custa o bilhete? ['kwẽntu 'kuʃtɐ u bə'ʎetə]
Gibt es in den Bergen gute Skipisten?	Há boas pistas de esqui nas montanhas? [a 'boɐʃ 'piʃtɐʒ də ʃki nɐʒ mõn'tɐɲɐʃ]
Ich möchte eine Bergtour machen.	Gostaria de dar um passeio pelos montes. [guʃtɐ'riɐ də dar‿ũm pɐ'seju 'pəluʒ
Können Sie mir eine interessante Route auf der Karte zeigen?	Pode-me indicar no mapa um itinerário interessante? ['pɔdəm‿ĩndi'kar nu 'mapɐ ũ itinə'rarju ĩntərə'sẽntə]
Welchen Sport treiben Sie?	Que desporto (*Br* esporte) pratica o senhor/a senhora? [kə dəʃ'portu (is'pɔrti) prɐ'tikɐ u sə'ɲor/ɐ sə'ɲorɐ]
Ich spiele ...	Eu jogo ... [eu 'ʒɔgu]
Ich bin ein Anhänger von ...	Sou um entusiasta de ... [so ũ ẽntu'zjaʃtɐ də]

Theater, Konzert, Kino	**Teatro, concerto, cinema**
Was wird heute abend im Theater/Kino gegeben?	O que há hoje no teatro/no cinema? [u kja 'oʒə nu 'tjatru/nu si'nemɐ]
Können Sie mir	Pode-me aconselhar ['pɔdəm‿ɐkõsə'ʎar]
ein gutes Theaterstück	uma boa peça de teatro? ['umɐ 'boɐ 'pɛsɐ də 'tjatru]
ein gutes Konzert	um bom concerto? [ũm bõ kõ'sertu]
einen guten Film	um bom filme? [ũm bõ 'filmə]
empfehlen?	
Wann beginnt das Theater/das Kino?	A que horas começa o teatro/o cinema? [ɐ 'kjɔrɐʃ ku'mɛsɐ u 'tjatru/u si'nemɐ]
Wo bekommt man Karten?	Onde se podem comprar os bilhetes? ['õndə sə 'pɔdẽi kõm'prar‿uʒ bə'ʎetəʃ]
Bitte zwei Karten für heute abend/morgen abend.	Dois bilhetes para hoje á noite/para amanhã, se faz favor. [doiʒ bə'ʎetəʃ 'perɐ 'oʒ‿a 'noitə/'per‿amɐ'ɲɐ̃ sə faʃ fɐ'vor]
Bitte zwei Plätze zu ... Escudos/Cruzeiros.	Dois bilhetes de ... escudos/cruzeiros, se faz favor. [doiʒ bə'ʎetəʒ də . . . 'ʃkuduʃ/kru'zerus, sə faʃ fɐ'vor]
Wann ist die Vorstellung zu Ende?	A que horas acaba o espe(c)táculo? [ɐ 'kjɔrɐz‿ɐ'kabɐ u ʃpɛ'takulu]
Wo ist die Garderobe?	Onde é o vestiário? ['õnd‿ɛ u vəʃ'tjarju]

Tanz	**Dançar**
Gibt es hier eine Diskothek?	Há aqui uma discoteca? [a ɐ'ki 'umɐ dəʃku'tɛkɐ]
Wollen wir tanzen gehen?	Vamos dançar? ['vɐmuʒ dɐ̃'sar]
Wollen wir (noch einmal) tanzen?	Vamos dançar (outra vez)? ['vɐmuʒ dɐ̃'sar ('otrɐ veʃ)]

Wollen wir noch einen Bummel machen?	Vamos dar ainda um passeio? ['vemuʒ dar‿e'ĩnde ũm pe'seju]
Darf ich Sie zu einer Party einladen?	Posso convidá-la/convidá-lo para uma festa/uma party? ['pɔsu kõvi'dale/kõvi'dalu 'pere 'ume 'fɛʃte/ 'ume 'parti]
Darf ich Sie nach Hause begleiten/fahren?	Posso acompanhá-la/levá-la a casa? ['pɔsu ekõmpe'ɲala‿/lə'vala‿a 'kaze]
Wann sehen wir uns wieder?	Quando nos poderemos voltar a ver? ['kwẽndu nuʃ pudə'remuʒ vɔl'tar‿e ver]
Vielen Dank für den netten Abend.	Muito obrigado/obrigada por este serão tão agradável. ['mũint‿obri'gadu/‿obri'gade pur ‿'eʃtə sə'rẽu tẽu egre'davɛl]

Stierkampf in Albufeira

Wortliste Zeitvertreib

angeln	pescar (à linha) [pəʃ'kar (a 'liɲɐ)]
Angelschein	licença de pesca [li'sẽsɐ də 'pɛʃkɐ]
Aufführung	espe(c)táculo [ʃpɛ'takulu]
	a representação [ɐ ʀəprəzẽntɐ'sɐ̃u]
Autokino	*(Br)* o drive-in [u draiv in]
Bade/anzug	fato de banho ['fatu də 'bɐɲu]
	(Br) o maiô [u ma'jo]
~hose	o calção de banho [u kal'sɐ̃u də 'bɐɲu]
~mütze	touca de banho ['tokɐ də 'bɐɲu]
Ballet	o ballet (*Br* balé) [u ba'lɛ]
	bailado [bai'ladu]
Bergsteigen	alpinismo [alpi'niʒmu]
Boot	barco ['barku]
Boxkampf	o combate de boxe [u kõm'batə də 'bɔksə]
Bühne	palco ['palku]
Dirigent	maestro [mɐ'ɛʃtru]
Dusche	o duche [u 'duʃə]
	(Br) a ducha [a 'duʃɐ]
Eintrittskarte	o bilhete [u bə'ʎetə]
Eislauf	a patinagem sobre o gelo [ɐ pəti'naʒɐ̃i 'sobr‿u 'ʒelu]
Filmschauspieler	o a(c)tor de cinema [u a'tor də si'nemɐ]
Freilichtkino	o cinema ao ar livre [u si'nem‿ɐu ar 'livrə]
Fußball	o futebol [u futə'bɔl]
~mannschaft	equipa (*Br* a equipe) de futebol [i'kipɐ (a i'kipi) də futə'bɔl]
~platz	campo de futebol ['kɐ̃mpu də futə'bɔl]
~spiel	jogo de futebol ['ʒogu də futə'bɔl]
Garderobe	vestiário [vəʃ'tjarju]
gewinnen	ganhar [ga'ɲar]
Halbzeit	meio-tempo ['meju 'tẽmpu]
	primeira/segunda parte [pri'meirɐ/sə'gũndɐ 'partə]
Hallenbad	piscina coberta [pəʃ'sinɐ ku'bɛrtɐ]
Handball	o andebol [u ɐ̃ndə'bɔl]
Inszenierung	a encenação [ɐ ẽsənɐ'sɐ̃u]
Jagd	a caça [ɐ 'kasɐ]
Kasse	bilheteira [bəʎə'teirɐ]
	(Br) bilheteria [biʎete'riɐ]
Kegeln	jogo dos paus ['ʒogu duʃ pauʃ]

PROGRAMAS DE RÁDIO

rádio

RR

00.00 Noticiário; 01.00 Espaço Aberto; 02.00 Estação de Serviço; 05.00 Madrugar... na cidade e no campo; 06.00 Homens da Terra; 06.57 Reflexão; 07.00 Despertar; 09.30 Calendário; 10.00 Discoteca da manhã; 12.00 Angelus; 12.03 Encontro para dois; 13.00 Onda; 13.30 Tic-Tac; 14.30 Pajú; 15.00 Três vezes seis; 16.00 Aqui e agora; 17.00 Jornal da Mulher; 18.15 Igreja em notícia; 18.25 Palavra do dia; 18.30 Transmissão do Terço; 19.00 Programa da Lar; 20.00 60 Minutos; 21.00 Programa da Lar; 21.30 Diálogo e vida; 22.00 Quando o telefone toca; 22.30 Confronto; 22.50 Curso de Inglês; 23.00 Meta final; 23.55 Meditando.

RDP

PROGRAMA-1

07.00 Informação — É p'ra já; 08.00 Jornal da Manhã; 10.00 Ponto de encontro; 12.00 RD-P/Regiões; 12.30 Títulos do Jornal da Tarde; 13.00 Jornal da Tarde — entre linhas... entre gente; 14.00 Folhetim: "O Primo Basílio", de Eça de Queiroz; 15.00 Traço de União; 17.00 Velhos são os trapos; 17.30 Sem margem;

PROGRAMAS DE TELEVISÃO

RTP-1

AMANHA

18.25 ABERTURA
18.27 SUMÁRIO
18.30 TEMPO DOS MAIS NOVOS
19.00 PAÍS, PAÍS
19.25 DESPORTO REGIONAL
20.00 TELEJORNAL
20.30 TELENOVELA
21.05 O TEMPO
21.10 RUBENS
22.10 ZOOM
VINTE E QUATRO HORAS.

RTP-2

20.30 ABERTURA
20.32 ESPAÇO JAZZ
21.30 INFORMAÇÃO/2
22.00 CINE-CLUBE/2

Komödie	comédia [ku'mɛdjɐ]
Komponist	o compositor [u kõmpu'zitor]
Konzert	concerto [kõ'sertu]
Loge	o camarote [u kɐmɐ'rɔtə]
Luftmatratze	o colchão pneumático [u kol'ʃɐ̃u pneu'matiku]
Motor/boot	barco a motor ['barku ɐ mu'tor] lancha a gasolina ['lɐ̃ʃa gɐzu'linɐ]
~sport	motociclismo e automobilismo [mɔtɔsi'kliʒmu i autumubi'liʒmu]
Niederlage	derrota [də'ʀɔtɐ]
Oper	ópera ['ɔpərɐ]
Operette	opereta [ɔpə'retɐ]
Opernglas	binóculo [bi'nɔkulu]
Orchester	orquestra [ɔr'kɛʃtrɐ]
Parkett	plateia (é) [plɐ'tɛjɐ]
Pause	intervalo [ĩntər'valu]
Pferderennen	corrida de cavalos [ku'ʀidɐ də kɐ'valuʃ]
Programm	o programa [u pru'gremɐ]
radfahren	andar de bicicleta [ɐ̃n'dar də bəsi'klɛtɐ]
Radsport	ciclismo [si'kliʒmu]
Rang	galeria [gɐlə'riɐ]
1. Rang	primeiro balcão [pri'meiru bal'kɐ̃u]
2. Rang	segundo balcão [sə'gũndu bal'kɐ̃u]
Regie	a encenação [ɐ ẽsənɐ'sɐ̃u] a dire(c)ção artística [ɐ di'rɛsɐ̃u ɐr'tiʃtikɐ]
Regisseur	o encenador [u ẽsənɐ'dor]
Reitsport	a equitação [ɐ ikitɐ'sɐ̃u]
Rennen	corrida [ku'ʀidɐ]
Ringkampf	luta greco-romana ['lutɐ 'grekɔ ʀu'menɐ]
Rodel	o trenó [u trə'nɔ]
Rolle	o papel [u pɐ'pɛl]
Hauptrolle	o papel principal [u pɐ'pɛl prĩsi'pal]
Ruderboot	barco a remos ['barku ɐ 'ʀemuʃ]
Schauspiel	espe(c)táculo [ʃpɛ'takulu] peça de teatro ['pɛsɐ də 'tjatru]
Schauspieler	o a(c)tor [u a'tor]
Schauspielerin	a a(c)triz [ɐ a'triʃ]
Schiedsrichter	árbitro ['arbitru]
Schießsport	tiro ['tiru]
Schlauchboot	barco pneumático ['barku pneu'matiku]
Schwimmbad	piscina [pəʃ'sinɐ]
Schwimmen	a natação [ɐ nɐtɐ'sɐ̃u]

Segelboot	barco à vela ['barku a 'vɛlɐ]
Segeln	vela ['vɛlɐ]
Sieg	vitória [vi'tɔrjɐ]
Sinfoniekonzert	concerto sinfónico (ô) [kõ'sertu sĩ'fɔniku]
Ski	o esqui [u ʃki]
~bindung	a fixação [ɐ fiksɐ'sɐ̃u]
~laufen	esquiar [ʃkjar]
~lift	o telesqui [u tɛlɛ'ʃki]
Solist	o solista [u su'liʃtɐ]
Sonnenöl	óleo solar ['ɔlju su'lar]
Spiel	jogo ['ʒogu]
~plan	o programa [u pru'gremɐ]
Sportler/in	o/a desportista [u/ɐ dəʃpur'tiʃtɐ]
Sportplatz	campo desportivo (*Br* de esporte) ['kɐ̃mpu dəʃpur'tivu (di‿is'pɔrti)]
Sprungbrett	o trampolim [u trɐ̃mpu'lĩ]
Stierkampf	tourada [to'radɐ]
tauchen	mergulhar [mərgu'ʎar]
Taucherausrüstung	equipamento de mergulhador [ikipɐ'mẽntu də mərguʎɐ'dor]
Tennis	o ténis (ê) [u 'tɛniʃ]
~platz	campo de ténis (ê) ['kɐ̃mpu də 'tɛniʃ]
~schläger	raqueta de ténis (ê) [ʀɐ'ketɐ də 'tɛniʃ]
Theaterstück	peça de teatro ['pɛsɐ də 'tjatru]
Tischtennis	o ténis (ê) de mesa [u 'tɛniʃ də 'mezɐ]
	o pingue-pongue [u 'pĩŋgə 'põŋgə]
Tragödie	tragédia [trɐ'ʒɛdjɐ]
Tretboot	gaivota [gai'vɔtɐ]
	barco de pedais ['barku də pə'daiʃ]
Turnen	ginástica [ʒi'naʃtikɐ]
verlieren	perder [pər'der]
Volleyball	o voleibol [u vɔlei'bɔl]
Vorhang	pano ['pɐnu]
Vorstellung	a representação [ɐ ʀəprəzẽntɐ'sɐ̃u]
	a sessão [ɐ sə'sɐ̃u]
Vorverkauf	venda antecipada ['vẽnd‿ɐ̃ntəsi'padɐ]
Wasserski	o esqui aquático [u ʃki ɐ'kwatiku]
Wellenreiten	o surf [u sərf]
Wettkampf	a competição [ɐ kõmpəti'sɐ̃u]

12 Einkaufen – Geschäfte
Compras – Lojas

Fragen, Preise	**Perguntas, Preços**
Wo kann man ... kaufen?	Onde se pode/podem comprar ...? ['õndə sə 'pɔdə/'pɔdẽi kõm'prar]
Können Sie mir ein ... geschäft empfehlen?	Pode-me indicar uma loja de ...? ['pɔdəm‿ĩndi'kar‿'umɐ 'lɔʒɐ də]
● Werden Sie schon bedient?	Já está a ser atendido? [ʒa ʃta ɐ ser‿ɐtẽn'didu]
Ich möchte ...	Queria ... [kə'riɐ]
Haben Sie ...?	Tem ...? [tẽi]
Geben/Zeigen Sie mir bitte ...	Dê-me/Mostre-me ..., se faz favor. ['demə/'mɔʃtrəmə ... sə faʃ fɐ'vor]
Haben Sie noch ein anderes/eine(n) andere(n) ...?	Tem mais algum/alguma ... [tẽi maiz‿al'gũ/‿al'gumɐ]
Bitte ein Paar ... ein Dutzend ... ein Stück ...	Se faz favor, [sə faʃ fɐ'vor] um par de ... [ũm par də] uma dúzia de ... ['umɐ 'duzjɐ də] um pedaço de ... [ũm pə'dasu də]

Haben Sie etwas Besseres/Billigeres?	Tem melhor/mais barato? [tɐ̃i mə'ʎɔr/maiʒ bɐ'ratu]
Das gefällt mir.	Gosto disto. ['gɔʃtu 'diʃtu]
Wieviel kostet es?	Quanto custa? ['kwɐ̃ntu 'kuʃtɐ]
Ich nehme es.	Levo este/esta. ['lɛvu 'eʃtə/'ɛʃtɐ]
Nehmen Sie	Aceitam [ɐ'seitɐ̃u]
deutsches Geld?	dinheiro alemão? [də'ɲeiru elə'mɐ̃u]
Reiseschecks?	cheques de viagem? ['ʃɛkəʒ də 'vjaʒɐ̃i]
Euroschecks?	eurocheques? [eurɔ'ʃɛkəʃ]

In der Buchhandlung / Na livraria

Ich hätte gern	Queria [kə'riɐ]
einen Stadtplan.	uma planta da cidade. ['umɐ 'plɐ̃ntɐ dɐ si'dadə]
eine deutsche Zeitung.	um jornal alemão. [ũ ʒur'nal‿elə'mɐ̃u]
eine Illustrierte.	uma revista. ['umɐ ʀə'viʃtɐ]
ein Wörterbuch.	um dicionário. [ũ dəsju'narju]
einen Reiseführer.	um guia turístico. [ũ 'giɐ tu'riʃtiku]

Im Fotogeschäft / Na loja de artigos fotográficos

Ich möchte	Queria [kə'riɐ]
einen Film für diesen Apparat.	um rolo/filme para esta máquina. [ũ 'ʀolu/'filmə 'pɐrɐ 'ɛʃtɐ 'makinɐ]
einen Schwarzweiß-Film.	um rolo/filme a preto e branco. [ũ 'ʀolu/'film‿ɐ 'pretu i 'brɐ̃ŋku]
einen Farbfilm (für Dias).	um rolo colorido (para diapositivos). [ũ 'ʀolu kulu'ridu ('pɐrɐ djɐpuzi'tivuʃ)]
einen Film mit 36/20/12 Aufnahmen.	um rolo de 36/20/12 fotografias. [ũ 'ʀolu də 'trĩntɐ i seiʃ/'vĩntə/'dozə futugrɐ'fiɐʃ]
einen Super-8-Film.	um filme súper 8. [ũ 'filmə 'supɛr‿'oitu]
einen Kassettenfilm.	um filme em cassete. [ũ 'film‿ɐ̃i ka'sɛtə]
zehn Blitzlichtbirnen.	dez lâmpadas para flash. [dɛʒ 'lɐ̃mpɐdɐʃ 'pɐrɐ flɛʃ]

Würden Sie mir bitte diesen Film entwickeln?	Podia-me revelar este filme/rolo, se faz favor? [pu'diemə ʀəvə'lar‿'eʃtə 'filmə/'ʀolu sə faʃ fɐ'vor]
Bitte machen Sie mir je einen Abzug von diesen Negativen.	Faça-me uma cópia de cada um destes negativos, se faz favor. ['fasɐm‿'umɐ 'kɔpjɐ də 'kɐdɐ ũ 'deʃtəʒ nəgɐ'tivuʃ sə faʃ fɐ'vor]
● Welches Format bitte?	Que tamanho deseja? [kə tɐ'mɐɲu də'zeʒɐ]
Sieben mal zehn./Neun mal neun.	Sete por dez./Nove por nove. ['sɛtə pur dɛʃ/'nɔvə pur 'nɔvə]
● Wünschen Sie Hochglanz oder Seidenglanz?	Brilhante ou mate? [bri'ʎɐ̃nt‿o 'matə]
Wann kann ich die Bilder abholen?	Quando posso vir buscar as fotografias? ['kwɐ̃ndu 'pɔsu vir buʃ'kar‿ɐʃ futugrɐ'fiɐʃ]
Können Sie bitte diesen Apparat reparieren?	Pode-me reparar esta máquina? ['pɔdəmə ʀəpɐ'rar‿'ɛʃtɐ 'makinɐ]
Der Sucher/Der Auslöser funktioniert nicht.	O visor/O disparador não funciona. [u vi'zor/u dəʃpɐrɐ'dor nɐ̃u fũ'sjonɐ]

Kleidung, Schuhe, Reinigung — Vestuário, calçado, limpeza

Können Sie mir ... zeigen?	Pode-me mostrar ...? ['pɔdəmə muʃ'trar]
● Welche Farbe wünschen Sie?	De que cor deseja? [də kə kor də'zeʒɐ]
Ich möchte etwas in Gelb.	Queria em amarelo. [kə'riɐ ɐ̃i ɐmɐ'rɛlu]
Ich möchte etwas Passendes hierzu.	Queria qualquer coisa que ficasse bem com isto. [kə'riɐ kwal'kɛr 'koizɐ kə fi'kasə bɐ̃i kõ 'iʃtu]
Kann ich es anprobieren?	Posso provar? ['pɔsu pru'var]
● Welche (Konfektions-) Größe haben Sie?	Que número usa? [kə 'numəru 'uzɐ]

Das ist mir zu eng. kurz. lang. groß.	Está muito [ʃta 'mũintu] apertado. [ɐpər'tadu] curto. ['kurtu] comprido. [kõm'pridu] largo. ['largu]
Das paßt gut. Ich nehme es.	Está bom. Levo este. [ʃta bõ. 'lɛvu 'eʃtə]
Ich möchte ein Paar Halbschuhe. Hausschuhe. Kinderschuhe. Sandalen. Stiefel.	Queria um par de [kə'riɐ ũm par də] sapatos. [sɐ'patuʃ] sapatos de quarto/chinelos. [sɐ'patuʒ də 'kwartu/ʃi'nɛluʃ] sapatos para criança. [sɐ'patuʃ 'pɐrɐ 'krjẽsɐ] sandálias. [sẽn'daljɐʃ] botas. ['bɔtɐʃ]
Ich habe Schuhgröße ...	Calço número ... ['kalsu 'numəru]
Sie drücken mich.	Apertam-me um pouco. [ɐ'pɛrtẽum‿ũm 'poku]
Sie sind zu eng/weit.	Estão muito apertados/largos. [ʃtẽu 'mũintu ɐpər'taduʃ/'larguʃ]
Bitte noch eine Dose Schuhkrem/ein Paar Schnürsenkel.	Dê-me também uma caixa de pomada/um par de atacadores, se faz favor. ['demə tẽm'bẽi 'umɐ 'kaiʃɐ də pu'madɐ/ ũm par d‿ɐtɐkɐ'dorəʃ sə faʃ fɐ'vor]

Ich möchte diese Sachen reinigen/waschen lassen.
Podem-me limpar/lavar esta roupa?
['pɔdẽimə lĩm'par‿/lɐ'var‿'ɛʃtɐ 'ʀopɐ]

Wann sind sie fertig?
Quando é que está pronta?
['kwẽndwɛ kə ʃta 'prõntɐ]

Lebensmittel / **Géneros (ê) alimentícios**

Geben Sie mir bitte ...
Dê-me, se faz favor, ...
['demə sə faʃ fɐ'vor]

Beim Optiker / **No oculista**

Würden Sie mir bitte diese Brille reparieren?
Podia-me consertar estes óculos, se faz favor?
[pu'diɐmə kõsər'tar‿'eʃtəz‿'ɔkuluʃ sə faʃ fɐ'vor]

Wann kann ich die Brille abholen?
Quando posso vir buscar os óculos?
['kwẽndu 'pɔsu vir buʃ'kar‿uz‿'ɔkuluʃ]

Was kostet die Reparatur?
Quanto custa o conserto?
['kwẽntu 'kuʃtɐ u kõ'sertu]

Ich suche eine Sonnenbrille.
Queria uns óculos de sol.
[kə'riɐ ũz‿'ɔkuluʒ də sɔl]

Im Tabakladen

Na tabacaria

Ein Päckchen ... Zigaretten mit/ohne Filter.

Um maço de cigarros ... com/sem filtro, se faz favor.
[ũ 'masu də si'gaʀuʃ . . . kõ/sẽi 'filtru sə faʃ fɐ'vor]

Haben Sie deutsche/amerikanische Zigaretten?

Tem cigarros alemães/americanos?
[tẽi si'gaʀuz‿elə'mẽiʃ/‿eməri'kenuʃ]

Zehn Zigarren/Zigarillos, bitte.

Dez charutos/cigarrilhas, se faz favor.
[dɛʃ ʃɐ'rutuʃ/sigɐ'ʀiʎɐʃ sə faʃ fɐ'vor]

Eine Dose Tabak, bitte.

Uma caixa de tabaco para cachimbo, se faz favor.
['umɐ 'kaiʃɐ də tɐ'baku 'pɐrɐ kɐ'ʃĩmbu sə faʃ fɐ'vor]

Eine Schachtel Streichhölzer, bitte.

Uma caixa de fósforos, se faz favor.
['umɐ 'kaiʃɐ də 'fɔʃfuruʃ sə faʃ fɐ'vor]

Beim Uhrmacher, Juwelier

Na relojoaria/joalharia

Meine Uhr geht nicht mehr. Können Sie mal nachsehen?

O meu relógio não trabalha. Pode ver o que tem?
[u meu ʀə'lɔʒju nɐ̃u trɐ'baʎɐ. 'pɔdə ver‿u kə tẽi]

Ich möchte ein hübsches Andenken/Geschenk.

Queria uma lembrança bonita/um presente bonito.
[kə'riɐ 'umɐ lẽm'brɐ̃sɐ bu'nitɐ/ũm prə'zẽntə bu'nitu]

Wieviel wollen Sie ausgeben?

Quanto quer gastar?
['kwɐ̃ntu kɛr gɐʃ'tar]

Ich möchte etwas nicht zu Teures.

Queria uma coisa não muito cara.
[kə'riɐ 'umɐ 'koizɐ nɐ̃u 'mũintu 'karɐ]

Was kostet ...?

Quanto custa ...? ['kwɐ̃ntu 'kuʃtɐ]

Wortliste Geschäfte

Antiquariat	loja de alfarrabista ['lɔʒɐ d‿alfɐʀɐ'biʃtɐ]
Antiquitätengeschäft	loja de antiguidades ['lɔʒɐ d‿ẽntigwi'dadəʃ] antiquário [ẽnti'kwarju]
Apotheke	farmácia [fɐr'masjɐ]
Bäckerei	padaria [padɐ'riɐ]
Blumengeschäft	florista [flu'riʃtɐ]
Buchhandlung	livraria [livrɐ'riɐ]
Drogerie	drogaria [drugɐ'riɐ]
Eisenwarengeschäft	loja de ferragens ['lɔʒɐ də fə'ʀaʒẽiʃ]
Elektrohandlung	loja de artigos elé(c)tricos ['lɔʒɐ d‿ɐr'tiguz‿i'lɛtrikuʃ]
Fischgeschäft	peixaria [peiʃɐ'riɐ]
Fotoartikel	(loja de) artigos fotográficos [('lɔʒɐ d‿)ɐr'tiguʃ futu'grafikuʃ]
Friseur	o salão de cabeleireiro [u sɐ'lẽu də kɐbəlei'reiru] barbearia [bɐrbjɐ'riɐ]
Gemüsehändler	o vendedor de hortaliça [u vẽndə'dor d‿ɔrtɐ'lisɐ] o lugar [u lu'gar]
Juwelier	joalharia [ʒwɐʎɐ'riɐ]
Kaufhaus	o grande armazém [u 'grẽnd‿armɐ'zẽi]
Konditorei	pastelaria [pɐʃtəlɐ'riɐ]
Kosmetiksalon	instituto de beleza [ĩʃti'tutu də bə'lezɐ]
Kunsthändler	o negociante de obje(c)tos de arte [u nəgu'sjẽntə d‿ob'ʒɛtuʒ d‿'artə]
Lebensmittelgeschäft	mercearia [mərsjɐ'riɐ]
Lederwarengeschäft	loja de artigos de couro/pele ['lɔʒɐ d‿ɐr'tiguʒ də 'koru/'pɛlə]
Metzgerei	talho ['taʎu], *(Br)* o açougue [u a'sogi]
Milchgeschäft	leitaria [leitɐ'riɐ]
Möbelgeschäft	a loja/o armazém de móveis [ɐ 'lɔʒɐ/u armɐ'zẽi də 'mɔveiʃ]
Musikgeschäft	loja de artigos de música ['lɔʒɐ d‿ɐr'tiguʒ də 'muzikɐ]
Obsthandlung	frutaria [frutɐ'riɐ]
Optiker	óptico ['ɔtiku] o oculista [u ɔku'liʃtɐ]
Parfümerie	perfumaria [pərfumɐ'riɐ]
Pelzgeschäft	loja de peles ['lɔʒɐ də 'pɛləʃ] pelaria [pəlɐ'riɐ] *(Br)* peleteria [pelete'riɐ]

Porzellangeschäft	loja de artigos de porcelana ['lɔʒɐ d‿ɐr'tiguʒ də pursə'lenɐ]
Reinigung, chemische	tinturaria [tĩnturɐ'riɐ]
Reiseandenken	(loja de) recordações [('lɔʒɐ də) ʀəkurdɐ'sõiʃ]
Reisebüro	agência de viagens [ɐ'ʒẽsjɐ də 'vjaʒẽiʃ]
Schallplattengeschäft	loja de discos ['lɔʒɐ də 'diʃkuʃ]
Schneider/in	o alfaiate [u alfɐ'jatə]
	a modista [ɐ mu'diʃtɐ]
Schreibwarengeschäft	papelaria [pɐpəlɐ'riɐ]
Schuhgeschäft	sapataria [sɐpɐtɐ'riɐ]
Schuhmacher	sapateiro [sɐpɐ'teiru]
Selbstbedienungsladen	auto-serviço ['auto sər'visu]

Spielwarengeschäft	loja de brinquedos ['lɔʒɐ də brĩŋ'keduʃ]
Spirituosengeschäft	loja de bebidas alcoólicas ['lɔʒɐ də bə'bidez‿al'kwɔlikeʃ]
Sportartikel	(loja de) artigos de desporto (*Br* esporte) [('lɔʒɐ d‿)er'tiguʒ də dəʃ'portu (is'pɔrti)]
Stoffgeschäft	loja de fazendas ['lɔʒɐ də fɐ'zẽndɐʃ]
Süßwarengeschäft	confeitaria [kõfeitɐ'riɐ]
	pastelaria [pɐʃtəlɐ'riɐ]
Tabakladen	tabacaria [tɐbɐkɐ'riɐ]
Uhrmacher	relojoeiro [ʀəlu'ʒweiru]
Verkehrsbüro	turismo [tu'riʒmu]
Waffenhandlung	armaria [ɐrmɐ'riɐ]
	loja de armas ['lɔʒɐ d‿'armɐʃ]
Wäscherei	lavandaria [ləvẽndɐ'riɐ]
Weinhandlung	o armazém de vinhos [u armɐ'zẽi də 'viɲuʃ]
Zeitungshändler	o vendedor de jornais [u vẽndə'dor də ʒur'naiʃ]

Wortliste Kleidung

Abendkleid	vestido de noite [vəʃ'tidu də 'noitə]
Absatz	salto ['saltu], o tacão [u tɐ'kɐ̃u]
anprobieren	provar [pru'var]
Anzug	fato ['fatu], *(Br)* terno ['tɛrnu]
Ärmel	manga ['mɐ̃ŋgɐ]
Bade/anzug	fato de banho ['fatu də 'bɐɲu]
	(Br) o maiô [u ma'jo]
~hose	o calção de banho [u kal'sɐ̃u də 'bɐɲu]
~mantel	o roupão de banho [u ʀo'pɐ̃u də 'bɐɲu]
~mütze	touca de banho ['tokɐ də 'bɐɲu]
Baumwolle	o algodão [u algu'dɐ̃u]
Bikini	o biquíni [u bi'kini]
Bluse	blusa ['bluzɐ]
bügeln	passar a ferro [pɐ'sar‿ɐ 'fɛʀu]
Büstenhalter	o soutien, *(Br)* sutiã [u su'tjẽ]
	(Br) o porta-seios [u 'pɔrta 'sejus]
chemisch reinigen	limpar a seco [lĩm'par‿ɐ 'seku]
einfarbig	liso ['lizu]
Farbe	a cor [ɐ kor]
Flanell	flanela [flɐ'nɛlɐ]
Futter	forro ['foʀu]

gestreift	riscado [ʀiʃ'kadu], de riscas [də 'ʀiʃkeʃ]
Gummistiefel	as botas de borracha [eʒ 'bɔteʒ də bu'ʀaʃe]
Gürtel	cinto ['sĩntu]
Halstuch	lenço do pescoço ['lẽsu du pəʃ'kosu]
Handschuhe	as luvas [eʒ 'luveʃ]
Hemd	camisa [ke'mize]
Hose	as calças [eʃ 'kalseʃ]
kurze Hose	os calções [uʃ kal'sõiʃ]
Hut	o chapéu [u ʃe'pɛu]
Jacke	casaco [ke'zaku]
kariert	aos quadrados [euʃ kwe'draduʃ]
Kleid	vestido [vəʃ'tidu]
Kniestrümpfe	as meias pelo joelho [eʒ 'mejeʃ 'pelu 'ʒweʎu]
knitterfrei	anti-rugas ['ẽnti 'ʀugeʃ]
Knopf	o botão [u bu'tẽu]
Konfektion	a confecção [e kõfɛ'sẽu]
Kostüm	(fato de) saia e casaco [('fatu də) 'saje i ke'zaku]
	(Br) o tailler [u tai'jɛr]
Krawatte	gravata [gre'vate]
Kunstfaser	fibra sintética ['fibre sĩn'tɛtike]
Leder/jacke	casaco (curto) de cabedal (*Br* de couro) [ke'zaku ('kurtu) də kebə'dal (di 'koru)]
~mantel	casaco (comprido) de cabedal (*Br* de couro) [ke'zaku (kõm'pridu) də kebə'dal (di 'koru)]
Mantel	*(Damen~)* casaco comprido [ke'zaku kõm'pridu]
	(Herren~) sobretudo [sobrə'tudu]
Morgenrock	o robe [u 'ʀɔbə]
Pantoffeln	as pantufas [eʃ pẽn'tufeʃ]
Pelz/jacke	casaco (curto) de peles [ke'zaku ('kurtu) də 'pɛləʃ]
~mantel	casaco (comprido) de peles [ke'zaku (kõm'pridu) də 'pɛləʃ]
Pullover	camisola [kemi'zɔle]
	o pulôver [u pu'lovɛr]
Pyjama	o pijama [u pi'ʒeme]
Regenmantel	gabardina [gebar'dine]
	o impermeável [u ĩmpər'mjavɛl]
Reißverschluß	fecho de correr ['feʃu də ku'ʀer]
	fecho eclair (*Br* ecler) ['feʃ(u)‿e'klɛr]

Rock	saia ['sajɐ]
Sakko	casaco [kɐ'zaku]
Samt	veludo [və'ludu]
Sandalen	as sandálias [ɐʃ sẽn'daljɐʃ]
Schal	o cachecol [u kaʃə'kɔl]
Schirm	o guarda-chuva [u 'gwardɐ 'ʃuvɐ]
Schlüpfer	as cuecas de senhora [ɐʃ 'kwɛkɐʃ də sə'ɲɔrɐ]
Schuhe	os sapatos [uʃ sɐ'patuʃ]
Schuh/bänder	os atacadores [uz‿ɐtɐkɐ'dorəʃ]
~bürste	escova de calçado ['ʃkovɐ də kal'sadu]
~krem	pomada [pu'madɐ]
Seide	seda ['sedɐ]
Socken	as peúgas [ɐʃ 'pjugɐʃ]
Sohle	sola ['sɔlɐ]
Sommerkleid	vestido de Verão [vəʃ'tidu də və'rɐ̃u]
Sporthemd	camisa desportiva [kɐ'mizɐ dəʃpur'tivɐ]
Stiefel	as botas [ɐʒ 'bɔtɐʃ]
Strandschuhe	os sapatos de praia [uʃ sɐ'patuʒ də 'prajɐ]
Strickjacke	casaco de malha [kɐ'zaku də 'maʎɐ]
Strümpfe	as meias [ɐʒ 'mejɐʃ]
Strumpfhose	meia-calça ['mejɐ 'kalsɐ]
Taschentuch	lenço de assoar ['lẽsu d‿ɐ'swar]
Trainingsanzug	fato de treino [fatu də 'treinu]
Unter/hemd	camisola [kɐmi'zɔlɐ]
~hose	*(kurze)* as cuecas [ɐʃ 'kwɛkɐʃ] *(lange)* as ceroulas [ɐʃ sə'rolɐʃ]
~rock	o saiote [u sɐ'jɔtə] *(Br)* anágua [a'nagwɐ]
~wäsche	roupa interior ['ʁopɐ ĩntə'rjor]
waschmaschinenfest	lavável à máquina [lɐ'vavɛl‿a 'makinɐ]
Weste	o colete [u ku'letə]
Wildleder/jacke	casaco (curto) de camurça [kɐ'zaku ('kurtu) də kɐ'mursɐ]
~mantel	casaco (comprido) de camurça [kɐ'zaku (kõm'pridu) də kɐ'mursɐ]
Wolle	a lã [ɐ lɐ̃]
reine Wolle	a lã pura [ɐ lɐ̃ 'purɐ]

Wortliste Farben

beige	bege ['bɛʒə]
blau	azul [ɐ'zul]
dunkelblau	azul escuro [ɐ'zul 'ʃkuru]
hellblau	azul claro [ɐ'zul 'klaru]
braun	castanho [kɐʃ'tɐɲu]
	(Br) marrom [ma'ʀõ]
dunkelbraun	castanho (*Br* marrom) escuro [kɐʃ'tɐɲu (ma'ʀõ) 'ʃkuru]
kastanienbraun	castanho [kɐʃ'tɐɲu]
farbig	de cor [də kor]
einfarbig	só de uma cor [sɔ d‿'umɐ kor]
mehrfarbig	de várias cores [də 'varjɐʃ 'korəʃ]
gelb	amarelo [ɐmɐ'rɛlu]
golden	dourado [do'radu]
grau	cinzento [sĩ'zẽntu]
dunkelgrau	cinzento escuro [sĩ'zẽntu 'ʃkuru]
hellgrau	cinzento claro [sĩ'zẽntu 'klaru]
grün	verde ['verdə]
dunkelgrün	verde escuro ['verdə 'ʃkuru]
hellgrün	verde claro ['verdə 'klaru]
lila	lilás [li'laʃ]
orange	cor-de-laranja [kor də lɐ'rẽʒɐ]
rosa	cor-de-rosa [kor də 'ʀɔzɐ]
rot	vermelho [vər'meʎu]
	encarnado [ẽŋkɐr'nadu]
dunkelrot	vermelho escuro [vər'meʎu 'ʃkuru]
hellrot	vermelho claro [vər'meʎu 'klaru]
schwarz	preto ['pretu], negro ['negru]
silbern	prateado [prɐ'tjadu]
violett	roxo ['ʀoʃu], violeta [vju'letɐ]
weiß	branco ['brẽŋku]

Wortliste Schreibwaren

Ansichtskarte	o postal ilustrado [u puʃ'tal‿iluʃ'tradu]
Autokarte	o mapa das estradas [u 'mapɐ dɐz‿əʃ'tradɐʃ]
Bleistift	o lápis [u 'lapiʃ]
Brief/papier	o papel de carta [u pɐ'pɛl də 'kartɐ]
~umschlag	o envelope [u ẽvə'lɔpə]
	sobrescrito [sobrəʃ'kritu]
Farbstift	o lápis de cor [u 'lapiʒ də kor]

Füllfederhalter	caneta (de tinta permanente) [kɐ'netɐ (də 'tĩntɐ pərmɐ'nẽntə)]
Klebstoff	cola ['kɔlɐ]
Kohlepapier	o papel químico [u pɐ'pɛl 'kimiku]
Kugelschreiber	esferográfica [ʃfɛrɔ'grafikɐ]
Landkarte	o mapa [u 'mapɐ]
Notiz/block	bloco de notas ['blɔku də 'nɔtɐʃ]
~buch	agenda [ɐ'ʒẽndɐ]
	livro de notas ['livru də 'nɔtɐʃ]
Papier	o papel [u pɐ'pɛl]
Packpapier	o papel de embrulho [u pɐ'pɛl d‿ẽm'bruʎu]
Radiergummi	borracha [bu'ʀaʃɐ]
Reiseführer	o guia turístico [u 'giɐ tu'riʃtiku]
Stadtplan	planta da cidade ['plẽntɐ dɐ si'dadə]
Tesafilm	fita adesiva/colante ['fitɐ edə'zivɐ/ku'lẽntə]
Tinte	tinta ['tĩntɐ]
Zeichenblock	bloco de papel de desenho ['blɔku də pɐ'pɛl də də'zeɲu]

Wortliste Toilettenartikel

Augenbrauenstift	o lápis para as sobrancelhas [u 'lapiʃ 'pɐraʃ subrẽ'seʎɐʃ]
Badesalz	os sais de banho [uʃ saiʒ də 'bɐɲu]
Bürste	escova ['ʃkovɐ]
Damenbinden	os pensos higiénicos (ê) [uʃ 'pẽsuz‿i'ʒjɛnikuʃ]
Deodorant	o desodorante [u dəzodu'rẽntə]
	o desodorizante [u dəzoduri'zẽntə]
Fleckenwasser	o tira-nódoas [u 'tirɐ 'nɔdwɐʃ]
Haar/bürste	escova do cabelo ['ʃkovɐ du kɐ'belu]
~festiger	o fixador [u fiksɐ'dor]
~klammern	os ganchos do cabelo [uʒ 'gẽʃuʒ du kɐ'belu]
~spray	laca ['lakɐ]
~waschmittel	o champô [u ʃẽm'po]
	o champu (*Br* xampu) [u ʃẽm'pu]
Handtuch	toalha ['twaʎɐ]
Hautkrem	o creme de beleza [u 'krɛmə də bə'lezɐ]
Kamm	o pente [u 'pẽntə]

Kleiderbürste	escova de fato (*Br* roupa) ['ʃkove də 'fatu ('ʀope)]
Kölnisch Wasser	água de Colónia (ô) ['agwe də ku'lɔnje]
Krem	o creme [u 'krɛmə]
Lidschatten	sombra para os olhos ['sõmbre 'pere uz‿'ɔʎuʃ]
Lippenstift	o batom [u ba'tõ]
Lockenwickler	rolo ['ʀolu]
Mundwasser	água dentífrica ['agwe dẽn'tifrike]
Nachtkrem	o creme de noite [u 'krɛmə də 'noitə]
Nagel/feile	lima para unhas ['lime 'pere 'uɲeʃ]
~lack	o verniz para unhas [u vər'niʃ 'pere 'uɲeʃ]
~lackentferner	acetona [esə'tone]
~schere	tesoura para unhas [tə'zore 'pere 'uɲeʃ]
Papiertaschentücher	os lenços de papel [uʒ 'lẽsuʒ də pe'pɛl]
Parfüm	o perfume [u pər'fumə]
Pinzette	pinça ['pĩse]
Puder	o pó-de-arroz [u pɔ d‿e'ʀoʃ]
~dose	caixa de pó-de-arroz ['kaiʃe də pɔ d‿e'ʀoʃ]
Körperpuder	(o pó de) talco [(u pɔ də) 'talku]
Rasier/apparat	máquina de barbear ['makine də ber'bjar]
~klinge	lâmina para barbear ['lemine 'pere ber'bjar]
~pinsel	o pincel de barba [u pĩ'sɛl də 'barbe]
~seife	o sabão de barbear [u se'bẽu də ber'bjar]
~wasser	a loção (para a barba) [e lu'sẽu ('pera 'barbe)]
Reinigungskrem	o creme de limpeza [u 'krɛmə də lĩm'peze]
Reisenecessaire	o nécessaire [u nese'sɛr]
	(Br) frasqueira [fras'kere]
Schere	tesoura [tə'zore]
Schwamm	esponja ['ʃpõʒe]
Seife	o sabão [u se'bẽu]
	o sabonete [u sebu'netə]
Shampoo	o champô [u ʃẽm'po]
	o champu (*Br* xampu) [u ʃẽm'pu]
Sonnenöl	óleo solar ['ɔlju su'lar]
Spiegel	espelho ['ʃpeʎu]
Tampons	os tampões [uʃ tẽm'põiʃ]
Toilettenpapier	o papel higiénico (ê) [u pe'pɛl‿i'ʒjɛniku]
Waschlappen	luva de lavar ['luve də le'var]
Watte	o algodão [u algu'dẽu]

Wimperntusche	o rímel [u 'ʀimɛl]
Zahn/bürste	escova de dentes ['ʃkovɐ də 'dẽntəʃ]
~pasta	pasta dentífrica ['paʃtɐ dẽn'tifrikɐ]

Wortliste Nahrungsmittel

Äpfel	as maçãs [ɐʒ mɐ'sɐ̃ʃ]
Apfelsinen	as laranjas [ɐʒ lɐ'rɐ̃ʒɐʃ]
Aprikosen	os damascos [uʒ dɐ'maʃkuʃ]
Aufschnitt	as carnes frias [ɐʃ 'karnəʃ 'friɐʃ]
Bananen	as bananas [ɐʒ bɐ'nɐnɐʃ]
Bier	cerveja [sər'veʒɐ]
Birnen	as peras [ɐʃ 'perɐʃ]
Bohnen	os feijoẽs [uʃ fei 'ʒõiʃ]
Brot	o pão [u pɐ̃u]
Brötchen	os pãezinhos [uʃ pɐ̃i'ziɲuʃ]
belegte Brötchen	as sandes [ɐʃ 'sɐ̃ndəʃ]
	as sanduíches [ɐʃ sɐ̃n'dwiʃəʃ]
	(Br) os sanduíches [us‿sẽn'dwiʃis]
Butter	manteiga [mɐ̃n'teigɐ]
Eier	os ovos [uz‿'ɔvuʃ]
Feigen	os figos [uʃ 'figuʃ]
Gurken	os pepinos [uʃ pə'pinuʃ]
Hähnchen	frango ['frɐ̃ŋgu]
Johannisbrot	alfarroba [alfɐ'ʀobɐ]
Joghurt	o iogurte [u jo'gurtə]
Kaffee	o café [u kɐ'fɛ]
Käse	queijo ['keiʒu]
Kekse	as bolachas [ɐʒ bu'laʃɐʃ]
Kirschen	as cerejas [ɐʃ sə'reʒɐʃ]
Konserven	as conservas [ɐʃ kõ'sɛrvɐʃ]
Kuchen	bolo ['bolu]
Kürbis	abóbora [ɐ'bɔburɐ]
Limonade	limonada [limu'nadɐ]
Mandeln	as amêndoas [ɐz‿ɐ'mẽndwɐʃ]
Milch	o leite [u 'leitə]
Oliven	as azeitonas [ɐz‿ɐzei'tonɐʃ]
Orangensaft	sumo (*Br* suco) de laranja ['sumu ('suku) də lɐ'rɐ̃ʒɐ]
Orangeade	laranjada [lɐrɐ̃'ʒadɐ]
Pfirsiche	os pêssegos [uʃ 'pesəguʃ]
Pflaumen	as ameixas [ɐz‿ɐ'meiʃɐʃ]
Salami	o salame [u sɐ'lɐmə]
Salat	salada [sɐ'ladɐ]

Salz	o sal [u sal]
Schinken	presunto [prə'zũntu]
~ gekocht	o fiambre [u 'fjẽmbrə] *(Br)* presunto [pre'zũntu]
~ roh	presunto [prə'zũntu]
Schokolade	o chocolate [u ʃuku'latə]
Senf	mọstarda [muʃ'tardɐ]
Suppe	sopa ['sopɐ]
Süßigkeiten	os doces [uʒ 'dosəʃ]
Tee	o chá [u ʃa]
Tomaten	os tomates [uʃ tu'matəʃ]
Wein	vinho ['viɲu]
Rotwein	vinho tinto ['viɲu 'tĩntu]
Weißwein	vinho branco ['viɲu 'brẽŋku]
Weintrauben	as uvas [ɐz‿'uvɐʃ]
Würstchen	as salsichas [ɐʃ sal'siʃɐʃ]
Zitronen	os limões [uʒ li'mõiʃ]
Zucker	o açúcar [u ɐ'sukar]

13 Beim Friseur
No cabeleireiro/Na barbearia

Damenfriseur	Cabeleireiro de senhoras
Können Sie mir einen guten Friseur empfehlen?	Pode-me indicar um bom cabeleireiro se faz favor? [ˈpɔdəm‿ĩndiˈkar‿ũm bõ kɐbəleiˈreiru sə faʃ fɐˈvor]
Kann ich mich für morgen anmelden?	Pode-me marcar para amanhã? [ˈpɔdəmə mɐrˈkar pɐr‿amɐˈɲɐ̃]
● Wie hätten Sie gern Ihr Haar?	Como deseja o cabelo? [ˈkomu dəˈzeʒɐ u kɐˈbelu]
Waschen und legen, bitte.	Lavar e mise, se faz favor. [lɐˈvar‿i ˈmizə sə faʃ fɐˈvor]
Waschen und fönen, bitte.	Lavar e secar/brushing, se faz favor. [lɐˈvar‿i səˈkar/ˈbrɛʃiŋ sə faʃ fɐˈvor]
Ich möchte eine Dauerwelle.	Quero fazer uma permanente. [ˈkɛru fɐˈzer‿ˈumɐ pərmɐˈnẽntə]
Ich möchte mir die Haare färben/tönen lassen.	Quero pintar o cabelo/fazer uma rinçage. [ˈkɛru pĩntar‿u kɐˈbelu/fɐˈzer‿ˈumɐ ʀɐnˈsaʒɐ̃i]

Schneiden, bitte.	Cortar, se faz favor. [kur'tar, sə faʃ fɐ'vor]
Etwas kürzer.	Um pouco mais curto. [ũm 'poku maiʃ 'kurtu]
Nur die Spitzen.	Só as pontas. [sɔ ɐʃ 'põntɐʃ]
An den Seiten.	Dos lados. [duʒ 'laduʃ]
Bitte etwas toupieren.	Ripar um pouco, se faz favor. [ʀi'par‿ũm 'poku sə faʃ fɐ'vor]
Bitte kein/nur wenig Haarspray.	Não me ponha laca,/Só um pouco de laca, se faz favor. [nɐ̃u mə 'poɲɐ 'lakɐ/sɔ ũm 'poku də 'lakɐ sə faʃ fɐ'vor]
Können Sie mir Maniküre machen?	Pode-me arranjar as unhas, se faz favor? ['pɔdəm‿ɐʀɐ̃'ʒar‿ɐz‿'uɲɐʃ sə faʃ fɐ'vor]
Vielen Dank. So ist es gut.	Muito obrigada. Está bem assim. ['mũint‿obri'gadɐ. ʃta bɐ̃i ɐ'sĩ]

Herrenfriseur — Barbeiro

Haareschneiden (und Rasieren), bitte.	O cabelo (e a barba), se faz favor. [u kɐ'belu (i ɐ 'barbɐ) sə faʃ fɐ'vor]
Lassen Sie es bitte lang.	Deixe-mo comprido, se faz favor. ['deiʃəmu kõm'pridu sə faʃ fɐ'vor]
Nicht zu kurz/Ganz kurz, bitte.	Não muito curto/Muito curto, se faz favor. [nɐ̃u 'mũintu 'kurtu/'mũintu 'kurtu sə faʃ 'fɐ'vor]
	Corte um pouco ['kɔrt‿ũm 'poku]
Hinten	atrás. [ɐ'traʃ]
Vorn	à frente. [a 'frẽntə]
Oben	em cima. [ɐ̃i 'simɐ]
An den Seiten	dos lados. [duʒ 'laduʃ]
etwas wegnehmen.	
Einen Messerschnitt, bitte.	Um corte à navalha, se faz favor. [ũ 'kɔrt‿a nɐ'vaʎɐ sə faʃ fɐ'vor]
Nehmen Sie hier bitte noch etwas mehr weg.	Corte-me um pouco mais aqui, se faz favor. ['kɔrtəm‿ũm 'poku maiz‿ɐ'ki sə faʃ fɐ'vor]

Den Scheitel, links/rechts, bitte.	A risca à esquerda/direita, se faz favor. [ɐ 'ʀiʃka 'ʃkerdɐ/di'reitɐ sə faʃ fɐ'vor]
Ja danke, es ist gut so.	Está bem assim. Muito obrigado. [ʃta bẽi ɐ'sĩ. 'mũint‿obri'gadu]
Wieviel macht es?	Qanto é? [kwẽn'twɛ]

Wortliste Friseur

Bart	barba ['barbɐ]
bleichen	descolorar [dəʃkulu'rar]
Dauerwelle	a permanente [ɐ pərmɐ'nẽntə]
färben	pintar [pĩn'tar]
frisieren, sich	pentear-se [pẽn'tjarsə]
Frisur	penteado [pẽn'tjadu]
Haar	cabelo [kɐ'belu]
~schnitt	o corte de cabelo [u 'kɔrtə də kɐ'belu]
~spray	laca ['lakɐ]
~teil	postiço [puʃ'tisu]
~wasser	a loção (para o cabelo) [ɐ lu'sɐ̃u ('pɐrɐ u kɐ'belu)]
kämmen	pentear [pẽn'tjar]
Koteletten	as suíças [ɐʃ 'swisɐʃ]
legen	fazer uma mise [fɐ'zer‿'umɐ 'mizə]
Locken	os caracóis [uʃ kɐrɐ'kɔiʃ]
Maniküre	manicura [mɐni'kurɐ]
Massage	a massagem [ɐ mɐ'saʒẽi]
Messerschnitt	o corte à navalha [u 'kɔrt‿a nɐ'vaʎɐ]
Nacken	nuca ['nukɐ]
Perücke	peruca [pə'rukɐ], cabeleira [kɐbə'leirɐ]
sich rasieren lassen	fazer a barba [fɐ'zer‿ɐ 'barbɐ]
Scheitel	risca ['ʀiʃkɐ]
schneiden	cortar [kur'tar]
Schnurrbart	o bigode [u bi'gɔdə]
stutzen	aparar [ɐpɐ'rar]
tönen	fazer uma rinçage [fɐ'zer‿'umɐ ʀẽ'saʒẽi]
toupieren	cardar [kɐr'dar]
Trockenhaube	o secador [u səkɐ'dor]
waschen und fönen	lavar e secar/brushing [lɐ'var‿i sə'kar/'brɛʃiŋ]
waschen und legen	lavar e fazer mise [lɐ'var‿i fɐ'zer 'mizə]
Wasserwelle	a mise [ɐ 'mizə]

14 Krankheit
Doença

In der Apotheke	Na farmácia
Wo ist die nächste Apotheke (mit Nachtdienst)?	Se faz favor, onde é a farmácia (de serviço) mais próxima? [sə faʃ fɐˈvor ˈõnd‿ɛ ɐ fɐrˈmasjɐ (də sərˈvisu) maiʃ ˈprɔsimɐ]
Ich möchte ...	Queria ... [kəˈriɐ]
Geben Sie mir bitte etwas gegen ...	Pode-me dar qualquer coisa para ..., se faz favor. [ˈpɔdəmə dar kwalˈkɛr ˈkoizɐ ˈpɐrɐ . . . sə faʃ fɐˈvor]
Dieses Mittel ist rezeptpflichtig.	Este remédio só se pode vender com receita médica. [ˈeʃtə ʀəˈmɛdju sɔ sə ˈpɔdə vẽnˈder kõ ʀəˈseitɐ ˈmɛdikɐ]
Kann ich darauf warten?	Posso esperar? [ˈpɔsu ʃpəˈrar]
Wann kann ich es abholen?	Quando posso vir buscá-lo? [ˈkwẽndu ˈpɔsu vir buʃˈkalu]

Beim Arzt	No médico
Können Sie mir einen guten ... empfehlen?	Pode-me indicar, se faz favor, um bom ['pɔdəm‿ĩndi'kar sə faʃ fɐ'vor ũm bõ]
Arzt	médico? ['mɛdiku]
Augenarzt	oftalmologista? [ɔftalmulu'ʒiʃtɐ]
Frauenarzt	ginecologista? [ʒinəkulu'ʒiʃtɐ]
Hals-Nasen-Ohren-Arzt	otorrinolaringologista? [ɔtoʀinolɐrĩngulu'ʒiʃtɐ]
Hautarzt	dermatologista? [dɛrmɐtulu'ʒiʃtɐ]
Internisten	médico de doenças internas? ['mɛdiku də 'dwẽsez‿ĩn'tɛrnɐʃ]
Kinderarzt	pediatra? [pə'djatrɐ]
Nervenarzt	neurologista? [neurulu'ʒiʃtɐ]
Praktischen Arzt	médico de clínica geral? ['mɛdiku də 'klinikɐ ʒə'ral]
Urologen	urologista? [urulu'ʒiʃtɐ]
Zahnarzt	dentista? [dẽn'tiʃtɐ]
Wo ist seine Praxis?	Onde é o consultório? ['õnd‿ɛ u kõsul'tɔrju]
Wann hat er Sprechstunde?	A que horas é a consulta? [ɐ 'kjɔrez‿ɛ ɐ kõ'sultɐ]
Ich fühle mich nicht wohl.	Não me sinto bem. [nɐ̃u mə 'sĩntu bɐ̃i]
Ich bin stark erkältet.	Estou muito constipado (*Br* resfriado). [ʃto 'mũintu kõʃti'padu (ʀes'frjadu)]
Ich habe hier Schmerzen.	Dói-me aqui. ['dɔim‿ɐ'ki]
Ich habe mich verletzt.	Feri-me. [fə'rimə]
Ich bin gestochen/gebissen worden.	Fui picado/mordido. [fui pi'kadu/mur'didu]
Ich habe mir den Magen verdorben.	Tenho uma indigestão. ['tɐɲ‿'um‿ĩndiʒəʃ'tɐ̃u]
Ich habe keinen Appetit.	Não tenho apetite. [nɐ̃u 'tɐɲu‿ɐpə'titə]
Ich habe Durchfall/Verstopfung.	Tenho diarreia (é)/prisão de ventre. ['tɐɲu djɐ'ʀɐjɐ/pri'zɐ̃u də 'vẽntrə]

Ich vertrage das Essen/die Hitze nicht.	Não me dou bem com a comida/o calor. [nẽu mə do bẽi kõ ɐ ku'midɐ/u kɐ'lor]
Mir ist oft schlecht/schwindelig.	Sinto-me mal/Tenho vertigens com frequência. ['sĩntumə mal/'teɲu vər'tiʒẽiʃ kõ frə'kwẽsjɐ]
Ich kann nicht schlafen.	Durmo muito mal./Não durmo de noite. ['durmu 'mũintu mal/nẽu 'durmu də 'noitə]
Ich kann den Arm/das Bein nicht bewegen.	Não posso mexer o braço/a perna. [nẽu 'pɔsu mə'ʃer‿u 'brasu/‿ɐ 'pɛrnɐ]
Ich bin gestürzt.	Caí. [kɐ'i]
Das Bein ist geschwollen.	A perna está inchada. [ɐ 'pɛrnɐ ʃta ĩ'ʃadɐ]
Ich glaube, ich habe mir den Fuß gebrochen/verstaucht.	Creio que parti/torci o pé. ['kreju kə pɐr'ti/tur'si u pɛ]
Ich habe Kopfschmerzen. Halsschmerzen.	Dói-me ['dɔim‿] a cabeça. [‿ɐ kɐ'besɐ] a garganta. [‿ɐ gɐr'gẽntɐ]
Ich habe Husten.	Tenho tosse. ['teɲu 'tɔsə]
Können Sie mir bitte etwas geben/verschreiben?	Pode-me dar/receitar qualquer coisa? ['pɔdəmə dar/ʀə'seitar kwal'kɛr 'koizɐ]
Ich bin Diabetiker.	Sou diabético. [so djɐ'bɛtiku]
Ich erwarte ein Baby.	Estou à espera de bebé. [ʃto a 'ʃpɛrɐ də bɛ'bɛ]
Können Sie mir bitte ein ärztliches Attest ausstellen?	Pode-me passar um atestado médico? ['pɔdəmə pɐ'sar‿ũ ɐtəʃ'tadu 'mɛdiku]
• Was für Beschwerden haben Sie?	De que se queixa? [də kə sə 'keiʃɐ]
• Wo tut es weh?	Onde lhe dói? ['õndə ʎə dɔi]
• Machen Sie sich bitte frei.	Dispa-se, se faz favor. ['diʃpɐsə sə faʃ fɐ'vor]
• Tut es hier weh?	Dói-lhe aqui? ['dɔiʎ‿ɐ'ki]

• Atmen Sie tief. Atem anhalten, bitte.	Respire fundo. Contenha a respiração [ʀəʃ'pirə 'fũndu. kõn'teɲa ʀəʃpirɐ'sɐ̃u]
• Öffnen Sie den Mund.	Abra a boca. ['abra 'bokɐ]
• Zeigen Sie die Zunge.	Deite a língua de fora. ['deit‿ɐ 'lĩŋgwɐ də 'fɔrɐ]
• Husten, bitte.	Tussa. ['tusɐ]
• Wie lange fühlen Sie sich schon so?	Há quanto tempo se sente assim? [a 'kwɐ̃ntu 'tẽmpu sə 'sẽnt‿ɐ'sĩ]
• Wie ist Ihr Schlaf?	Dorme bem? ['dɔrmə bɐ̃i]
• Haben Sie Appetit?	Tem apetite? [tɐ̃i ɐpə'titə]
• Sie müssen geröntgt werden.	Tem de fazer uma radiografia. [tɐ̃i də fɐ'zer‿'umɐ ʀadjugrɐ'fiɐ]
• Ich muß Sie an einen Facharzt überweisen.	Tem de consultar um especialista. [tɐ̃i də kõsul'tar‿ũ ʃpəsjɐ'liʃtɐ]
• Sie müssen operiert werden.	Tem de ser operado/operada. [tɐ̃i də ser‿opə'radu/‿opə'radɐ]
• Sie brauchen ein paar Tage Bettruhe.	Tem de ficar uns dias de cama. [tɐ̃i də fi'kar‿ũʒ 'diɐʒ də 'kɐmɐ]
• Sie dürfen nicht soviel rauchen/trinken.	Não deve fumar/beber tanto. [nɐ̃u 'dɛvə fu'mar/bə'ber 'tɐ̃ntu]
• Es ist nichts Ernstes.	Não é nada de grave. [nɐ̃u ɛ 'nadɐ də 'gravə]
• Ich werde Ihnen etwas verschreiben.	Vou-lhe passar uma receita. ['voʎə pɐ'sar‿'umɐ ʀə'seitɐ]
• Nehmen Sie dreimal täglich 1 Tablette/15 Tropfen vor/nach dem Essen.	Tome um comprimido/quinze gotas três vezes por dia, antes/depois das refeições. ['tom‿ũ kõmpri'midu/'kĩzə 'gotɐʃ treʒ 'vezəʃ pur diɐ 'ɐ̃ntəʒ/də'poiʒ dɐʒ ʀəfei'sõiʃ]
• Nehmen Sie eine Tablette vor dem Schlafengehen.	Tome um comprimido antes de se deitar. ['tom‿ũ kõmpri'midu 'ɐ̃ntəʒ də sə dei'tar]

Im Krankenhaus	No hospital
Schwester, verständigen Sie bitte meine Familie. Hier ist die Anschrift.	Senhora enfermeira, faça-me o favor de avisar a minha família. Aqui tem o endereço. [sə'ɲor‿ẽfər'meirɐ 'fasɐm‿u fɐ'vor d‿ɐvi'zar‿ɐ 'miɲɐ fɐ'milijɐ. ɐ'ki tɐ̃i u ẽndə'resu]
Wie lange muß ich hier bleiben?	Quanto tempo terei de aqui ficar? ['kwɐ̃ntu 'tẽmpu tə'rei d‿ɐ'ki fi'kar]
Ich kann nicht einschlafen. Geben Sie mir bitte eine Schmerztablette/ Schlaftablette.	Não consigo dormir. Pode-me dar um analgésico/um soporífero, se faz favor? [nɐ̃u kõ'sigu dur'mir. 'pɔdəmə dar‿ũ ɐnal'ʒɛziku/‿ũ supu'rifəru sə faʃ fɐ'vor]
Wann darf ich aufstehen/ausgehen?	Quando é que posso levantar-me/ sair? ['kwɐ̃ndwɛ kə 'pɔsu ləvɐ̃n'tarmə/sɐ'ir]
Geben Sie mir bitte eine Bescheinigung über die Dauer des Krankenhausaufenthalts mit Diagnose.	Dê-me, se faz favor, um certificado de que conste a duração da permanência no hospital e o diagnóstico. ['demə sə faʃ fɐ'vor ũ sərtəfi'kadu də kə 'kõʃt‿ɐ durɐ'sɐ̃u dɐ pərmɐ'nẽsjɐ nu oʃpi'tal‿i u diɐg'nɔʃtiku]

Beim Zahnarzt	No dentista
Ich habe (starke) Zahnschmerzen.	Tenho uma (grande) dor de dentes. ['teɲ‿'umɐ ('grɐ̃ndə) dor də 'dẽntəʃ]
Dieser Zahn (oben/unten/vorn/hinten) tut weh.	Dói-me este dente (em cima/em baixo/à frente/atrás). ['dɔim‿'eʃtə 'dẽntə (ɐ̃i 'simɐ/ɐ̃i 'baiʃu/ a 'frẽntə/ɐ'traʃ)]
Ich habe eine Füllung verloren.	Perdi um chumbo. [pər'di ũ 'ʃũmbu]
Mir ist ein Zahn abgebrochen.	Partiu-se-me um dente. [pɐr'tiusəm‿ũ 'dẽntə]
Können Sie ihn plombieren?	Pode chumbá-lo? ['pɔdə ʃũm'balu]

• Ich muß ihn ziehen.	Tenho de o tirar. ['teɲu dju ti'rar]
• Dieser Zahn muß eine Krone bekommen.	Tenho de pôr uma coroa neste dente. ['teɲu də por‿'umɐ ku'roɐ 'neʃtə 'dẽntə]
• Ich behandle ihn nur provisorisch.	Vou-lhe fazer só um tratamento provisório. ['voʎə fɐ'zer sɔ ũ trɐtɐ'mẽntu pruvi'zɔrju]
• Bitte gut spülen.	Bocheche bem, se faz favor. [bu'ʃeʃə bɐ̃i sə faʃ fɐ'vor]
Können Sie diese Prothese reparieren?	Pode reparar esta dentadura? ['pɔdə ʀəpɐ'rar‿'ɛʃtɐ dẽntɐ'durɐ]
• Kommen Sie in zwei Tagen bitte nochmal zum Nachsehen.	Volte cá daqui a dois dias, para ver como está. ['vɔltə ka dɐ'ki ɐ doiʒ 'diɐʃ 'perɐ ver 'komu ʃta]
• Suchen Sie dann zu Hause gleich Ihren Zahnarzt auf.	Quando chegar a casa, vá logo ao seu dentista. ['kwẽndu ʃə'gar‿ɐ 'kazɐ va 'lɔgu ɐu seu dẽn'tiʃtɐ]

Wortliste Krankheiten

Abszeß	abcesso [ɐb'sɛsu]
Ader	veia ['vejɐ]
Allergie	alergia [ɐlər'ʒiɐ]
Anfall	o ataque [u ɐ'takə], acesso [ɐ'sɛsu]
ansteckend	contagioso [kõntɐ'ʒjozu]
Ansteckung	contágio [kõn'taʒju]
Appetitlosigkeit	falta de apetite ['faltɐ d‿ɐpə'titə]
Arm	braço ['brasu]
Asthma	asma ['aʒmɐ]
Atembeschwerden	a dificuldade em respirar [ɐ dəfikul'dad‿ɐ̃i ʀəʃpi'rar]
atmen	respirar [ʀəʃpi'rar]
Augen	os olhos [uz‿'ɔʎuʃ]
~entzündung	a inflamação dos olhos [ɐ ĩflɐmɐ'sɐ̃u duz‿'ɔʎuʃ]
Ausschlag	a erupção (cutânea) [ɐ irup'sɐ̃u (ku'tenjɐ)]

Bauch	o ventre [u 'vẽntrə]
Behandlung, ärztliche	tratamento médico [tretɐ'mẽntu 'mɛdiku]
Bein	perna ['pɛrnɐ]
Besuchszeit	as horas da visita [ɐz‿'ɔrɐʒ dɐ və'zitɐ]
Blähungen	flato ['flatu] flatulência [flɐtu'lẽsjɐ] os gases [uʒ 'gazəʃ]
Blase	bexiga [bə'ʃigɐ]
Blinddarm	o apêndice [u ɐ'pẽndisə]
~entzündung	a apendicite [a‿apẽndə'sitə]
Blut	o sangue [u 'sẽŋgə]
~druck	a tensão arterial [ɐ tẽ'sɐ̃u ɐrtə'rjal] *(Br)* a pressão do sangue [a pre'sɐ̃u du 'sɐ̃ŋgi]
bluten	sangrar [sɐ̃ŋ'grar]
Blut/probe	a análise de sangue [a‿a'nalizə də 'sẽŋgə]
~transfusion	a transfusão de sangue [ɐ trẽʃfu'zɐ̃u də 'sẽŋgə]
~ung	hemorragia [emuʀɐ'ʒiɐ]
~vergiftung	septicemia [sɛptisə'miɐ]
Brechreiz	náusea ['nauzjɐ]
Bruch	*(Leisten~)* hérnia ['ɛrnjɐ] *(Knochen~)* fra(c)tura [fra'turɐ]
Brust	peito ['peitu]
~korb	o tórax [u 'tɔraks] caixa torácica ['kaiʃɐ tɔ'rasikɐ]
Chirurg	o cirurgião [u sirur'ʒjɐ̃u]
Cholera	cólera ['kɔlərɐ]
Darm	intestino [ĩntəʃ'tinu]
desinfizieren	desinfe(c)tar [dəzĩfɛ'tar]
Diagnose	diagnóstico [djɐg'nɔʃtiku]
Diät	dieta ['djɛtɐ], o regime [u ʀə'ʒimə]
Diphtherie	difteria [diftə'riɐ]
Drüse	glândula ['glɐ̃ndulɐ]
Durchfall	diarreia (é) [djɐ'ʀɛjɐ]
durchleuchten	fazer uma radioscopia [fɐ'zer‿'umɐ ʀadjuʃku'piɐ]
Eiter	o pus [u puʃ]
eitern	supurar [supu'rar]
Ellbogen	cotovelo [kutu'velu]
Entzündung	a inflamação [ɐ ĩflɐmɐ'sɐ̃u]
erbrechen, sich	vomitar [vumi'tar]

erkälten, sich	constipar-se [kõʃti'parsə]
	(Br) resfriar(-se) [ʀes'frjar (si)]
Erkältung	a constipação [ɐ kõʃtipɐ'sɐ̃u]
	(Br) resfriado [ʀes'frjadu]
Facharzt	o especialista [u ʃpəsjɐ'liʃtɐ]
Ferse	o calcanhar [u kalkɐ'ɲar]
Fieber	a febre [ɐ 'fɛbrə]
Finger	dedo ['dedu]
Füllung (Zahn)	chumbo ['ʃũmbu]
Fuß	o pé [u pɛ]
Gallenblase	vesícula biliar [və'zikulɐ bi'ljar]
gebrochen	partido [pɐr'tidu]
Gehirn	cérebro ['sɛrəbru]
~erschütterung	a comoção cerebral [ɐ kumu'sɐ̃u sərə'bral]
~schlag	apoplexia cerebral [ɐpoplɛ'ksiɐ sərə'bral]
Gehör	ouvido [o'vidu]
Gelbsucht	icterícia [iktə'risjɐ]
Gelenk	a articulação [a‿artikulɐ'sɐ̃u]
Handgelenk	pulso ['pulsu]
Geschlechtskrankheit	doença venérea ['dwẽsɐ və'nɛrjɐ]
geschwollen	inchado [ĩ'ʃadu]
Geschwulst	o tumor [u tu'mor]
Geschwür	úlcera ['ulsərɐ]
Gesicht	cara ['karɐ], rosto ['ʀoʃtu]
Glieder	os membros [uʒ 'mẽmbruʃ]
Grippe	a gripe [ɐ 'gripə]
Hals	pescoço [pəʃ'kosu]
	(Kehle) garganta [gɐr'gɐ̃ntɐ]
~schmerzen	a dor de garganta [ɐ dor də gɐr'gɐ̃ntɐ]
Haut	a pele [ɐ 'pɛlə]
~krankheit	doença da pele ['dwẽsɐ dɐ 'pɛlə]
heiser sein	estar rouco [ʃtar 'ʀoku]
Herz	o coração [u kurɐ'sɐ̃u]
~anfall	o ataque cardíaco [u ɐ'takə kɐr'diɐku]
~fehler	a lesão/deficiência cardíaca [ɐ lə'zɐ̃u/dəfi'sjẽsjɐ kɐr'diɐkɐ]
~infarkt	o enfarte de miocárdio [u ẽ'fartə də mjɔ'kardju]
~klopfen	as palpitações [ɐʃ palpitɐ'sõiʃ]
~spezialist	o cardiologista [u kɐrdjulu'ʒiʃtɐ]
Heuschnupfen	asma dos fenos ['aʒmɐ duʃ 'fenuʃ]

Höhensonne	lâmpada de raios ultravioletas ['lẽmpɐdɐ də 'ʁajuz‿ultrɐvju'letɐʃ]
Hüfte	anca ['ẽŋkɐ], o quadril [u kwɐ'dril]
Hühnerauge	calo ['kalu]
Husten	a tosse [ɐ 'tɔsə]
impfen	vacinar [vɐsi'nar]
Infektion	a infecção [ɐ ĩfɛ'sɐ̃u]
Ischias	ciática ['sjatikɐ]
Karies	a cárie [ɐ 'karjə]
Keuchhusten	a tosse convulsa [ɐ 'tɔsə kõ'vulsɐ]
Kiefer	maxila [ma'ksilɐ]
Kinderlähmung	paralisia infantil [pɐrɐlə'zi‿ĩfẽn'til]
	a poliomielite [ɐ pɔljomje'litə]
Knie	joelho ['ʒweʎu]
Knöchel	tornozelo [turnu'zelu]
	artelho [ɐr'teʎu]
Knochen	osso ['osu]
~bruch	fra(c)tura [fra'turɐ]
Kopf	cabeça [kɐ'besɐ]
~schmerzen	a dor de cabeça [ɐ dor də kɐ'besɐ]
Krampf	cãibra ['kɐ̃ibrɐ], espasmo ['ʃpaʒmu]
krank	doente ['dwẽntə]
Krankenschwester	enfermeira [ẽfər'meirɐ]
Krankheit	doença ['dwẽsɐ]
Krebs	cancro ['kɐ̃ŋkru]
	(Br) o câncer [u 'kɐ̃sɛr]
Kreislaufstörung	a perturbação circulatória [ɐ pərturbɐ'sɐ̃u sirkulɐ'tɔrjɐ]
Krone	coroa [ku'roɐ]
Kurzsichtigkeit	miopia [mju'piɐ]
Lähmung	paralisia [pɐrɐlə'ziɐ]
Lebensmittelvergiftung	a intoxicação alimentar [ɐ ĩntɔksikɐ'sɐ̃u ɐlimẽn'tar]
Leber	fígado ['figɐdu]
Lunge	o pulmão [u pul'mɐ̃u]
Lungenentzündung	pneumonia [pneumu'niɐ]
Magen	estômago ['ʃtomɐgu]
~schmerzen	a dor de estômago [ɐ dor də 'ʃtomɐgu]
Mandelentzündung	a amigdalite [a‿amigdɐ'litə]
	angina [ɐ̃'ʒinɐ]
Mandeln	as amígdalas [ɐz‿ɐ'migdɐlɐʃ]
Masern	sarampo [sɐ'rɐ̃mpu]
Menstruation	a menstruação [ɐ mẽʃtrwɐ'sɐ̃u]
Migräne	enxaqueca [ẽʃɐ'kekɐ]

Mittelohrentzündung	a otite [ɐ ɔ'titə]
Mumps	a parotidite [ɐ perɔti'ditə]
	papeira [pɐ'peirɐ]
Mund	boca ['bokɐ]
Muskel	músculo ['muʃkulu]
Nachtschwester	enfermeira de serviço durante a noite [ẽfər'meirɐ də sər'visu durẽnt‿ɐ 'noitə]
Narkose	anestesia [ɐnəʃtə'ziɐ]
Nase	o nariz [u nɐ'riʃ]
Nasenbluten	hemorragia nasal [emuʀɐ'ʒiɐ nɐ'zal]
	a epistaxe [ɐ epiʃ'taksə]
Nerven	os nervos [uʒ 'nervuʃ]
nervös	nervoso [nər'vozu]
Niere	o rim [u ʀĩ]
Nierenentzündung	a nefrite [ɐ nə'fritə]
Ohnmacht	desmaio [dəʒ'maju]
in ~ fallen	desmaiar [dəʒmɐ'jar]
Ohr	orelha [o'reʎɐ]
Operation	a operação [ɐ opərɐ'sɐ̃u]
Plombe	chumbo ['ʃũmbu]
Pocken	varíola [vɐ'riulɐ]
Puls	pulso ['pulsu]
Quetschung	a contusão [ɐ kõntu'zɐ̃u]
Rezept	receita [ʀə'seitɐ]
Rheuma	reumatismo [ʀeumɐ'tiʒmu]
Rippe	costela [kuʃ'tɛlɐ]
Röntgenaufnahme	radiografia [ʀadjugrɐ'fiɐ]
Röteln	rubéola [ʀu'bɛulɐ]
Rücken	as costas [ɐʃ 'kɔʃtɐʃ]
Rückgrat	coluna vertebral [ku'lunɐ vərtə'bral]
	espinha dorsal ['ʃpiɲɐ dor'sal]
Schädel	crânio ['krɐnju]
Scharlach	escarlatina [ʃkɐrlɐ'tinɐ]
Schenkel	coxa ['koʃɐ]
Schiene	tala ['talɐ]
Schlaflosigkeit	insónia (ô) [ĩ'sɔnjɐ]
Schlaganfall	(o ataque de) apoplexia [(u ɐ'takə d‿) ɐpoplɛ'ksiɐ]
Schlüsselbein	clavícula [klɐ'vikulɐ]
Schmerzen	as dores [ɐʒ 'dorəʃ]
Schnittwunde	o golpe [u 'gɔlpə]
Schnupfen	a constipação [ɐ kõʃtipɐ'sɐ̃u]
	(Br) resfriado [ʀes'frjadu]
Schulter	ombro ['õmbru], espádua ['ʃpadwɐ]

Schüttelfrost	os calafrios [uʃ kelɐ'friuʃ]
Schwangerschaft	a gravidez [ɐ grɐvi'deʃ]
Schweiß	o suor [u swɔr]
Schwellung	inchaço [ĩ'ʃasu]
Schwindel	a vertigem [ɐ vər'tiʒẽi]
	as tonturas [ɐʃ tõn'turɐʃ]
schwitzen	suar [swar]
Sehnenzerrung	a distensão dos tendões [ɐ dəʃtẽ'sẽu duʃ tẽn'dõiʃ]
Seitenstechen	pontada de lado [põn'tadɐ də 'ladu]
Sonnen/brand	queimadura do sol [keimɐ'durɐ du sɔl]
~stich	a insolação [ɐ ĩsulɐ'sẽu]
Spritze	a inje(c)ção [ɐ ĩʒɛ'sẽu]
Station	serviço [sər'visu]
Stich	picada [pi'kadɐ]
Stirnhöhlenentzündung	a sinusite [ɐ sinu'zitə]
Stuhlgang	a evacuação [ɐ ivɐkwɐ'sẽʊ]
	as fezes [ɐʃ 'fɛzəʃ]
Tetanus	tétano ['tɛtɐnu]
Trommelfell	(membrana do) tímpano [(mẽm'brenɐ du) 'tĩmpɐnu]
Typhus	tifo ['tifu]
Übelkeit	náusea ['nauzjɐ], enjoo (ôo) [ẽ'ʒou]
Unterleib	o baixo-ventre [u 'baiʃu 'vẽntrə]
	o abdómen (ô) [u ɐb'dɔmen]
Untersuchung	o exame [u i'zemə]
Urin	urina [u'rinɐ]
verbinden	pensar [pẽ'sar]
Verbrennung	queimadura [keimɐ'durɐ]
Verdauung	a digestão [ɐ diʒəʃ'tẽu]
Verdauungsstörung	a indigestão [ɐ ĩndiʒəʃ'tẽu]
Vergiftung	envenenamento [ẽvənənɐ'mẽntu]
	a intoxicação [ɐ ĩntɔksikɐ'sẽu]
verletzen	ferir [fə'rir]
Verletzung	ferida [fə'ridɐ]
Verordnung	receita [ʀə'seitɐ]
	a prescrição [ɐ prəʃkri'sẽu]
Verrenkung	a luxação [ɐ luʃɐ'sẽu]
verschreiben	receitar [ʀəsei'tar]
verstaucht	torcido [tur'sidu]
Verstopfung	a prisão de ventre [ɐ pri'zẽu də 'vẽntrə]
weh tun	doer [dwer]
Windpocken	varicela [vɐri'sɛlɐ]
Wirbelsäule	coluna vertebral [ku'lunɐ vərtə'bral]

Wunde	ferida [fə'ride]
Zahn	o dente [u 'dẽntə]
~fleisch	gengiva [ʒẽ'ʒive]
~schmerzen	a dor de dentes [e dor də 'dẽntəʃ]
Zehe	dedo do pé ['dedu du pɛ]
ziehen (Zahn)	arrancar [eʀẽŋ'kar]
Zuckerkrankheit	a diabetes [e dje'bɛtəʃ]
Zunge	língua ['lĩŋgwe]

Wortliste Medikamente

Abführmittel	o purgante [u pur'gẽntə]
Alkohol	o álcool [u 'alkwɔl]
Antibabypillen	as pílulas anticoncepcionais [eʃ 'pilulez‿ẽntikõsɛsju'naiʃ]
Aspirin	aspirina [eʃpi'rine]
Augentropfen	as gotas para os olhos [eʒ 'goteʃ 'pere uz‿'ɔʎuʃ]
	colírio líquido [ku'lirju 'likidu]
äußerlich	para uso externo ['pere 'uzu 'ʃtɛrnu]
Beruhigungsmittel	o calmante [u kal'mẽntə]
Binde	ligadura [lige'dure]
Brandsalbe	pomada para queimaduras [pu'made 'pere keime'dureʃ]
Damenbinden	os panos higiénicos (ê) [uʃ 'penuz‿i'ʒjɛnikuʃ]
Desinfektionsmittel	o desinfe(c)tante [u dəzĩfɛ'tẽntə]
Einreibemittel	linimento [lini'mẽntu]
	pomada [pu'made]
Elastikbinde	ligadura elástica [lige'dur‿i'laʃtike]
vor dem Essen	antes das refeições ['ẽntəʒ deʒ ʀəfei'sõiʃ]
nach dem Essen	depois das refeições [də'poiʒ deʒ ʀəfei'sõiʃ]
Fieberthermometer	termómetro (ô) [tər'mɔmətru]
Gegengift	contraveneno [kõntrevə'nenu]
	antídoto [ẽn'tidutu]
Glyzerin	glicerina [glisə'rine]
Gurgelwasser	gargarejo [gerge'reʒu]
Heftpflaster	adesivo [edə'zivu]
Hustensaft	o xarope [u ʃe'rɔpə]

innerlich	para uso interno ['pere 'uzu ĩn'tɛrnu]
Insektenmittel	o inse(c)ticida [u ĩsɛti'side]
Jod(tinktur)	tintura de iodo [tĩn'ture d‿'jodu]
Kamillentee	chá de camomila/macela [ʃa də kemu'mile/me'sɛle]
Kopfschmerztabletten	os comprimidos para a dor de cabeça [uʃ kõmpri'miduʃ 'pera dor də ke'bese]
Kreislaufmittel	remédio para a circulação [ʀə'mɛdju 'pera sirkule'sɐ̃u]
auf nüchternen Magen	em jejum [ɐ̃i ʒə'ʒũ]
Magentropfen	as gotas para a dor de estômago [eʒ 'goteʃ 'pera dor də 'ʃtomegu]
Mittel	remédio [ʀə'mɛdju]
Mullbinde	a gaze [e 'gazə]
Ohrentropfen	as gotas para os ouvidos [eʒ 'goteʃ 'pere uz‿o'viduʃ]
Pfefferminze	a hortelã-pimenta [e ɔrtə'lɐ̃ pi'mẽnte]
Pflaster	adesivo [edə'zivu]
Pillen	as pílulas [eʃ 'piluleʃ]
Präservativ	preservativo [prəzərve'tivu]
Puder	(o pó de) talco [(u pɔ də) 'talku]
Salbe	pomada [pu'made]
Schlaftabletten	os soporíferos [uʃ supu'rifəruʃ]
Schmerztabletten	os comprimidos contra as dores [uʃ kõmpri'miduʃ 'kõntraʒ 'dorəʃ]
Schnellverband	penso rápido ['pẽsu 'ʀapidu]
Tablette	comprimido [kõmpri'midu]
Traubenzucker	a glicose [e gli'kɔzə]
Tropfen	as gotas [eʒ 'goteʃ]
Verbandszeug	os pensos [uʃ 'pẽsuʃ] farmácia portátil [fer'masje pur'tatil]
Vitamintabletten	os comprimidos de vitaminas [uʃ kõmpri'miduʒ də vite'mineʃ]
Watte	o algodão [u algu'dɐ̃u]
Zäpfchen	os supositórios [uʃ supuzi'tɔrjuʃ]

Wörterbuch Portugiesisch – Deutsch

A

a [ɐ] *(in Richtung auf, zeitlich)* gegen; *(Richtung)* zu, nach; **a Portugal** [ɐ purtu'gal] nach Portugal; **ao Porto** [ɐu 'portu] nach Porto
abaixo de [ɐ'baiʃu də] unterhalb
abastado [ɐbɐʃ'tadu] wohlhabend
abastecer de [ɐbɐʃtə'ser də] versorgen mit
aberto [ɐ'bɛrtu] auf, geöffnet, offen
aborrecer-se com [ɐbuʀə'sersə kõ] s. ärgern über
aborrecido [ɐbuʀə'sidu] langweilig; verärgert
abraçar [ɐbrɐ'sar] umarmen
abre-latas ['abrə 'latɐʃ] *m* Büchsenöffner, Dosenöffner
abreviatura [ɐbrəvjɐ'turɐ] Abkürzung
abrigo [ɐ'brigu] (Berg-)Hütte
abrir [ɐ'brir] aufmachen, öffnen
absolutamente [ɐbsulutɐ'mẽntə] unbedingt
abundante [ɐbũn'dẽntə] reichlich
abusar de [ɐbu'zar də] mißbrauchen
abuso [ɐ'buzu] Mißbrauch
acabar [ɐkɐ'bar] aufhören, enden; beenden; vollenden
acalmar-se [ɐkal'marsə] s. beruhigen
acampar [ɐkẽm'par] zelten
acaso [ɐ'kazu] Zufall; **por acaso** [pur‿ɐ'kazu] zufällig
a(c)ção [a'sɐ̃u] *f* Tat
aceitação [ɐseitɐ'sɐ̃u] *f* Annahme
aceitar [ɐsei'tar] annehmen; *(Einladung)* zusagen
acelerar [ɐsələ'rar] beschleunigen
acenar [ɐsə'nar] winken
acender [ɐsẽn'der] *(Licht)* anmachen; anzünden
acento [ɐ'sẽntu] Betonung, Ton; Akzent
acesso [ɐ'sɛsu] Zugang
achar [ɐ'ʃar] finden; meinen
acidentalmente [ɐsidẽntal'mẽntə] gelegentlich
acidente [ɐsi'dẽntə] *m* Unfall; **ser vítima dum acidente** [ser 'vitimɐ dũ ɐsi'dẽntə] verunglücken
ácido ['asidu] sauer
acompanhar [ɐkõmpɐ'ɲar] begleiten
aconselhar [ɐkõsə'ʎar] *(Rat erteilen)* raten
acontecer [ɐkõntə'ser] s. ereignen, geschehen, passieren
acontecimento [ɐkõntəsi'mẽntu] Ereignis
acordado [ɐkur'dadu] wach
acordar [ɐkur'dar] aufwachen; aufwecken, wecken
acordo [ɐ'kordu] Einverständnis; **de acordo** [d‿ɐ'kordu] einverstanden; **estar de acordo** [ʃtar d‿ɐ'kordu] einig sein
acostumar-se a [ɐkuʃtu'mars‿ɐ] s. gewöhnen an
acreditar [ɐkrədi'tar] glauben
acrescentar [ɐkrəʃsẽn'tar] hinzufügen
a(c)tividade [atəvi'dadə] *f* Tätigkeit
a(c)to ['atu] Tat
a(c)tualmente [atwal'mẽntə] zur Zeit
açúcar [ɐ'sukar] *m* Zucker
adiamento [ɐdjɐ'mẽntu] Aufschub
adiantado, estar ~ [ʃtar‿ɐdjẽn'tadu] *(Uhr)* vorgehen
adiar [ɐ'djar] aufschieben, *(zeitlich)* verschieben
adivinhar [ɐdəvi'ɲar] (er-)raten
administração [admənistrɐ'sɐ̃u] *f* Verwaltung
admirar [ɐdmi'rar] bewundern; **admirar-se (de)** [ɐdmi'rarsə (də)] s. wundern (über)
adoecer [ɐdwi'ser] krank werden
adormecer [ɐdurmə'ser] einschlafen
advogado [ɐdvu'gadu] Anwalt
afiado [ɐ'fjadu] *(Messer)* scharf
afirmar [ɐfir'mar] behaupten

?

agarrar [ɐgɐ'ʀar] ergreifen
agência [ɐ'ʒẽsjɐ] Agentur; **agência de viagens** [ɐ'ʒẽsjɐ də 'vjaʒẽiʃ] Reisebüro
agir [ɐ'ʒir] handeln
agitado [ɐʒi'tadu] *(Meer)* bewegt
agora [ɐ'gɔrɐ] jetzt, nun; **agora mesmo** [ɐ'gɔrɐ 'meʒmu] *(zeitlich)* eben
agradar [ɐgrɐ'dar] gefallen
agradável [ɐgrɐ'davɛl] angenehm
agradecer [ɐgrɐdə'ser] danken
agradecido [ɐgrɐdə'sidu] dankbar
agricultor [ɐgrikul'tor] *m (Landwirt)* Bauer
água ['agwɐ] Wasser
aguentar (gü) [ɐgwẽn'tar] ertragen
agulha [ɐ'guʎɐ] Nadel
aí [ɐ'i] da, dort
ainda [ɐ'ĩndɐ] noch; **ainda não** [ɐ'ĩndɐ nɐ̃u] noch nicht; **ainda que** [ɐ'ĩndɐ kə] obgleich, obwohl
ajuda [ɐ'ʒudɐ] Hilfe
ajudar alg [ɐʒu'dar‿al'gẽi] jdm behilflich sein, jdm helfen
alcançar [alkẽ'sar] erreichen
álcool ['alkwɔl] *m* Alkohol; **álcool desnaturado** ['alkwɔl dəʒnɐtu'radu] (Brenn-)Spiritus
aldeia [al'dejɐ] Dorf
alegre [ɐ'lɛgrə] froh, lustig; *(leicht)* betrunken
alegria [ɐlə'griɐ] Freude
além [ɐ'lẽi] da, dort drüben; **além de** [ɐ'lẽi də] außer; **além disso** [ɐ'lẽi 'disu] außerdem, sonst noch
Alemanha [ɐlə'mɐɲɐ] Deutschland
alemão [ɐlə'mɐ̃u] deutsch; Deutscher
alfaiate [alfɐ'jatə] *m* Schneider
alfândega [al'fɐ̃ndəgɐ] Zoll, Zollamt; **empregado da alfândega** [ẽmprə'gadu dɐ al'fɐ̃ndəgɐ] Zollbeamter
alfinete [alfi'netə] *m* Stecknadel; **alfinete de segurança** [alfi'netə də səgu'rẽsɐ] Sicherheitsnadel
algo ['algu] etwas
algodão [algu'dɐ̃u] *m* Baumwolle; Watte
alguém [al'gẽi] jemand
alguma coisa [al'gumɐ 'koizɐ] etwas, irgend etwas
alguns, algumas [al'gũʃ, al'gumɐʃ] einige, ein paar
algures [al'gurəʃ] irgendwo
ali [ɐ'li] da, dort
aliança [ɐ'ljẽsɐ] Ehering
aliás [ɐ'ljaʃ] übrigens
alicate [ɐli'katə] *m* Zange
alimentação [ɐlimẽntɐ'sɐ̃u] *f* Nahrung
alimento [ɐli'mẽntu] Nahrung
almoço [al'mosu] Mittagessen; **pequeno almoço** [pə'ken‿al'mosu] Frühstück
almofada [almu'fadɐ] Kissen, Kopfkissen
alongar [ɐlõŋ'gar] verlängern
alterar [altə'rar] ändern
alto! ['altu] halt!
alto ['altu] hoch; laut; **estação alta** [ʃtɐ'sɐ̃u 'altɐ] Hochsaison; **maré alta** [mɐ'rɛ 'altɐ] Flut; **falar alto** [fɐ'lar‿'altu] laut sprechen
alto-falante ['altu fɐ'lẽntə] *m* Lautsprecher
altura [al'turɐ] Höhe
alugar [ɐlu'gar] mieten; vermieten
aluguel [alu'gɛl] *m (Br)* Miete
alvorada [alvu'radɐ] (Morgen-)Dämmerung
amabilidade [ɐmɐbəli'dadə] *f* Freundlichkeit, Liebenswürdigkeit
amanhã [amɐ'ɲẽ] morgen; **depois de amanhã** [də'poiʒ d‿amɐ'ɲã] übermorgen; **amanhã de manhã/à tarde** [amɐ'ɲã də mɐ'ɲẽ/a 'tardə] morgen früh/abend
amanhecer [ɐmɐɲə'ser] *m* (Morgen-)Dämmerung
amar [ɐ'mar] lieben
amarelo [ɐmɐ'rɛlu] gelb
amargo [ɐ'margu] bitter
amável [ɐ'mavɛl] freundlich, liebenswürdig; **pouco amável** ['poku ɐ'mavɛl] unfreundlich
ambiente [ẽm'bjẽntə] *m* Umwelt
ambos ['ẽmbuʃ] beide
ameno [ɐ'menu] mild
amiga [ɐ'migɐ] Freundin
amigo [ɐ'migu] Freund; **ser amigo** [ser‿ɐ'migu] befreundet sein
amizade [ɐmi'zadə] *f* Freundschaft
amor [ɐ'mor] *m* Liebe
amostra [ɐ'mɔʃtrɐ] Probe, Muster
andar [ẽn'dar] *m* Stock(werk)
anedota [ɐnə'dɔtɐ] Witz

?

anel [ɐ'nɛl] *m* Ring
anexo [ɐ'nɛksu] *(Brief)* Anlage
animal [ɐni'mal] *m* Tier
aniversário [ɐnivər'sarju] Geburtstag
ano ['ɐnu] Jahr; **por ano** [pur‿'ɐnu] jährlich; **Ano Novo** ['ɐnu 'novu] Neujahr
anoitecer [ɐnoitə'ser] *m* (Abend-) Dämmerung
anotação [ɐnutɐ'sɐ̃u] *f* Anmerkung
antemão, de ~ [d‿ɐ̃ntə'mɐ̃u] im voraus
anteontem [ɐ̃n'tjõntɐ̃i] vorgestern
antes ['ɐ̃ntəʃ] eher, früher; vorher; lieber, vielmehr; **antes de** ['ɐ̃ntəʒ də] bevor, vor; **quanto antes** ['kwɐ̃ntu 'ɐntəʃ] so bald wie möglich
antigamente [ɐ̃ntigɐ'mɐ̃ntə] damals, früher
antigo [ɐ̃n'tigu] alt, antik
antiguiades [ɐ̃ntigwi'dadəʃ] *f pl* Antiquitäten
anual [ɐ'nwal] jährlich
anular a reserva [ɐnu'lar‿ɐ ʀə'zɛrvɐ] *(Zimmer)* abbestellen
anunciar [ɐnũ'sjar] ankündigen, anmelden; melden
anúncio [ɐ'nũsju] Anzeige, Inserat
aonde [ɐ'õndə] wohin
apagar [ɐpɐ'gar] auslöschen, löschen; **apagar a luz** [ɐpɐ'gar‿ɐ luʃ] Licht ausmachen; **apagar-se** [ɐpɐ'garsə] *(Licht)* ausgehen
apanhar [ɐpɐ'ɲar] ergreifen, fangen
aparecer [ɐpɐrə'ser] *(Buch)* erscheinen
aparelho de rádio [ɐpɐ'reʎu də 'ʀadju] Radioapparat
aparência [ɐpɐ'rẽsjɐ] Anschein, Schein
aparentemente [ɐpɐrẽntə'mɐ̃ntə] anscheinend
apartamento [ɐpɐrtɐ'mɐ̃ntu] Wohnung
apelido [ɐpə'lidu] Familienname
apenas [ɐ'penɐʃ] nur
aperfeiçoar [ɐpərfei'swar] verbessern
apertar [apər'tar] *(Br) (Knopf)* drücken
apesar de [ɐpə'zar də] trotz; **apesar disso** [ɐpə'zar 'disu] trotzdem
apinhado [ɐpi'ɲadu] überfüllt
apito [ɐ'pitu] Pfeife
aplausos [ɐ'plauzuʃ] *m pl* Beifall
aplicar [ɐpli'kar] *(Gesetz)* anwenden
apoio [ɐ'poju] Unterstützung
apontamento [ɐpõntɐ'mɐ̃ntu] Aufzeichnung
aposta [ɐ'pɔʃtɐ] Wette
apostar [ɐpuʃ'tar] wetten
apreciar [ɐprə'sjar] schätzen
aprender [ɐprẽn'der] lernen
apresentação [ɐprəzẽntɐ'sɐ̃u] *f* Vorstellung
apresentar [ɐprəzẽn'tar] vorstellen, vorzeigen; **apresentar alg a alg** [ɐprəzẽn'tar‿al'gɐ̃i ɐ al'gɐ̃i] jdn mit jdm bekannt machen
apressado [ɐprə'sadu] eilig
apressar-se [ɐprə'sarsə] s. beeilen
aproximadamente [ɐprɔsimadɐ'mɐ̃ntə] ungefähr
aproximar-se [ɐprɔsi'marsə] s. nähern
aquecer [ɐkɛ'ser] heizen, wärmen
aquecimento [ɐkɛsi'mɐ̃ntu] Heizung
aquele, aquela [ɐ'kelə, ɐ'kɛlɐ] dieser, diese, dieses; jener, jene, jenes
aqui [ɐ'ki] hier
ar (1) [ar] *m* Luft; **corrente de ar** [ku'ʀɐ̃ntə d‿ar] Luftzug; **ao ar livre** [ɐu ar 'livrə] im Freien
ar (2) [ar] *m* Anschein; **ter ar de** [ter‿ar də] aussehen
arame [ɐ'rɐmə] *m* Draht
arco ['arku] Bogen
arder [ɐr'der] brennen
areia [ɐ'rejɐ] Sand
arejar [ɐrə'ʒar) lüften
armazém [ɐrmɐ'zɐ̃i] Warenhaus, Kaufhaus
arranjar [ɐʀɐ̃'ʒar] beschaffen, besorgen, verschaffen
arrancar [ɐʀɐ̃ŋ'kar] ziehen, reißen
arranha-céus [ɐ'ʀɐɲɐ sɛuʃ] *m* Wolkenkratzer
arredores [ɐʀə'dɔrəʃ] *m pl* Umgebung
arte ['artə] *f* Kunst
artigo [ɐr'tigu] *(Ware, Zeitung)* Artikel
artista [ɐr'tiʃtɐ] *m/f* Künstler/in
árvore ['arvurə] *f* Baum

?

ascensor [ɐʃsẽ'sor] *m* Aufzug, Fahrstuhl, Lift
aspecto [ɐʃ'pɛtu] Ansicht; **ter aspecto de** [ter‿ɐʃ'pɛtu də] aussehen
assado [ɐ'sadu] Braten
assalto [ɐ'saltu] Überfall
assar [ɐ'sar] braten
assegurar [ɐsəgu'rar] versichern
assento [ɐ'sẽntu] Sitz
assim [ɐ'sĩ] so
assinar [ɐsi'nar] unterschreiben
assinatura [ɐsinɐ'turɐ] Unterschrift
assobio [ɐsu'biu] Pfeife
associação [ɐsusjɐ'sɐ̃u] *f* Verein
assunto [ɐ'sũntu] Angelegenheit, (Gesprächs-)Gegenstand, Sache; **resolver um assunto** [ʀəzɔl'ver‿ũ ɐ'sũntu] eine Angelegenheit erledigen
assustado [ɐsuʃ'tadu] erschrokken
assustar [ɐsuʃ'tar] erschrecken; **assustar-se** [ɐsuʃ'tarsə] (sich) erschrecken
até [ɐ'tɛ] bis; sogar; **até agora** [ɐ'tɛ ɐ'gɔrɐ] bis jetzt
atacador [ɐtɐkɐ'dor] *m* Schnürsenkel
atalho [ɐ'taʎu] *(Weg)* Abkürzung; Pfad
atar [ɐ'tar] binden
atenção [ɐtẽ'sɐ̃u] *f* Achtung; **prestar atenção (a)** [prəʃ'tar‿ɐtẽ'sɐ̃u (ɐ)] achtgeben (auf)
atento [ɐ'tẽntu] aufmerksam
aterragem [ɐtə'ʀaʒɐ̃i] *f* Landung
aterrar [ɐtə'ʀar] landen
aterrissagem *(Br)* [ateʀi'saʒɐ̃i] *f* Landung
aterrissar *(Br)* [ateʀi'sar] landen
atestado [ɐtəʃ'tadu] Bescheinigung, Zeugnis
atestar [ɐtəʃ'tar] bescheinigen
atirar [ɐti'rar] schießen; werfen
Atlântico [ɐt'lɐ̃ntiku] Atlantik
atrás [ɐ'traʃ] hinten; **voltar atrás** [vɔl'tar‿ɐ'traʃ] zurück gehen
atrasar-se [ɐtrɐ'zarsə] s. verspäten
atraso [ɐ'trazu] Verspätung
através de [ɐtrɐ'vɛʒ də] quer durch
atrever-se a [ɐtrə'vers‿ɐ] wagen
auge ['auʒə] *m* Höhepunkt
aula ['aulɐ] (Unterrichts-)Stunde
aumentar [aumẽn'tar] *(Preise)* erhöhen, heraufsetzen; zunehmen
auscultador [auʃkultɐ'dor] *m* *(tele)* Hörer
ausente [au'zẽntə] abwesend, fort, weg
Áustria ['auʃtrjɐ] Österreich
austríaco [auʃ'triɐku] österreichisch; Österreicher
autêntico [au'tẽntiku] echt
autocarro [autu'kaʀu] Bus, Omnibus
automático [autu'matiku] automatisch; **distribuidor automático** [dəʃtribwi'dor‿autu'matiku] (Waren-)Automat
automóvel [autu'mɔvɛl] *m* Auto, Wagen
autoridades [auturi'dadəʃ] *f pl* Behörde
autorização [auturizɐ'sɐ̃u] *f* Erlaubnis
autorizado [auturi'zadu] berechtigt
autorizar [auturi'zar] genehmigen
avaliar [ɐvɐ'ljar] schätzen
avançar [ɐvɐ̃'sar] vorwärtsgehen
avante [ɐ'vẽntə] vorwärts
ave ['avə] *f (großer)* Vogel
avião [ɐ'vjɐ̃u] *m* Flugzeug; **ir de avião** [ir d‿ɐ'vjɐ̃u] fliegen
avisar [ɐvi'zar] benachrichtigen; warnen (*de* vor)
aviso *m* **de recepção** [ɐ'vizu də ʀəsɛ'sɐ̃u] Empfangsbestätigung
avó [ɐ'vɔ] *f* Großmutter
avô [ɐ'vo] *m* Großvater
azedo [ɐ'zedu] sauer
azul [ɐ'zul] blau; **azul claro/escuro** [ɐ'zul 'klaru/'ʃkuru] hell-/dunkelblau
azulejo [ɐzu'leʒu] Kachel

?

B

bagagem [bɐ'gaʒẽi] *f* Gepäck; **bagagem de mão** [bɐ'gaʒẽi də mɐ̃u] Handgepäck; **depósito de bagagens** [də'pɔzitu də bɐ'gaʒãiʃ] Gepäckaufbewahrung
baía [bɐ'iɐ] Bucht
baile ['bailə] *m* Ball, Tanz
bairro ['baiʀu] Stadtteil
baixa-mar ['baiʃɐ mar] *f* Ebbe
baixar [bai'ʃar] *(Preise)* herabsetzen
baixo ['baiʃu] gemein; leise; nieder, niedrig, tief; **falar baixo** [fɐ'lar 'baiʃu] leise sprechen; **(lá) em baixo** [(la) ẽi 'baiʃu] (dort) unten? **para baixo** ['perɐ 'baiʃu] abwärts, bergab; **por baixo de** [pur 'baiʃu də] unterhalb
balança [bɐ'lɐ̃sɐ] Waage
banco ['bɐ̃ŋku] *(Geldinstitut)* Bank; (Sitz-)Bank
banda ['bɐ̃ndɐ] (Musik-)Kapelle
banheiro [ba'ɲeru] *(Br)* Toilette
banho ['bɐɲu] Bad; **casa de banho** ['kazɐ də 'bɐɲu] Toilette; **tomar banho** [tu'mar 'bɐɲu] baden
ba(p)tismo [ba'tiʒmu] Taufe
barato [bɐ'ratu] billig
barbear [bɐr'bjar] rasieren
barca ['barkɐ] *(Br)* Fähre
barco ['barku] Boot, Kahn; **barco a motor** ['barku ɐ mu'tor] Motorboot
barrete [bɐ'ʀetə] *m* Mütze
barro ['baʀu] Ton
barulho [bɐ'ruʎu] Geräusch; Lärm
bastante [bɐʃ'tɐ̃ntə] genug; ziemlich
bastar [bɐʃ'tar] (aus)reichen
bater [bɐ'ter] schlagen; **bater à porta** [bɐ'ter‿a 'pɔrtɐ] anklopfen
beber [bə'ber] trinken
bebida [bə'bidɐ] Getränk
beijar [bei'ʒar] küssen
beijo ['beiʒu] Kuß
beira ['beirɐ] Rand
belga ['bɛlgɐ] *m/f* Belgier/in; belgisch
Bélgica ['bɛlʒikɐ] Belgien
belo ['bɛlu] schön
bem (1) [bẽi] *adv* gut
bem (2) [bẽi] *m* Wohl
bem-estar [bẽi ʃtar] *m* Wohlbefinden
bem-vindo [bẽi 'vĩndu] willkommen
benévolo [bə'nɛvulu] wohlwollend
bengala [bẽŋ'galɐ] Stock
bicha ['biʃɐ] Schlange; **fazer bicha** [fɐ'zer 'biʃɐ] Schlange stehen
bicicleta [bəsi'klɛtɐ] Fahrrad, Rad
bilhete [bə'ʎetə] *m* Eintrittskarte, Fahrkarte; **bilhete de identidade** [bə'ʎetə d‿idẽnti'dadə] *m* (Personal-)Ausweis
bilheteira [bəʎə'teirɐ] (Theater-)Kasse
bilheteria [biʎete'riɐ] *(Br)* (Theater-)Kasse
bloco de notas ['blɔku də 'nɔtɐʃ] Notizblock
boate ['bwati] *f (Br)* Nachtlokal
boca ['bokɐ] Mund
bocado [bu'kadu] Stück
boîte ['bwatə] *f* Nachtlokal
bola ['bɔlɐ] Ball
boletim meteorológico [bulə'tĩ mətjuru'lɔʒiku] *m* Wetterbericht
bolsa ['bolsɐ] Beutel; Geldbeutel; *(Br)* Handtasche
bolso ['bolsu] Tasche
bom [bõ] gut; **boa saúde** ['boɐ sɐ'udə] Wohlbefinden; **boa sorte** ['boɐ 'sɔrtə] viel Glück
bonde ['bõndi] *m (Br)* Straßenbahn
boné [bɔ'nɛ] *m* Mütze
bonito [bu'nitu] schön; hübsch; nett
borda ['bɔrdɐ] Rand
bosque ['bɔʃkə] *m* Wald
botão [bu'tɐ̃u] *m* Knopf
braço ['brasu] Arm
branco ['brɐ̃ŋku] weiß
brando ['brɐ̃ndu] weich
Brasil [brɐ'zil] Brasilien
brasileiro [brɐzi'leiru] brasilianisch; Brasilianer
breve ['brɛvə] kurz; **em breve** [ẽi 'brɛvə] bald
brevemente [brɛvə'mẽntə] demnächst

brigar [bri'gar] s. zanken
brilhante [bri'ʎẽntə] glänzend
brilhar [bri'ʎar] glänzen, scheinen
brincadeira [brĩŋkɐ'deirɐ] Scherz, Spaß
brincar [brĩŋ'kar] spielen; scherzen
brinco ['brĩŋku] Ohrring
brinquedo [brĩŋ'kedu] Spielzeug
bronzeado [brõ'zjadu] gebräunt, braun
buraco [bu'raku] Loch
buscar [buʃ'kar] suchen; **ir buscar** [ir buʃ'kar] abholen; **mandar buscar** [mẽn'dar buʃ'kar] abholen lassen
bússola ['busulɐ] Kompaß

C

cá [ka] hierher; hier
cabana [kɐ'benɐ] Hütte
cabeça [kɐ'besɐ] Kopf
cabedal [kɐbə'dal] *m* Leder
cabelo [kɐ'belu] Haar(e)
cabide [kɐ'bidə] *m* Kleiderhaken
cabina [kɐ'binɐ] Kabine; **cabina telefónica (ô)** [kɐ'binɐ tələ'fɔnikɐ] Telefonzelle
cabo ['kabu] Griff; Seil
caça ['kasɐ] Wild
cachimbo [kɐ'ʃĩmbu] (Tabaks-) Pfeife
cada ['kɐdɐ] *adj* jeder; **cada vez** ['kɐdɐ veʃ] jedesmal; **cada um** ['kɐdɐ ũ] *prn* jeder
cadeia [kɐ'dejɐ] Kette
cadeira [kɐ'deirɐ] Stuhl; **cadeira de repouso** [kɐ'deirɐ də ʀə'pozu] Liegestuhl
caderno [kɐ'dɛrnu] Heft
café [kɐ'fɛ] *m* Café; Kaffee; **café da manhã** [ka'fɛ da ma'ɲẽ] *(Br)* Frühstück
cair [kɐ'ir] fallen, stürzen
cais [kaiʃ] *m* Bahnsteig; Kai
caixa ['kaiʃɐ] Büchse, Dose; Kiste, Schachtel; Kasse; **caixa de fósforos** ['kaiʃɐ də 'fɔʃfuruʃ] Streichholzschachtel; **caixa do correio** ['kaiʃɐ du ku'ʀeju] Briefkasten; **deitar na caixa** [dei'tar nɐ 'kaiʃɐ] *(Briefe)* einwerfen
caixote [kai'ʃɔtə] *m* Kiste
calado [kɐ'ladu] schweigend; **ficar calado** [fi'kar kɐ'ladu] schweigen
calar-se [kɐ'larsə] schweigen
calçado [kal'sadu] Schuhwerk
calças ['kalsɐʃ] *f pl* Hose
calcular [kalku'lar] berechnen, rechnen
caldo ['kaldu] (Fleisch-)Brühe
calefa(c)ção [kələfa'sẽu] *f* Heizung
calma ['kalmɐ] Ruhe, Stille
calmo ['kalmu] ruhig
calor [kɐ'lor] *m* Hitze, Wärme
cama ['kɐmɐ] Bett; **ir para a cama** [ir 'perɐ 'kɐmɐ] zu Bett gehen; **roupa de cama** ['ʀopɐ də 'kɐmɐ] Bettwäsche
camarão [kɐmɐ'rẽu] *m* Krabbe
camarote [kɐmɐ'rɔtə] *m* Kabine; Loge
cambiar [kẽm'bjar] *(Geld)* wechseln
câmbio ['kẽmbju] Geldwechsel, Umrechnung, Wechselkurs
camião [kɐ'mjẽu] *m* Lastwagen
caminhão [kami'ɲãu] *m (Br)* Lastwagen
caminho [kɐ'miɲu] Weg; **no/a caminho** [nu/ɐ kɐ'miɲu] unterwegs
camisa [kɐ'mizɐ] Hemd
camisola [kɐmi'zɔlɐ] Pullover
campainha [kẽmpɐ'iɲɐ] Glocke; Klingel; **tocar a campainha** [tu'kar ɐ kẽmpɐ'iɲɐ] klingeln
campanário [kẽmpɐ'narju] Kirchturm
camping ['kẽmpiŋ] *m (Br)* Camping; Zeltplatz
campismo [kẽm'piʒmu] Camping; **fazer campismo** [fɐ'zer kẽm'piʒmu] zelten; **parque** *m* **de campismo** ['parkə də kẽm'piʒmu] Zeltplatz

campo ['kẽmpu] Feld; Land; **casa de campo** ['kaze də 'kẽmpu] Landhaus; **campo de esporte** ['kẽmpu di es'pɔrti] *(Br)* Sportplatz; **campo de golfe** ['kẽmpu də 'gɔlfə] Golfplatz; **campo de jogos** ['kẽmpu də 'ʒɔguʃ] Spielplatz; **campo de ténis** ['kẽmpu də 'tɛniʃ] Tennisplatz; **campo desportivo** ['kẽmpu dəʃpur'tivu] Sportplatz

camponês [kẽmpu'neʃ] Bauer

canalização [kenelize'sẽu] *f (Gas, Wasser)* Leitung

canção [kẽ'sẽu] *f* Lied

cancelar [kẽsə'lar] *(Fahr-, Flugkarten)* abbestellen

candeeiro [kẽn'djeiru] Lampe

cansado [kẽ'sadu] müde

cansar [kẽ'sar] ermüden

cantar [kẽn'tar] singen

canto (1) ['kẽntu] Ecke, Winkel

canto (2) ['kẽntu] Gesang

cão [kẽu] *m* Hund

capaz [ke'paʃ] fähig, tüchtig; **ser capaz de** [ser ke'paʒ də] imstande sein

capela [ke'pɛle] *(Gebäude)* Kapelle

capital [kepi'tal] *f* Hauptstadt

capitão [kepi'tẽu] *m* Kapitän

cara ['kare] Gesicht

cardápio [kar'dapju] *(Br)* Speisekarte

carga ['karge] Fracht

carimbo [ke'rĩmbu] Stempel

carne ['karnə] *f* Fleisch

caro ['karu] kostspielig, teuer; lieb

carregador [keʀəge'dor] *m* Gepäckträger

carregar [keʀə'gar] aufladen; **carregar num botão** [keʀə'gar nũ bu'tẽu] (auf) einen Knopf drücken

carro ['kaʀu] Auto, Wagen; **carro eléctrico** ['kaʀu i'lɛtriku] Straßenbahn

carta ['karte] Brief; (Spiel-)Karte

cartão *m* **de visita** [ker'tẽu də və'zite] (Visiten-)Karte

carteira [ker'teire] Brieftasche, Handtasche; **carteira de identidade** [kar'tere di idẽnti'dadi] *(Br)* Personalausweis

carteirista [kertei'riʃte] *m* Taschendieb

carteiro [ker'teiru] Briefträger

cartucho [ker'tuʃu] *(kleine)* Tüte

carvão [ker'vẽu] *m* Kohle

casa ['kaze] Haus, Wohnung; **em casa** [ẽi 'kaze] daheim; **casa de banho** ['kaze də 'beɲu] Toilette; **casa de campo** ['kaze də 'kẽmpu] Landhaus; **casa de estar** ['kaze də ʃtar] Wohnzimmer; **casa mobilada** ['kaze mubi'lade] möblierte Wohnung; **mudar de casa** [mu'dar də 'kaze] ausziehen; umziehen

casaco [ke'zaku] (Damen-)Mantel

casado (com) [ke'zadu (kõ)] verheiratet (mit)

casal [ke'zal] *m* Ehepaar

casamento [keze'mẽntu] Ehe; Heirat, Hochzeit

casar(-se) [ke'zar(sə)] heiraten

caso ['kazu] Fall, Vorfall; **no caso de** [nu 'kazu də] falls; **em caso de necessidade** [ẽi 'kazu də nəsəsi'dadə] im Notfall

castanho [keʃ'teɲu] braun

castelo [keʃ'tɛlu] Burg; Schloß

castigo [keʃ'tigu] Strafe

catedral [ketə'dral] *f* Dom

caução [kau'sẽu] *f* Kaution

causa ['kauze] Grund, Ursache; **por causa de** [pur 'kauze də] wegen

causar [kau'zar] verursachen

cautela [kau'tɛle] Vorsicht

cavalo [ke'valu] Pferd

cedo ['sedu] früh

cego ['sɛgu] blind

ceia ['seje] Nachtessen

célebre ['sɛləbrə] berühmt

cem [sẽi] hundert

cemitério [səmi'tɛrju] Friedhof

cento ['sẽntu] hundert; **por cento** [pur 'sẽntu] Prozent

central [sẽn'tral] zentral; **estação** *f* **central** [ʃte'sẽu sẽn'tral] Hauptbahnhof

centro ['sẽntru] Zentrum

cerâmica [sə'remike] Keramik

cerca de ['serke də] etwa

cerrado [sə'ʀadu] *(Nebel)* dicht

certamente [sɛrte'mẽntə] bestimmt, gewiß, sicher

certeza [sər'teze] Sicherheit, Gewißheit; **com certeza** [kõ sər'teze] bestimmt, sicher

certificado [sərtəfi'kadu] Bescheinigung, Zeugnis

certificar [sərtəfi'kar] bescheinigen

certo ['sɛrtu] bestimmt, gewiß, sicher
cerveja [sər'veʒɐ] Bier
cesto ['seʃtu] Korb
céu [sɛu] *m* Himmel
chá [ʃa] *m* Tee
chama ['ʃemɐ] Flamme
chamada [ʃɐ'madɐ] Anruf
chamar [ʃɐ'mar] nennen; rufen
chão [ʃɐ̃u] *m* (Fuß-)Boden
chapéu [ʃɐ'pɛu] *m* Hut
charuto [ʃɐ'rutu] Zigarre
chave ['ʃavə] *f* Schlüssel; **fechar à chave** [fə'ʃar‿a 'ʃavə] abschließen, verschließen, zuschließen
chávena ['ʃavənɐ] Tasse
chefe ['ʃɛfə] *m* Chef
chegada [ʃə'gadɐ] Ankunft
chegar [ʃə'gar] ankommen, eintreffen; (aus)reichen
cheio ['ʃeju] voll; **maré cheia** [mɐ'rɛ 'ʃejɐ] Flut
cheirar [ʃei'rar] riechen; **cheirar mal** [ʃei'rar mal] stinken
cheiro ['ʃeiru] Geruch
cheque ['ʃɛkə] *m* Scheck
chofer [ʃɔ'fɛr] *m (Br)* Chauffeur
choque ['ʃɔkə] *m* Zusammenstoß
chorar [ʃu'rar] weinen
choupal [ʃo'pal] *m* Pappelwald
chover [ʃu'ver] regnen
chuva ['ʃuvɐ] Regen
chuveiro [ʃu'veiru] Dusche
cidade [si'dadə] *f* Stadt
cigarro [si'gaʀu] Zigarette
cima: em cima [ɐ̃i 'simɐ] oben; **em cima de** [ɐ̃i 'simɐ də] auf; **para cima** ['pɐrɐ 'simɐ] nach oben; bergauf
cimo ['simu] Gipfel, Spitze
cinema [si'nemɐ] *m* Kino
cinzento [sĩ'zẽntu] grau
circuito [sir'kuitu] Rundfahrt
circular [sirku'lar] *(Verkehrsmittel)* verkehren
circunstâncias [sirkũʃ'tɐ̃sjɐʃ] *f pl* Umstände
claro ['klaru] deutlich, hell, klar; natürlich
classe ['klasə] *f* Klasse
cliente ['kljẽntə] *m* Kunde
coberto [ku'bɛrtu] *(Wetter)* trüb
cobertor [kubər'tor] *m* (Bett-)Decke
cobrir [ku'brir] bedecken, zudekken
coisa ['koizɐ] Ding, Sache; **entre outras coisas** ['ẽntr‿'otraʃ 'koizɐʃ] unter anderem
colar [ku'lar] *m* (Hals-)Kette
cole(c)ção [kulɛ'sɐ̃u] *f* Sammlung
cole(c)cionar [kulɛsju'nar] sammeln
colérico [ku'lɛriku] zornig
colher (1) [ku'ʎer] *verb* pflücken
colher (2) [ku'ʎɛr] *f* Löffel
colina [ku'linɐ] Hügel
colocar [kulu'kar] stellen
colorido [kulu'ridu] farbig
coluna [ku'lunɐ] Säule
com [kõ] mit; **com este tempo** [kõ 'eʃtə 'tẽmpu] bei diesem Wetter
combinar [kõmbi'nar] vereinbaren; **combinar encontrar-se** [kõmbi'nar‿ẽŋkõn'trarsə] s. verabreden
comboio [kõm'bɔju] Zug
combustível [kõmbuʃ'tivɛl] brennbar
começar [kumə'sar] anfangen, beginnen
começo [ku'mesu] Anfang, Beginn
comer [ku'mer] essen; verzehren
comestível [kuməʃ'tivɛl] eßbar
comida [ku'midɐ] Essen, Verpflegung, Nahrung
como ['komu] *(Grund)* da; *(Frage, Vergleich)* wie; **como?** ['komu] wie bitte? **como se** ['komu sə] als ob
comodidade [kumudi'dadə] *f* Bequemlichkeit
cómodo ['kɔmudu] bequem
comovido [kumu'vidu] *(Gefühl)* bewegt
comparação [kõmpɐrɐ'sɐ̃u] *f* Vergleich
comparar [kõmpɐ'rar] vergleichen
compartilhar com alg [kõmpɐrti'ʎar kõ al'gɐ̃i] mit jdm teilen
compatriota [kõmpɐ'trjɔtɐ] *m* Landsmann
completo [kõm'plɛtu] *(voll)* besetzt; ganz, vollständig
comportamento [kõmpurtɐ'mẽntu] Benehmen
compra ['kõmprɐ] Besorgung, Kauf; **fazer compras** [fɐ'zer kõm'prɐʃ] einkaufen

?

comprador [kõmprɐ'dor] *m* Käufer
comprar [kõm'prar] einkaufen, kaufen
compreender [kõmprjẽn'der] verstehen
comprido [kõm'pridu] lang
comprimento [kõmpri'mẽntu] Länge
comum [ku'mũ] gemeinsam; gemein; **em comum** [ɐ̃i ku'mũ] gemeinsam
comunicação [komunikɐ'sɐ̃u] *f* Mitteilung
comunicar [kumuni'kar] mitteilen
conceder [kõsə'der] gewähren
concerto [kõ'sertu] Konzert
concordar [kõŋkur'dar] zustimmen
concurso [kõŋ'kursu] Wettbewerb
condecoração [kõndəkurɐ'sɐ̃u] *f* Auszeichnung, Orden
condição [kõndi'sɐ̃u] *f* Bedingung
condutor [kõndu'tor] *m* Fahrer; (Bus-, Straßenbahn-)Schaffner
conduzir [kõndu'zir] Auto fahren; führen
confiança [kõ'fjɐ̃sɐ] Vertrauen
confiante [kõ'fjɐ̃ntə] vertrauensvoll
confiar em [kõ'fjar‿ɐ̃i] vertrauen auf
confirmar [kõfir'mar] bestätigen
conflito [kõ'flitu] Streit
confortável [kõfur'tavɛl] bequem
confundir [kõfũn'dir] verwechseln
conhecer [kuɲə'ser] kennen; kennenlernen
conhecido [kuɲə'sidu] bekannt
conhecimento [kuɲəsi'mẽntu] Kenntnis; **conhecimentos** [kuɲəsi'mẽntuʃ] Wissen
conjunto [kõ'ʒũntu] das Ganze
consciencioso [kõsjẽ'sjozu] gewissenhaft
consciente [kõ'sjẽntə] bewußt
conseguir [kõsə'gir] *(durch Bemühung)* erhalten, erreichen
conselho [kõ'seʎu] Rat; **pedir conselho a alg** [pə'dir kõ'seʎu ɐ al'gɐ̃i] jdn um Rat fragen
consentir [kõsẽn'tir) einwilligen
consertar [kõsər'tar] flicken
conserto [kõ'sertu] Reparatur
conserva [kõ'sɛrvɐ] Konserve
conservar [kõsər'var] aufbewahren
consideração [kõsidərɐ'sɐ̃u] *f* Rücksicht
considerar [kõsidə'rar] beachten, betrachten
considerável [kõsidə'ravɛl] beträchtlich
constante [kõʃ'tɐ̃ntə] dauernd, fest
constar de [kõʃ'tar də] bestehen aus
constipação [kõʃtipɐ'sɐ̃u] *f* Erkältung
constituição [kõʃtitwi'sɐ̃u] *f* Verfassung
constituir [kõʃti'twir] bilden; **ser constituído por** [ser kõʃti'twidu pur] bestehen aus
construir [kõʃ'trwir] bauen
consulado [kõsu'ladu] Konsulat
consultar [kõsul'tar] konsultieren
consumir [kõsu'mir] verbrauchen
consumo [kõ'sumu] Verbrauch
conta ['kõntɐ] *(im Restaurant, Café)* Rechnung; **enganar-se na conta** [ẽŋgɐ'narsə nɐ 'kõntɐ] s. verrechnen; **tomar conta (de)** [tu'mar 'kõntɐ (də)] aufpassen (auf)
conta(c)to [kõn'taktu] Berührung, Kontakt
contar [kõn'tar] erzählen; zählen; **contar com** [kõn'tar kõ] rechnen mit
contente (com) [kõn'tẽntə (kõ)] froh (über), zufrieden (mit)
conter [kõn'ter] enthalten
conteúdo [kõn'tjudu] Inhalt
continuar [kõnti'nwar] fortsetzen
contra ['kõntrɐ] *(wider)* gegen; **ser contra** [ser 'kõntrɐ] dagegen sein
contrário [kõn'trarju] Gegenteil; **de contrário** [də kõn'trarju] sonst; **pelo contrário** ['pelu kõn'trarju] im Gegenteil
contrato [kõn'tratu] Vertrag
contudo [kõn'tudu] jedoch
convencer [kõvẽ'ser] überzeugen
conveniente [kõvə'njẽntə] zweckmäßig
convento [kõ'vẽntu] Kloster
conversa [kõ'vɛrsɐ] Gespräch, Unterhaltung
conversar [kõvər'sar] s. unterhalten

?

convés [kõ'vɛʃ] *m* Deck
convidado [kõvi'dadu] Gast
convidar [kõvi'dar] auffordern, einladen
convir [kõ'vir] gelegen kommen, passen
convite [kõ'vitə] *m* Einladung
copo ['kɔpu] (Trink-)Glas
cor [kor] *f* Farbe; **de cor** [də kor] farbig
coração [kurɐ'sɐ̃u] *m* Herz
corda ['kɔrdɐ] Seil
cordão [kur'dɐ̃u] *m* Schnur
cordel [kur'dɛl] *m* Bindfaden, Schnur
cordial [kur'djal] freundlich, herzlich
cordialidade [kurdjɐli'dadə] *f* Herzlichkeit
corpo ['korpu] Körper
corre(c)to [ku'ʀɛtu] korrekt
corredor [kuʀə'dor] *m* Flur, Gang
correia [ku'ʀejɐ] Riemen
correio [ku'ʀeju] Post(amt); **estação** *f* **do correio** [ʃtɐ'sɐ̃u du ku'ʀeju] Postamt; **caixa do correio** ['kaiʃɐ du ku'ʀeju] Briefkasten
corrente (1) [ku'ʀẽntə] *adj* üblich; gewöhnlich
corrente (2) [ku'ʀẽntə] *f* Kette; Strömung; *(el)* Strom; **corrente de ar** [ku'ʀẽntə d‿ar] Luftzug
correr [ku'ʀer] fließen; laufen, rennen; **fecho de correr** ['feʃu də ku'ʀer] Reißverschluß
correspondência [kuʀəʃpõn'dẽsjɐ] Briefwechsel
corrigir [kuʀi'ʒir] richtigstellen; *(Fehler)* verbessern
corru(p)to [ku'ʀuptu] *(sittlich)* verdorben
cortante [kur'tẽntə] *(Messer)* scharf
cortar [kur'tar] schneiden
cortês [kur'teʃ] höflich
cortesia [kurtə'ziɐ] Höflichkeit
cortina [kur'tinɐ] Vorhang
costa ['kɔʃtɐ] Küste; Ufer
costume [kuʃ'tumə] *m* Gewohnheit
couro ['koru] Leder
cozinha [ku'ziɲɐ] Küche
cozinhar [kuzə'ɲar] Essen zubereiten, kochen
cozinheiro [kuzə'ɲeiru] Koch
cravo ['kravu] Nelke
crédito ['krɛditu] Kredit
crença ['krẽsɐ] Glaube
crer [krer] glauben
crescer [krəʃ'ser] wachsen; zunehmen
criança ['krjẽsɐ] Kind
crime ['krimə] *m* Verbrechen
cruz [kruʃ] *f* Kreuz
cruzamento [kruzɐ'mẽntu] (Straßen-)Kreuzung
cruzeta [kru'zetɐ] Kleiderbügel
cuidado [kui'dadu] Sorge; Sorgfalt; Vorsicht; **ter cuidado (com)** [ter kui'dadu kõ)] s. hüten (vor)
cuidadoso [kuidɐ'dozu] sorgfältig; vorsichtig
cuidar de [kui'dar də] sorgen für
culpa ['kulpɐ] Schuld
cume ['kumə] *m* Gipfel, Spitze
cumprimentar [kũmprimẽn'tar] begrüßen; grüßen
cumprir [kũm'prir] halten
cunhada [ku'ɲadɐ] Schwägerin
cunhado [ku'ɲadu] Schwager
curioso [ku'rjozu] neugierig
curso ['kursu] *(Unterricht)* Kurs
curto ['kurtu] *(räumlich)* kurz
curva ['kurvɐ] Kurve
curvar [kur'var] biegen
custar [kuʃ'tar] kosten
custo ['kuʃtu] Kosten

D

D. ['donɐ] *(Anrede, vor Namen)* Frau
dados pessoais ['daduʃ pə'swaiʃ] *m pl* Personalien
dança ['dẽsɐ] Tanz
dançar [dẽ'sar] tanzen
dancing ['dẽsiŋ] *m* Tanzlokal
danificar [dɐnəfi'kar] beschädigen

?

dano ['denu] Beschädigung, Schaden
dantes ['dẽntəʃ] damals, früher
dar [dar] geben; **dar horas** [dar‿'ɔrɐʃ] *(Uhr)* schlagen; **dar indicações** [dar‿ĩndikɐ'sõiʃ] Angaben machen; **dar um passeio** [dar‿ũm pɐ'seju] einen Spaziergang machen
data ['datɐ] Datum; Termin
datar [dɐ'tar] datieren
de [də] *(Herkunft)* aus; *(Material)* aus, von; **de repente** [də ʀə'pẽntə] auf einmal, plötzlich
debaixo de [də'baiʃu də] unter
decidir [dəsi'dir] beschließen; entscheiden; **decidir-se** [dəsi'dirsə] s. entschließen
decisão [dəsi'zɐ̃u] *f* Entschluß
declarar [dəklɐ'rar] anmelden, angeben, erklären
dedo ['dedu] Finger
defeito [də'feitu] Fehler *(den man hat)*, Defekt, Mangel
defender [dəfẽn'der] verteidigen
definitivo [dəfini'tivu] endgültig
deitar [dei'tar] werfen; hinlegen; **estar deitado** [ʃtar dei'tadu] liegen; **deitar-se** [dei'tarsə] s. hinlegen; **ir deitar-se** [ir dei'tarsə] zu Bett gehen
deixar [dei'ʃar] (zu)lassen; verlassen; zurücklassen
delgado [dɛl'gadu] dünn; fein, schlank
delicadeza [dəlikɐ'dezɐ] Höflichkeit
delicado [dəli'kadu] zart(fühlend), fein, höflich
demasiado [dəmɐ'zjadu] zu sehr, zu viel; *(mit adj)* zu
demonstrar [dəmõʃ'trar] beweisen
demorar [dəmu'rar] verzögern; **demorar-se** [dəmu'rarsə] s. aufhalten
denso ['dẽsu] *(Nebel)* dicht
dente ['dẽntə] *m* Zahn
dentro ['dẽntru] innen; **lá dentro** [la 'dẽntru] drin(nen); **dentro de** ['dẽntru də] *(zeitlich)* innerhalb; **dentro de uma semana** ['dẽntru d‿'umɐ sə'menɐ] in einer Woche
depois [də'poiʃ] danach, dann, nachher; **depois de** [də'poiʒ də] *(zeitlich)* nach; **depois de amanhã** [də'poiʒ d‿amɐ'ɲɐ̃] übermorgen
depositar [dəpuzi'tar] hinterlegen
depósito [də'pɔzitu] Behälter; (Flaschen-)Pfand; **depósito de bagagens** [də'pɔzitu də bɐ'gaʒɐ̃iʃ] Gepäckaufbewahrung
depressa [də'prɛsɐ] *adv* rasch, schnell
desagradável [dəzɐgrɐ'davɛl] unangenehm, unerfreulich
desaguar [dəzɐ'gwar] *(Fluß)* münden
desaparecer [dəzɐpɐrə'ser] verschwinden
desastre [də'zaʃtrə] *m* Unfall
descansar [dəʃkɐ̃'sar] s. ausruhen, s. erholen, (aus)ruhen
descanso [dəʃ'kɐ̃su] Ruhe
descarado [dəʃkɐ'radu] unverschämt
descarregar [dəʃkɐʀə'gar] abladen
descer [dəʃ'ser] aussteigen; hinuntergehen
descobrir [dəʃku'brir] entdecken
descolagem [dəʃku'laʒɐ̃i] *f (Flugzeug)* Start
desconfiar de [dəʃkõ'fjar də] mißtrauen
desconhecido [(dəʃkuɲə'sidu] fremd, unbekannt
descontente [dəʃkõn'tẽntə] unzufrieden
desconto [dəʃ'kõntu] Ermäßigung, Rabatt
descortês [dəʃkur'teʃ] unhöflich
descrever [dəʃkrə'ver] beschreiben
descuidado [dəʃkui'dadu] nachlässig
desculpa [dəʃ'kulpɐ] Entschuldigung; **peço desculpa** ['pɛsu dəʃ'kulpɐ] ich bitte um Entschuldigung
desculpar [dəʃkul'par] entschuldigen; **desculpe** [dəʃ'kulpə] entschuldigen Sie bitte; **desculpar-se** [dəʃkul'parsə] s. entschuldigen
descurar [dəʃku'rar] vernachlässigen
desde ['deʒdə] *prp* seit; **desde quando?** ['deʒdə 'kwɐ̃ndu] seit wann?; **desde então** ['deʒd‿ẽn'tɐ̃u] seitdem; **desde que** ['deʒdə kə] *conj* seit

?

desejar [dəzə'ʒar] wünschen, wollen; **estar desejando** [ʃtar dəzə'ʒẽndu] s. freuen auf
desejo [də'zeʒu] Wunsch
desembocar [dəzẽmbu'kar] (ein)münden
desenhar [dəzə'ɲar] zeichnen
desenho [də'zeɲu] *(Entwurf)* Plan
desenvolver [dəzẽvɔl'ver] entwickeln
desenvolvimento [dəzẽvɔlvi'mẽntu] Entwicklung
desesperado [dəzəʃpə'radu] verzweifelt
desfavorável [dəʃfɐvu'ravɛl] ungünstig
desfazer as malas [dəʃfɐ'zer‿ɐʒ 'malɐʃ] *(Koffer)* auspacken
desgraça [dəʒ'grasɐ] Unglück
desiludido [dəzilu'didu] enttäuscht
desnecessário [dəʒnəsə'sarju] unnötig
desordem [də'zɔrdẽi] *f* Unordnung
despachar [dəʃpɐ'ʃar] erledigen; **despachar-se** [dəʃpɐ'ʃarsə] s. beeilen
despedir-se [dəʃpə'dirsə] Abschied nehmen
despertador [dəʃpərtɐ'dor] *m* Wecker
despertar [dəʃpər'tar] aufwachen; aufwecken, wecken
despesas [dəʃ'pezɐʃ] *f pl* Ausgaben, Kosten, Spesen, Unkosten
despir [dəʃ'pir] *(Kleidungsstück)* ausziehen; **despir-se** [dəʃ'pirsə] s. ausziehen
desportivo [dəʃpur'tivu] sportlich; Sport(s)...
desporto [dəʃ'portu] Sport
destinatário [dəʃtinɐ'tarju] *(Post)* Empfänger
destino [dəʃ'tinu] Bestimmungsort; Ziel
destruir [dəʃ'trwir] zerstören
desvantagem [dəʒvẽn'taʒẽi] *f* Nachteil
desvio [dəʒ'viu] Umleitung; Umweg
detalhe [də'taʎə] *m* Einzelheit
determinado [dətərmi'nadu] bestimmt
Deus ['deuʃ] Gott; **graças a Deus** ['grasɐz‿ɐ 'deuʃ] Gott sei Dank
devagar [dəvɐ'gar] *adv* langsam
dever (1) [də'ver] *verb* müssen, sollen; schulden
dever (2) [də'ver] *m* Pflicht, Verpflichtung; **ter o dever de** [ter‿u də'ver də] verpflichtet sein
deveras [də'vɛrɐʃ] *adv* wirklich
devolver [dəvɔl'ver] wiedergeben, zurückgeben; zurückbringen
dia ['diɐ] *m* Tag; **dia de festa** ['diɐ də 'fɛʃtɐ] Feiertag; **dia útil** ['diɐ 'util] Werktag; **de dia** [də 'diɐ] bei Tag; **por dia** [pur 'diɐ] pro Tag, täglich; **outro dia** ['otru 'diɐ] neulich; **todos os dias** ['toduz‿uʒ 'diɐʃ] alle Tage, jeden Tag, täglich
diabo ['djabu] Teufel
diante de ['djẽntə də] *(räumlich)* vor
diário ['djarju] täglich
difícil [di'fisil] schwer, schwierig
diferença [difə'rẽsɐ] Unterschied
diferente [difə'rẽntə] anders, verschieden
dificuldade [dəfikul'dadə] *f* Schwierigkeit
diminuir [dəmi'nwir] abnehmen
diminuto [dəmi'nutu] gering
dinheiro [də'ɲeiru] Geld; **dinheiro de contado** [də'ɲeiru də kõn'tadu] Bargeld; **dinheiro miúdo** [də'ɲeiru 'mjudu]/**dinheiro trocado** [də'ɲeiru tru'kadu] Kleingeld; **pagar em dinheiro** [pɐ'gar‿ẽi də'ɲeiru] bar zahlen
dire(c)ção [dirɛ'sɐ̃u] *f* Direktion; Richtung
dire(c)to [di'rɛtu] direkt
dire(c)tor [dirɛ'tor] *m* Direktor; Leiter *m*
direito (1) [di'reitu] *adj* gerade; rechte, rechter, rechtes; **seguir a direito** [sə'gir‿ɐ di'reitu] geradeaus gehen/fahren; **à direita** [a di'reitɐ] rechts
direito (2) [di'reitu] *m* Recht; **com direito** [kõ di'reitu] berechtigt; **direitos (alfandegários)** [di'reituz(‿alfẽndə'garjuʃ)] Zoll(gebühren); **pagar direitos** [pɐ'gar di'reituʃ] verzollen
dirigir-se a alg [diri'ʒirs‿ɐ al'gẽi] s. an jdn wenden
disco ['diʃku] Schallplatte
discoteca [dəʃku'tɛkɐ] Tanzlokal, Diskothek

?

dispendioso [dəʃpẽn'djozu] kostspielig
disposição [dəʃpuzi'sẽu] *f* Stimmung
disposto [dəʃ'poʃtu] bereit
disputa [dəʃ'putɐ] Streit
distância [dəʃ'tẽsjɐ] Abstand, Entfernung
distante [dəʃ'tẽntə] entfernt, weit
distinguir [dəstĩŋ'gir] unterscheiden; **distinguir-se de** [dəʃtĩŋ'girsə də] s. unterscheiden von
distinto [dəʃ'tĩntu] fein, vornehm
distribuição [dəʃtribwi'sẽu] *f* Verteilung
distribuidor automático [dəʃtribwi'dor‿autu'matiku] *m* Automat
distribuir [dəʃtri'bwir] verteilen
divertido [divər'tidu] lustig, unterhaltend
divertimento [divərti'mẽntu] Unterhaltung, Vergnügen
divertir-se [divər'tirsə] s. amüsieren, s. unterhalten
dívida ['dividɐ] *(Geld)* Schuld
dividir [dəvi'dir] teilen
divisão [dəvi'zẽu] *f* Raum
divisas [də'vizɐʃ] *f pl* Devisen
dizer [di'zer] sagen; **dizer as letras** [di'zer‿ɐʒ 'letrɐʃ] buchstabieren
do que [du kə] *(bei Vergleich)* als
dobrar [du'brar] biegen
doce (1) ['dosə] *adj* süß
doce (2) ['dosə] *m* Marmelade
documento [duku'mẽntu] Dokument
doença ['dwẽsɐ] Krankheit
doente ['dwẽntə] krank
doer [dwer] schmerzen, weh tun
doido ['doidu] verrückt
doloroso [dulu'rozu] schmerzhaft
domicílio [dumi'silju] Wohnort, ~sitz
domingo [du'mĩŋgu] Sonntag
donde ['dõndə] woher
dono ['donu] Besitzer, Eigentümer; Gastwirt, Wirt
dor [dor] *f* Schmerz; **dores de cabeça** ['dorəʒ də kɐ'besɐ] Kopfschmerzen
dormir [dur'mir] schlafen
doutor [do'tor] *m* Doktor
ducha ['duʃɐ] *(Br)* Dusche
duche ['duʃə] *m* Dusche
duna ['dunɐ] Düne
duplo ['duplu] doppelt
duração [durɐ'sẽu] *f* Dauer
duradouro [durɐ'doru] haltbar
durante [du'rẽntə] *prp* während; **durante algum tempo** [du'rẽnt‿al'gũ 'tẽmpu] eine Zeitlang; **durante a viagem** [du'rẽnt‿ɐ 'vjaʒẽi] auf der Reise
durar [du'rar] dauern, halten
dureza [du'rezɐ] Härte
duro ['duru] hart
dúvida ['duvidɐ] Zweifel; **sem dúvida** [sẽi 'duvidɐ] ohne Zweifel, zweifellos
duvidar de algo [duvi'dar d‿'algu] an etw zweifeln
duvidoso [duvi'dozu] zweifelhaft
dúzia ['duzjɐ] Dutzend

E

e [i] und
edifício [idə'fisju] Gebäude
educação [idukɐ'sẽu] *f* Erziehung
efeito [i'feitu] Wirkung; **com efeito** [kõ i'feitu] in der Tat
eficaz [ifi'kaʃ] wirksam
ela ['ɛlɐ] sie
ele ['elə] er
elé(c)trico [i'lɛtriku] elektrisch
elegante [ilə'gẽntə] schlank
eleger [ilə'ʒer] *(Politik)* wählen
eleições [ilei'sõiʃ] *f pl* Wahlen
elevador [iləvɐ'dor] *m* Aufzug, Fahrstuhl, Lift
elevar-se [ilə'varsə] s. erheben
elogiar [ilu'ʒjar] loben
em [ẽi] an; auf; in; **em português** [ẽi purtu'geʃ] auf portugiesisch; **nos Açores** [nuz‿ɐ'sorəʃ] auf den Azoren

?

emagrecer [emɐgrə'ser] *(dünner werden)* abnehmen
embaixada [ẽmbai'ʃadɐ] *(dipl. Vertretung)* Botschaft
embalagem [ẽmbɐ'laʒẽi] *f* Verpackung
embarcar [ẽmbɐr'kar] an Bord gehen, s. einschiffen
embora [ẽm'bɔrɐ] *conj* obgleich, obwohl; *adv* **ir-se embora** [irs‿ẽm'bɔrɐ] weggehen; **mandar embora** [mẽn'dar‿ẽm'bɔrɐ] wegschicken
embriagado [ẽmbrjɐ'gadu] betrunken
embriagar-se [ẽmbrjɐ'garsə] s. betrinken
embrulhar [ẽmbru'ʎar] einwickeln, verpacken
embrulho [ẽm'bruʎu] Paket
embusteiro [ẽmbuʃ'teiru] Schwindler
ementa [i'mẽntɐ] Menü, Speisekarte
emissão [imi'sɐ̃u] *f (Radio, Fernsehen)* Sendung
empacotar [ẽmpɐku'tar] verpakken
empregado (1) [ẽmprə'gadu] *adj* angestellt; beschäftigt
empregado (2) [ẽmprə'gadu] *m* Angestellter; Kellner; **empregado da alfândega** [ẽmprə'gadu dɐ al'fɐ̃ndəgɐ] Zollbeamter
empregar [ẽmprə'gar] anwenden, gebrauchen, verwenden
emprego [ẽm'pregu] (An-)Stellung, Arbeit, Stelle; Gebrauch, Verwendung
empresa [ẽm'prezɐ] Firma, Unternehmen
emprestar [ẽmprəʃ'tar] (ver)leihen
empurrar [ẽmpu'ʀar] drücken, stoßen
encantado [ẽŋkɐ̃n'tadu] entzückt
encantador [ẽŋkɐ̃ntɐ'dor] bezaubernd, entzückend
encarnado [ẽŋkɐr'nadu] rot
encharcado [ẽʃɐr'kadu] naß
encher [ẽ'ʃer] füllen; **encher de ar** [ẽ'ʃer d‿ar] aufpumpen
encomenda [ẽŋku'mẽndɐ] Bestellung; *(Post)* Päckchen, Paket
encomendar [ẽŋkumẽn'dar] bestellen
encontrar [ẽŋkõn'trar] begegnen, treffen; finden; **encontrar-se** [ẽŋkõn'trarsə] s. begegnen; s. befinden, liegen; **combinar encontrar-se** [kõmbi'nar‿ẽŋkõn'trarsə] s. verabreden
encontro [ẽŋ'kõntru] Verabredung
encosta [ẽŋ'kɔʃtɐ] (Ab-)Hang
endereçar [ẽndərə'sar] adressieren
endereço [ẽndə'resu] Adresse, Anschrift
enfermeira [ẽfər'meirɐ] Krankenschwester
enganar [ẽŋgɐ'nar] betrügen; **enganar-se** [ẽŋgɐ'narsə] s. irren, s. täuschen; **enganar-se na conta** [ẽŋgɐ'narsə nɐ 'kõntɐ] s. verrechnen
engano [ẽŋ'gɐnu] Betrug; Irrtum; **por engano** [pur‿ẽŋ'gɐnu] aus Versehen
engordar [ẽŋgur'dar] zunehmen
enorme [i'nɔrmə] gewaltig
enquanto [ẽŋ'kwɐ̃ntu] *conj* solange als, während
ensaiar [ẽsɐ'jar] probieren
ensaio [ẽ'saju] Probe
ensinar [ẽsi'nar] lehren, unterrichten
então [ẽn'tɐ̃u] also; da, damals; dann, nun; **desde então** ['deʒd‿ẽn'tɐ̃u] seitdem
entender [ẽntẽn'der] verstehen; **entender mal** [ẽntẽn'der mal] mißverstehen; **entender-se** [ẽntẽn'dersə] s. verständigen
entrada [ẽn'tradɐ] Einfahrt, Eingang; Eintritt; Vorspeise; **entrada do cais** [ẽn'tradɐ du kaiʃ] *(Bahnhof)* Sperre
entrar [ẽn'trar] einsteigen; eintreten, hineingehen; **entre!** ['ẽntrə] herein!; **entrar em** [ẽn'trar‿ẽi] betreten
entre ['ẽntrə] unter; zwischen; **entre outras coisas** ['ẽntr‿'otrɐʃ 'koizɐʃ] unter anderem
entregar [ẽntrə'gar] überbringen; übergeben
entretanto [ẽntrə'tɐ̃ntu] inzwischen
entusiasmado (com) [ẽntuzjɐʒ'madu (kõ)] begeistert (von)

?

envelope [ẽvə'lɔpə] *m* Briefumschlag
enviar [ẽ'vjar] schicken; senden; nachsenden; versenden; *(Post)* aufgeben; *(Geld)* überweisen
envio [ẽ'viu] Sendung; Überweisung
época ['ɛpukɐ] Saison; Zeitalter
equipa [i'kipɐ] *(Sport)* Mannschaft
equipe [e'kipi] *f (Br) (Sport)* Mannschaft
equivalente [ikivɐ'lẽntə] gleichwertig; *m* Gegenwert
equívoco [i'kivuku] Mißverständnis
errado [i'ʀadu] falsch
erro ['eʀu] Fehler *(den man macht)*, Irrtum
ervilha [ər'viʎɐ] Erbse
escada ['ʃkadɐ] Leiter *f*; Treppe
escala ['ʃkalɐ] Zwischenlandung
escarpado [ʃkɐr'padu] steil
escola ['ʃkɔlɐ] Schule
escolha ['ʃkoʎɐ] Auswahl
escolher [ʃku'ʎer] aussuchen, wählen
esconder [ʃkõn'der] verstecken
escova ['ʃkovɐ] Bürste; **escova de calçado** ['ʃkovɐ də kal'sadu] Schuhbürste; **escova de dentes** ['ʃkovɐ də 'dẽntəʃ] Zahnbürste; **escova de fato** ['ʃkovɐ də 'fatu] Kleiderbürste
escovar [ʃku'var] bürsten
escrever [ʃkrə'ver] schreiben
escrita ['ʃkritɐ] (Hand-)Schrift
escrito, por ~ [pur 'ʃkritu] schriftlich
escritório [ʃkri'tɔrju] Büro
escrupuloso [ʃkrupu'lozu] gewissenhaft
escuro ['ʃkuru] dunkel; finster
escutar [ʃku'tar] (zu)hören; **escutar alg** [ʃku'tar‿al'gẽi] jdm zuhören
esforçar-se [ʃfur'sarsə] s. bemühen, s. Mühe geben
esforço ['ʃforsu] Anstrengung, Mühe
esgotado [ʒgu'tadu] erschöpft
espaço ['ʃpasu] Raum
Espanha ['ʃpeɲɐ] Spanien
espanhol [ʃpe'ɲɔl] spanisch; Spanier
especial [ʃpə'sjal] extra, Sonder ..., speziell
especialmente [ʃpəsjal'mẽntə] besonders
espécie ['ʃpɛsjə] *f* Sorte
espe(c)tador [ʃpɛtɐ'dor] *m* Zuschauer
espe(c)táculo [ʃpɛ'takulu] Schauspiel
espelho ['ʃpeʎu] Spiegel
esperar [ʃpə'rar] erwarten; hoffen; warten
esperto ['ʃpɛrtu] klug, schlau
espirituoso [ʃpiri'twozu] geistreich
esplêndido ['ʃplẽndidu] herrlich
esponsais [ʃpõ'saiʃ] *m pl* Verlobung
esporte [es'pɔrti] *m (Br)* Sport
esposa ['ʃpozɐ] (Ehe-)Frau
esposo ['ʃpozu] (Ehe-)Mann
esquadra da polícia ['ʃkwadrɐ dɐ pu'lisjɐ] Polizeiwache
esquecer-se de [ʃkɛ'sersə də] vergessen, liegenlassen
esquerdo ['ʃkerdu] linke, linker, linkes; **à esquerda** [a 'ʃkerdɐ] links
esquina ['ʃkinɐ] Ecke
esse, essa ['esə, 'ɛsɐ] dieser, diese, dieses; jener, jene, jenes
estabelecer [ʃtɐbələ'ser] festsetzen
estação (1) [ʃtɐ'sɐ̃u] *f* Saison; **fora da estação** ['fɔrɐ dɐ ʃtɐ'sɐ̃u] außerhalb der Saison; **estação alta** [ʃtɐ'sɐ̃u 'altɐ] Hochsaison; **estação do ano** [ʃtɐ'sɐ̃u du 'ɐnu] Jahreszeit
estação (2) [ʃtɐ'sɐ̃u] *f* Bahnhof; Station; **estação central** [ʃtɐ'sɐ̃u sẽn'tral] Hauptbahnhof; **estação do correio** [ʃtɐ'sɐ̃u du ku'ʀeju] Postamt
estacionamento [ʃtɐsjunɐ'mẽntu] Parken
estacionar [ʃtɐsju'nar] parken
estada ['ʃtadɐ] Aufenthalt
estado ['ʃtadu] Verfassung, Zustand
Estado ['ʃtadu] Staat
estalagem [ʃtɐ'laʒɐ̃i] *f* Gasthaus, ~hof
estância termal/de repouso ['ʃtɐ̃sjɐ tər'mal/də rə'pozu] Kurort
estar [ʃtar] sein; stehen; **estar em pé** [ʃtar‿ɐ̃i pɛ] stehen

estável ['ʃtavɛl] dauernd, fest

este, esta ['eʃtə, 'ɛʃtɐ] dieser, diese, dieses; **esta noite** ['ɛʃtɐ 'noitə] heute nacht; **esta tarde** ['ɛʃtɐ 'tardə] heute abend

estender-se [ʃtẽn'dersə] s. erstrecken, reichen

estorvar [ʃtur'var] stören

estorvo ['ʃtorvu] Störung

estrada ['ʃtradɐ] Landstraße

estragado [ʃtrɐ'gadu] faul, verdorben; kaputt

estragar [ʃtrɐ'gar] verderben; **estragar-se** [ʃtrɐ'garsə] *(schlecht werden)* verderben

estrangeiro (1) [ʃtrɐ̃'ʒeiru] *adj* ausländisch, fremd

estrangeiro (2) [ʃtrɐ̃'ʒeiru] *m* Ausland; Ausländer, Fremder

estranho ['ʃtrɐɲu] seltsam, eigen

estreito ['ʃtreitu] eng, schmal

estrela ['ʃtrelɐ] Stern

estudante [ʃtu'dẽntə] *m* Student

estudar [ʃtu'dar] lernen; studieren

estudo ['ʃtudu] Studium

estúpido ['ʃtupidu] blöd(e)

etc. [ɛt'sɛtrɐ] und so weiter

eu [eu] ich

Europa [eu'rɔpɐ] Europa

europeu [euru'peu] europäisch; Europäer

eventualmente [ivẽntwal'mẽntə] eventuell

evidentemente [ividẽntə'mẽntə] selbstverständlich

evitar [ivi'tar] vermeiden

exa(c)tidão [izɐti'dãu] *f* Genauigkeit

exa(c)to [i'zatu] genau; *(Gegensatz zu falsch)* richtig

exagerado [izɐʒə'radu] übertrieben

exame [i'zemə] *m* Prüfung

examinar [izɐmi'nar] nachprüfen; prüfen

excelente [(ei)ʃsə'lẽntə] ausgezeichnet, erstklassig

exce(p)ção [(ei)ʃsɛ'sɐ̃u] *f* Ausnahme

exce(p)to [(ei)ʃ'sɛtu] außer

excursão [(ei)ʃkur'sɐ̃u] *f* Ausflug, Tour

executar [izəku'tar] *(Arbeit)* ausführen

exemplo [i'zẽmplu] Beispiel; **por exemplo** [pur‿i'zẽmplu] zum Beispiel; **sem exemplo** [sɐ̃i i'zẽmplu] beispiellos

exercer [izər'ser] *(Beruf)* ausüben

exercício [izər'sisju] Übung

exercitar [izərsi'tar] üben

exigência [izi'ʒẽsjɐ] Forderung

exigir [izi'ʒir] fordern, verlangen

existir [iziʃ'tir] bestehen

êxito ['ezitu] Erfolg

expedir [(ei)ʃpə'dir] versenden

experiência [(ei)ʃpə'rjẽsjɐ] Erfahrung, Probe

experiente [(ei)ʃpə'rjẽntə] erfahren

experimentar [(ei)ʃpərimẽn'tar] probieren

explicar [(ei)ʃpli'kar] erklären

exportação [(ei)ʃpurtɐ'sɐ̃u] *f* Ausfuhr

exposição [(ei)ʃpuzi'sɐ̃u] *f* Ausstellung

expressamente [(ei)ʃprɛsɐ'mẽntə] ausdrücklich

expressão [(ei)ʃprə'sɐ̃u] *f* Ausdruck

extensão [(ei)ʃtẽ'sɐ̃u] *f* Ausdehnung, Größe

exterior [(ei)ʃtə'rjor] äußerlich

extintor *m* **de incêndios** [(ei)ʃtĩn'tor d‿ĩ'sẽndjuʃ] Feuerlöscher

extra ['eiʃtrɐ] extra

extraordinário [(ei)ʃtrɐɔrdi'narju] außergewöhnlich

F

fábrica ['fabrikɐ] Fabrik

faca ['fakɐ] Messer

fácil ['fasil] einfach, leicht

fa(c)to ['faktu] Tatsache; **de fa(c)to** [də 'faktu] in der Tat; **factos** ['faktuʃ] Tatbestand

fa(c)tura [fa'turɐ] Rechnung

faísca [fɐ'iʃkɐ] Funke

falar [fɐ'lar] reden, sprechen; **falar baixo/em voz baixa** [fɐ'lar 'baiʃu/ɐ̃i vɔʒ 'baiʃɐ] leise sprechen

falso ['falsu] falsch; unecht

falta ['faltɐ] Fehler *(den man macht)*

faltar [fal'tar] fehlen

família [fɐ'miljɐ] Familie

famoso [fɐ'mozu] berühmt

farol [fɐ'rɔl] *m* Leuchtturm

fatia [fɐ'tiɐ] Scheibe, Schnitte

fatigado [fɐti'gadu] müde

fatigante [fɐti'gẽntə] anstrengend

fato ['fatu] Anzug

favor [fɐ'vor] *m* Gefälligkeit; **se faz favor** [sə faʃ fɐ'vor] bitte

favorável [fɐvu'ravɛl] günstig

fazenda [fɐ'zẽndɐ] Bauernhof; Stoff

fazer [fɐ'zer] machen, tun; **fazer as malas** [fɐ'zer‿ɐʒ 'malɐʃ] *(Koffer)* packen

fé [fɛ] *f* Glaube

febre ['fɛbrə] *f* Fieber

fechado [fə'ʃadu] geschlossen, zu

fechadura [fəʃɐ'durɐ] *(Tür)* Schloß

fechar [fə'ʃar] schließen, zumachen; **fechar à chave** [fə'ʃar‿a 'ʃavə] abschließen, verschließen, zuschließen

fecho ['feʃu] *(Tür)* Schloß; **fecho de correr** ['feʃu də ku'ʀer]/**fecho ecler** ['feʃu e'klɛr] *(Br)* Reißverschluß

feio ['feju] häßlich

feito à mão ['feitu a mɐ̃u] handgemacht

felicidade [fələsi'dadə] *f* Glück

felicitações [fələsitɐ'sõiʃ] *f pl* Glückwünsche

felicitar [fələsi'tar] gratulieren

feliz [fə'liʃ] froh, glücklich

feriado [fə'rjadu] Feiertag

férias ['fɛrjɐʃ] *f pl* Urlaub, Ferien; **estar de férias** [ʃtar də 'fɛrjɐʃ] Urlaub machen

ferida [fə'ridɐ] Verletzung

ferramenta [fəʀɐ'mẽntɐ] Werkzeug

ferro ['fɛʀu] Eisen; Bügeleisen; **passar a ferro** [pɐ'sar‿ɐ 'fɛʀu] bügeln

ferrolho [fə'ʀoʎu] Riegel

ferry-boat ['fɛʀi bot] *m* Fähre

ferver [fər'ver] *(Wasser)* kochen

festa ['fɛʃtɐ] Fest; Feier

fiança ['fjɐ̃sɐ] Kaution

ficar [fi'kar] bleiben; s. befinden; übrigbleiben; **ficar bem** [fi'kar bɐ̃i] *(Kleidung)* passen; **ficar com** [fi'kar kõ] behalten; **ficar furioso** [fi'kar fu'rjozu] wütend werden; **ficar parado** [fi'kar pɐ'radu] anhalten, stehenbleiben

ficha ['fiʃɐ] Stecker

fila ['filɐ] Reihe; **fazer fila** [fa'zer 'filɐ] *(Br)* Schlange stehen

filha ['fiʎɐ] Tochter

filho ['fiʎu] Sohn

filial [fi'ljal] *f* Filiale

filme ['filmə] *m (Kino)* Film

fim [fĩ] *m* Ende, Schluß; Zweck; **por fim** [pur fĩ] am Ende, zuletzt

finalmente [final'mẽntə] endlich

fino ['finu] dünn, fein

fio ['fiu] Bindfaden, Faden

firma ['firmɐ] Firma

fita ['fitɐ] Band *(aus Stoff)*

fixar [fi'ksar] festsetzen

flash [flɛʃ] *m (Foto)* Blitz

flor [flor] *f* Blume

florescer [flurəʃ'ser] blühen

floresta [flu'rɛʃtɐ] (Hoch-)Wald

fogão [fu'gɐ̃u] *m* Kocher; Ofen; **fogão a álcool** [fu'gɐ̃u ɐ 'alkwɔl] Spirituskocher

fogo ['fogu] Brand, Feuer

folgar com [fɔl'gar kõ] s. freuen über

folha ['foʎɐ] Blatt

fome ['fɔmə] *f* Hunger; **ter fome** [ter 'fɔmə] Hunger haben

fora ['fɔrɐ] außen; draußen; weg; **de/por fora** [də/pur 'fɔrɐ] von außen; **fora de** ['fɔrɐ də] außer-

(halb); **fora de moda** ['fɔrɐ də 'mɔdɐ] unmodern
forasteiro [furɐʃ'teiru] fremd; Fremder
força ['forsɐ] Kraft, Stärke
forma ['fɔrmɐ] Form; **de outra forma** [d‿'otrɐ 'fɔrmɐ] anders
formar [fur'mar] bilden
formidável [furmi'davɛl] großartig
fornecer [furnə'ser] liefern
forno ['fornu] Ofen
forte ['fɔrtə] kräftig, stark
fósforo ['fɔʃfuru] Streichholz
fotografar [futugrɐ'far] fotografieren
fotografia [futugrɐ'fiɐ] Foto, Aufnahme, Bild; **tirar fotografias** [ti'rar futugrɐ'fiɐʃ] fotografieren
fraco ['fraku] schwach
frágil ['fraʒil] zerbrechlich
França ['frẽsɐ] Frankreich
francês [frẽ'seʃ] französisch; Franzose
franquia [frẽŋ'kiɐ] Porto
franquiar [frẽŋ'kjar] frankieren
fraqueza [frɐ'kezɐ] Schwäche
frase ['frazə] *f* Satz
fraude ['fraudə] *f (Handel)* Betrug
freguês [frɛ'geʃ] *m* Kunde
freira ['freirɐ] Nonne, (Ordens-) Schwester
frente ['frẽntə] *f* Vorderseite; **em frente (de)** [ẽi 'frẽntə (də)] gegenüber
frequentemente (qü) [frəkwẽntə'mẽntə] häufig, oft
fresco ['freʃku] frisch; kühl
frete ['frɛtə] *m* Fracht; **moço de fretes** ['mosu də 'frɛtəʃ] Gepäckträger
frio ['friu] kalt; **ter frio** [ter 'friu] frieren
fritar [fri'tar] *(in der Pfanne)* braten
fronteira [frõn'teirɐ] Grenze
fruta ['frutɐ] Obst
fruto ['frutu] Frucht
fumar [fu'mar] rauchen
fumo ['fumu] Rauch
funcionar [fũsju'nar] funktionieren
fundo ['fũndu] tief
fúria ['furjɐ] Wut
furioso [fu'rjozu] wütend
furo ['furu] Loch
fusível [fu'zivɛl] *m (el)* Sicherung
futebol [futə'bɔl] *m* Fußball
futuro [fu'turu] Zukunft; zukünftig

G

gabardina [gɐbar'dinɐ] Regenmantel
galeria [gɐlə'riɐ] Galerie
galo ['galu] Hahn
gancho ['gẽʃu] Haken
ganhar [gɐ'ɲar] gewinnen; verdienen
ganho ['gɐɲu] Gewinn; Verdienst
garagem [gɐ'raʒẽi] *f* Garage
garantia [gɐrẽn'tiɐ] Garantie, Sicherheit
garfo ['garfu] Gabel
garganta [gɐr'gẽntɐ] *(Kehle)* Hals
garrafa [gɐ'ʀafɐ] Flasche
gasolina [gɐzu'linɐ] Benzin; **posto de gasolina** ['poʃtu də gɐzu'linɐ] Tankstelle; **meter gasolina** [mə'ter gɐzu'linɐ] tanken
gastar [gɐʃ'tar] ausgeben; verbrauchen
gelado [ʒə'ladu] (Speise-)Eis
gelar [ʒə'lar] frieren
gelo ['ʒelu] (Glatt-)Eis
géneros (ê) alimentícios ['ʒɛnəruz‿ɐlimẽn'tisjuʃ] *m pl* Lebensmittel, Nahrungsmittel
gente ['ʒẽntə] *f* Leute; **a gente** [ɐ 'ʒẽntə] man
geral [ʒə'ral] allgemein
geralmente [ʒəral'mẽntə] im allgemeinen
gerente [ʒə'rẽntə] *m* Geschäftsführer
gira-discos ['ʒirɐ 'diʃkuʃ] *m* Plattenspieler
gole ['gɔlə] Schluck

golfe ['gɔlfə] *m* Golf
golpe ['gɔlpə] *m* Schlag; Stoß
gordo ['gordu] dick, fett
gorjeta [gur'ʒetɐ] Trinkgeld
gostar de [guʃ'tar də] lieben, gern haben, mögen
gosto ['goʃtu] Geschmack; **com muito gosto** [kõ 'mũintu 'goʃtu] gern
gota ['gotɐ] Tropfen
gozar [gu'zar] genießen
gozo ['gozu] Genuß
graça ['grasɐ] Gunst; Witz; **de graça** [də 'grasɐ] gratis, umsonst; **graças a Deus** ['grasɐz‿ɐ deuʃ] Gott sei Dank!
gracejo [grɐ'seʒu] Scherz, Spaß
grade ['gradə] *f* Gitter
grado, de bom ~ [də bõ 'gradu] gern
grande ['grẽndə] groß
grandeza [grẽn'dezɐ] *(geistige)* Größe
grandioso [grẽn'djozu] großartig
gratificação [grɐtəfikɐ'sɐ̃u] *f* Belohnung
gratificar [grɐtəfi'kar] belohnen
grátis ['gratiʃ] frei, gratis, kostenlos, umsonst
grato ['gratu] dankbar
gratuito [grɐ'tuitu] gratis, frei, kostenlos
grave ['gravə] *(Krankheit)* schwer
gravura [grɐ'vurɐ] *(Abbildung)* Bild
graxa ['graʃɐ] Schuhcreme
gritar [gri'tar] schreien
grosso ['grosu] dick, stark
grupo ['grupu] Gruppe
guarda ['gwardɐ] *m* Wächter, Aufseher
guarda-chuva ['gwardɐ 'ʃuvɐ] *m* (Regen-)Schirm
guardar [gwɐr'dar] aufbewahren; behalten
guarda-sol ['gwardɐ sɔl] *m* Sonnenschirm
guerra ['gɛʀɐ] Krieg
guia (1) ['giɐ] *m* Fremdenführer
guia (2) ['giɐ] *f* Gepäckschein
guiar [gjar] führen
guiché (ê) [gi'ʃɛ] *m* Schalter

H

há [a] es gibt; *(zeitlich)* vor; **há pouco** [a 'poku] kürzlich, neulich
hábil ['abil] geschickt, tüchtig
habitante [ɐbi'tẽntə] *m* Bewohner, Einwohner
hábito ['abitu] Gewohnheit
habituado, estar ~ [ʃtar‿ɐbi'twadu] gewohnt sein
habitual [ɐbi'twal] gewöhnlich, üblich
habituar-se a [ɐbi'twars‿ɐ] s. gewöhnen an
hera ['ɛrɐ] Efeu
hesitar [izi'tar] zögern
higiénico (ê) [i'ʒjɛniku] hygienisch
história ['ʃtɔrjɐ] Geschichte
hoje ['oʒə] heute
homem ['ɔmɐ̃i] *m* Mann; Mensch
honorários [ono'rarjuʃ] *m pl* Honorar
honra ['õʀɐ] Ehre
hora ['ɔrɐ] Stunde; **de hora a hora** [d‿'ɔra‿'ɔrɐ] stündlich; **de duas em duas horas** [də 'duɐz‿ɐ̃i 'duaz‿'ɔrɐʃ] alle zwei Stunden
horrível [u'ʀivɛl] fürchterlich, schrecklich
hortaliça [ɔrtɐ'lisɐ] Gemüse
hóspede ['ɔʃpədə] *m* Gast
hospital [oʃpi'tal] *m* Krankenhaus
hospitalidade [oʃpitɐli'dadə] *f* Gastfreundschaft
hotel [ɔ'tɛl] *m* Hotel
humano [u'mɐnu] menschlich
húmido ['umidu] feucht
humor [u'mor] *m* Laune

?

I

idade [i'dadə] *f* Alter
ideia (é) [i'dɛjɐ] Gedanke; Idee; Vorstellung; **não faço ideia** [nẽu 'fas‿i'dɛjɐ] keine Ahnung!
igreja [i'greʒɐ] Kirche
igual [i'gwal] gleich
ilha ['iʎɐ] Insel
iluminado [ilumi'nadu] beleuchtet
imediatamente [imədjatɐ'mẽntə] direkt, gleich, sofort
imediato [imə'djatu] unmittelbar
impedir [ĩmpə'dir] hindern, verhindern
impermeável [ĩmpər'mjavɛl] *m* Regenmantel
importação [ĩmpurtɐ'sẽu] *f* Einfuhr
importância [ĩmpur'tẽsjɐ] Bedeutung, Wichtigkeit; Betrag; **sem importância** [sẽi ĩmpur'tẽsjɐ] unwichtig
importante [ĩmpur'tẽntə] bedeutend, groß, wichtig
importunar [ĩmpurtu'nar] belästigen
importuno [ĩmpur'tunu] lästig
impossível [ĩmpu'sivɛl] ausgeschlossen; unmöglich
impreciso [ĩmprə'sizu] ungenau
impressão [ĩmprə'sẽu] *f* Eindruck
impresso [ĩm'prɛsu] Formular
improvável [ĩmpru'vavɛl] unwahrscheinlich
imprudente [ĩmpru'dẽntə] unvorsichtig
inadequado [inɐdə'kwadu] ungeeignet
incapaz [ĩŋkɐ'paʃ] unfähig
incêndio [ĩ'sẽndju] Brand
incerto [ĩ'sɛrtu] ungewiß, unsicher, zweifelhaft
inchado [ĩ'ʃadu] geschwollen, dick
incidente [ĩsi'dẽntə] *m* Zwischenfall
incluído [ĩŋ'klwidu] inbegriffen
incluir [ĩŋ'klwir] einschließen
incomodar [ĩŋkumu'dar] belästigen, stören
incómodo [ĩŋ'kɔmudu] Störung; unbequem, ungemütlich
incompleto [ĩŋkõm'plɛtu] unvollständig
inconveniente [ĩŋkõvə'njẽntə] *m* Nachteil
incrível [ĩŋ'krivɛl] unglaublich
indecente [ĩndə'sẽntə] unanständig
indeciso [ĩndə'sizu] unentschlossen
inde(m)nização [ĩndəmnizɐ'sẽu] *f* Schadenersatz
inde(m)nizar [ĩndəmni'zar] *(Schaden)* ersetzen
indesejável [ĩndəzə'ʒavɛl] unerwünscht
indeterminado [ĩdətərmi'nadu] unbestimmt
indicação [ĩndikɐ'sẽu] *f* Angabe
indicar [ĩndi'kar] zeigen
indício [ĩn'disju] (An-)Zeichen
índio ['ĩndju] Indianer
indispensável [ĩndəʃpẽ'savɛl] unentbehrlich
indisposto [ĩndəʃ'poʃtu] unwohl
inesperado [inəʃpə'radu] unerwartet
inevitável [inəvi'tavɛl] unvermeidlich
inexperiente [inəʃpə'rjẽntə] unerfahren
infelicidade [ĩfələsi'dadə] *f* Unglück
infeliz [ĩfə'liʃ] unglücklich
infelizmente [ĩfəliʒ'mẽntə] leider, unglücklicherweise
inferior [ĩfə'rjor] geringer
inflamável [ĩflɐ'mavɛl] feuergefährlich
informação [ĩfurmɐ'sẽu] *f* Auskunft; Erkundigung
informar [ĩfur'mar] berichten, melden; benachrichtigen, informieren; **informar-se** [ĩfur'marsə] s. erkundigen
Inglaterra [ĩŋglɐ'tɛʀɐ] England
inglês [ĩŋ'gleʃ] englisch; Engländer
ingrato [ĩŋ'gratu] undankbar
íngreme ['ĩŋgrəmə] steil
injusto [ĩ'ʒuʃtu] ungerecht
injustiça [ĩʒuʃ'tisɐ] Ungerechtigkeit, Unrecht
inocente [inu'sẽntə] unschuldig
inofensivo [inufẽ'sivu] unschädlich

inquietar-se [ĩŋkje'tarsə] s. beunruhigen
inquieto [ĩŋ'kjɛtu] unruhig
inscrever [ĩʃkrə'ver] einschreiben, anmelden
inseguro [ĩsə'guru] unsicher
insignificante [ĩsignifi'kẽntə] unwichtig
insistir em [ĩsiʃ'tir‿ẽi] bestehen auf
instalação [ĩʃtelɐ'sẽu] *f* Anlage
instante [ĩʃ'tẽntə] *m* Moment
instituto [ĩʃti'tutu] Institut
insuficiente [ĩsufə'sjẽntə] ungenügend
insuportável [ĩsupur'tavɛl] unerträglich
inteiro [ĩn'teiru] vollständig, ganz
inteligência [ĩntəli'ʒẽsjɐ] Verstand
inteligente [ĩntəli'ʒẽntə] klug
intenção [ĩntẽ'sẽu] *f* Absicht
interessante [ĩntərə'sẽntə] interessant
interessar-se (por) [ĩntərə'sarsə (pur)] s. interessieren (für)
interesse [ĩntə'resə] *m* Interesse
interior [ĩntə'rjor] *m* das Innere; **no interior** [nu ĩntə'rjor] drin(nen)
interpretar mal [ĩntərprə'tar mal] mißverstehen
intérprete [ĩn'tɛrprətə] *m* Dolmetscher
interromper [ĩntəʀõm'per] unterbrechen
interrupção [ĩntəʀup'sẽu] *f* Unterbrechung, Störung
interruptor [ĩntəʀup'tor] *m (el)* Schalter
intervalo [ĩntər'valu] Pause
intrujão [ĩntru'ʒẽu] *m* Schwindler
inútil [i'nutil] nutzlos, unnütz, zwecklos
inválido [ĩ'validu] ungültig
inventar [ĩvẽn'tar] erfinden
Inverno [ĩ'vɛrnu] Winter
inverso [ĩ'versu] umgekehrt
invulgar [ĩvul'gar] ungewöhnlich
ir [ir] fahren; gehen; **ir a pé** [ir‿ɐ pɛ] (zu Fuß) gehen; **ir de avião** [ir d‿ɐ'vjẽu] (mit dem Flugzeug) fliegen; **ir viajar** [ir vjɐ'ʒar] verreisen; **ir-se embora** [irs‿ẽm'bɔrɐ] weggehen
irado [i'radu] zornig
irmã [ir'mẽ] *f* Schwester
irmão [ir'mẽu] *m* Bruder
irregular [iʀəgu'lar] unregelmäßig
irritar-se com [iʀi'tarsə kõ] s. ärgern über
isqueiro [iʃ'keiru] Feuerzeug
Itália [i'taljɐ] Italien
italiano [itɐ'ljɐnu] italienisch; Italiener
itinerário [itinə'rarju] (Reise-)Route

J

já [ʒa] sofort, gleich; schon; **já que** [ʒa kə] *(Grund)* da
jacto ['ʒatu] (Wasser-)Strahl
jamais [ʒa'maiʃ] jemals
janela [ʒɐ'nɛlɐ] Fenster
jantar [ʒẽn'tar] *m* Abendessen
jardim [ʒer'dĩ] *m* Garten
joalheiro [ʒwɐ'ʎeiru] Juwelier
jogar [ʒu'gar] spielen
jogo ['ʒogu] Spiel
jóias ['ʒɔjɐʃ] *f pl* Schmuck
jornal [ʒur'nal] *m* Zeitung
jornalista [ʒurnɐ'liʃtɐ] *m* Journalist
jovem ['ʒɔvẽi] jung
juiz ['ʒwiʃ] *m* Richter
juízo ['ʒwizu] Urteil
julgar [ʒul'gar] beurteilen, urteilen
juntamente [ʒũntɐ'mẽntə] zusammen
junto de ['ʒũntu də] neben, bei; **junto do Tejo** ['ʒũntu du 'tɛʒu] am Tejo
juntos ['ʒũntuʃ] beisammen, gemeinsam, zusammen
justamente [ʒuʃtɐ'mẽntə] *(zeitlich)* gerade
justo ['ʒuʃtu] gerecht
juventude [ʒuvẽn'tudə] *f* Jugend

?

L

lá [la] da, dort; dorthin
lã [lẽ] *f* Wolle
lábio ['labju] Lippe
lado ['ladu] Seite; **ao lado de** [ɐu 'ladu də] neben; **do outro lado** [du 'otru 'ladu] drüben; **noutro lado** ['notru 'ladu] anderswo
ladrão [lɐ'drẽu] *m* Dieb
lago ['lagu] *(Binnengewässer)* See
lama ['lɐmɐ] Schlamm, Schmutz
lamentar [lɐmẽn'tar] bedauern
lâmpada ['lẽmpɐdɐ] Glühbirne; **lâmpada de mão** ['lẽmpɐdɐ də mẽu] Taschenlampe
lançar [lẽ'sar] werfen
lápis ['lapiʃ] *m* Bleistift
largo ['largu] breit; weit
lata de conserva ['latɐ də kõ'sɛrvɐ] (Konserven-)Büchse
lavado [lɐ'vadu] frisch (gewaschen)
lavandaria [lɐvẽndɐ'riɐ] Wäscherei
lavar [lɐ'var] waschen
lavável [lɐ'vavɛl] waschecht
legumes [lə'guməʃ] *m pl* Gemüse
leite ['leitə] *m* Milch
lembrança [lẽm'brẽsɐ] Andenken
lembrar algo a alg [lẽm'brar‿'algu ɐ al'gẽi] jdn an etw erinnern; **lembrar-se** [lẽm'brarsə] s. erinnern
lenço ['lẽsu] Taschentuch; Kopftuch
lento ['lẽntu] langsam
ler [ler] lesen
leste ['lɛʃtə] *m* Osten
letra ['letrɐ] Buchstabe; **dizer as letras** [di'zer‿ɐʒ 'letrɐʃ] buchstabieren
levantar [ləvẽn'tar] heben; **levantar-se** [ləvẽn'tarsə] aufstehen
levar [lə'var] forttragen, mitnehmen; wegbringen, überbringen; *(Zeit)* brauchen
leve ['lɛvə] *(Gewicht)* leicht
lhes [ʎəʃ] *dat* euch
libra ['librɐ] *(Gewicht)* Pfund
licença [li'sẽsɐ] Urlaub
ligação [ligɐ'sẽu] *f (Zug)* Anschluß, Verbindung; *(tele)* Verbindung
ligar [li'gar] binden; *(tele, med)* verbinden
limpar [lĩm'par] putzen, reinigen
limpo ['lĩmpu] sauber
lindo ['lĩndu] hübsch, schön
língua ['lĩŋgwɐ] Sprache; Zunge
linha ['liɲɐ] *(el, tele)* Leitung, Linie; (Bahn-)Strecke
liquidação [likidɐ'sẽu] *f* Ausverkauf
líquido ['likidu] flüssig
lista ['liʃtɐ] (Speise-)Karte; Liste, Verzeichnis; **lista telefónica (ô)** ['liʃtɐ tələ'fɔnikɐ] Telefonbuch
litro ['litru] Liter
livre ['livrə] frei
livro ['livru] Buch
lixo ['liʃu] Abfall
local *m* **de nascimento** [lu'kal də nɐʃsi'mẽntu] Geburtsort
logo ['lɔgu] bald, sofort, direkt
loja ['lɔʒɐ] Geschäft, Laden
longo ['lõŋgu] *(Weg)* weit
louça de barro ['losɐ də 'baʀu] Tonwaren
louco ['loku] verrückt
louro ['loru] blond
louvar [lo'var] loben
lua ['luɐ] Mond
lucro ['lukru] Gewinn
lugar [lu'gar] *m* Ort, Stelle; Platz; Sitz; **em lugar de** [ẽi lu'gar də] statt; **em primeiro lugar** [ẽi pri'meiru lu'gar] erstens; zuerst, zunächst; **ocupar um lugar** [oku'par‿ũ lu'gar] einen Platz belegen
luminoso [lumi'nozu] leuchtend
luva ['luvɐ] Handschuh; **um par de luvas** [ũm par də 'luvɐʃ] ein Paar Handschuhe
luxo ['luʃu] Luxus
luxuoso [lu'ʃwozu] luxuriös
luz [luʃ] *f* Licht; **acender/apagar a luz** [ɐsẽn'der/ɐpɐ'gar‿ɐ luʃ] das Licht anmachen/ausmachen

?

M

maçã [mɐ'sɐ̃] *f* Apfel
maçador [mɐsɐ'dor] lästig
macio [mɐ'siu] weich
maço ['masu] Stapel, Stoß; *(Zigaretten)* Päckchen
madeira [mɐ'deirɐ] Holz
maduro [mɐ'duru] reif
mãe [mɐ̃i] *f* Mutter
magnífico [mɐ'gnifiku] herrlich; prächtig
magoar [mɐ'gwar] weh tun
magro ['magru] mager
mais [maiʃ] mehr; **mais (do) que** [maiʃ (du) kə] mehr als; **mais nada** [maiʒ 'nadɐ] sonst nichts; **mais ou menos** [maiz‿o 'menuʃ] mehr oder weniger; **de mais** [də maiʃ] zu sehr, zuviel
mal [mal] *adv* schlecht; übel; kaum; **cheirar mal** [ʃei'rar mal] stinken; **entender/interpretar mal** [ẽntẽn'der/ĩntərprə'tar mal] mißverstehen; **fazer mal a** [fɐ'zer mal‿ɐ] schaden; **sinto-me mal** ['sĩntumə mal] mir ist übel
mala ['malɐ] Koffer
mal-entendido [mal‿ẽntẽn'didu] Mißverständnis
mancha ['mɐ̃ʃɐ] Fleck(en)
mandar [mɐ̃n'dar] befehlen; schikken, senden; **mandar embora** [mɐ̃n'dar‿ẽm'bɔrɐ] wegschicken; **mandar fazer** [mɐ̃n'dar fɐ'zer] machen lassen; **mandar vir** [mɐ̃n'dar vir] kommen lassen, bestellen
maneira [mɐ'neirɐ] Art, Weise; **de qualquer maneira** [də kwal'kɛr mɐ'neirɐ] auf alle Fälle; **de outra maneira** [d‿'otrɐ mɐ'neirɐ] anders; **de maneira nenhuma** [də mɐ'neirɐ nə'ɲumɐ] durchaus nicht, keinesfalls, gar nicht
mangueira [mɐ̃ŋ'geirɐ] Schlauch
manha ['mɐɲɐ] Trick
manhã [mɐ'ɲɐ̃] *f* Vormittag; Morgen
manifestação [mɐnifəʃtɐ'sɐ̃u] *f* Veranstaltung
manteiga [mɐ̃n'teigɐ] Butter
mão [mɐ̃u] *f* Hand; **feito à mão** ['feitu a mɐ̃u] handgemacht; **lâmpada de mão** ['lɐ̃mpɐdɐ də mɐ̃u] Taschenlampe
mapa ['mapɐ] *m* (Land-)Karte
máquina ['makinɐ] Maschine; Apparat; **máquina de barbear** ['makinɐ də bɐr'bjar] Rasierapparat; **máquina fotográfica** ['makinɐ futu'grafikɐ] (Foto-)Apparat
mar [mar] *m* Meer, See
maravilhoso [mɐrɐvi'ʎozu] wunderbar
marca ['markɐ] (Handels-)Marke; *(Zigaretten)* Sorte
marcar [mɐr'kar] *(Hotel, Platz)* bestellen; *(Platz)* buchen, vorbestellen; *(tele)* wählen
marco ['marku] Mark
maré cheia/alta [mɐ'rɛ 'ʃejɐ/'altɐ] *f* Flut
maré vazia/baixa [mɐ'rɛ vɐ'ziɐ/'baiʃɐ] *f* Ebbe
margem ['marʒɐ̃i] *f* Rand; *(Fluß)* Ufer
marido [mɐ'ridu] (Ehe-)Mann
marmelada [mɐrmə'ladɐ] Quittenmarmelade
marrom [ma'ʀõ] *(Br)* braun
martelo [mɐr'tɛlu] Hammer
mas [mɐʃ] aber; doch; sondern; **mas sim** [mɐʃ sĩ] sondern
masculino [mɐʃku'linu] männlich
mau [mau] böse, schlecht; schlimm
máximo ['masimu] größt, höchst, Höchst ...; **no máximo** [nu 'masimu] höchstens
me [mə] *dat* mir; *acc* mich
média ['mɛdjɐ] Durchschnitt; **em média** [ɐ̃i 'mɛdjɐ] durchschnittlich
medianeiro [mədjɐ'neiru] Vermittler
médico ['mɛdiku] Doktor
medida [mə'didɐ] Maß
médio ['mɛdju] durchschnittlich
medir [mə'dir] messen
Mediterrâneo [məditə'ʀɐnju] Mittelmeer
medo ['medu] Furcht; **ter medo de** [ter 'medu də] s. fürchten vor
meia-noite ['mejɐ 'noitə] *f* Mitternacht
meio (1) ['meju] *adj* halb

?

meio (2) ['meju] Mitte; Mittel; **por meio de** [pur 'meju də] durch, mittels
meio-dia ['meju 'diɐ] *m* Mittag
melhor [mə'ʎɔr] besser
melhorar [məʎu'rar] verbessern
menina [mə'ninɐ] Fräulein
menor [mə'nɔr] geringer
menos ['menuʃ] wenige; **ao/pelo menos** [ɐu/'pəlu 'menuʃ] wenigstens, mindestens; **mais ou menos** [maiz‿o 'menuʃ] mehr oder weniger
mensal [mẽ'sal] monatlich
mentira [mẽn'tirɐ] Lüge
mercado [mər'kadu] Markt
mercadoria [mərkɐdu'riɐ] Ware
merecer [mərə'ser] wert sein, verdienen
merenda [mə'rẽndɐ] Imbiß
mergulhar [mərgu'ʎar] tauchen
mérito ['mɛritu] Verdienst *n*
mês [meʃ] *m* Monat
mesa ['mezɐ] Tisch; **à mesa** [a 'mezɐ] bei Tisch
mesmo (1) ['meʒmu] *adv* sogar
mesmo (2) ['meʒmu] *adj* selb; gleich; **ao mesmo tempo** [ɐu 'meʒmu 'tẽmpu] gleichzeitig
metade [mə'tadə] *f* Hälfte
meteorológico [mətjuru'lɔʒiku] meteorologisch, Wetter ...
metódico [mə'tɔdiku] *(Mensch)* ordentlich
metro ['mɛtru] Meter
meu [meu] mein
mil [mil] tausend
mim [mĩ] *dat* mir; *acc* mich; **por mim** [pur mĩ] meinetwegen
minha ['miɲɐ] meine
mínimo ['minimu] sehr klein; kleinst
minuto [mi'nutu] Minute
miúdo ['mjudu] klein
mobilar [mubi'lar] möblieren
moça ['mosɐ] Mädchen
moço de fretes ['mosu də 'frɛtəʃ] Gepäckträger
moda ['mɔdɐ] Mode
modelo [mu'delu] Muster
moderado [mudə'radu] mäßig
moderno [mu'dɛrnu] modern
modista [mu'diʃtɐ] Schneiderin
modo ['mɔdu] Art, Weise; **de qualquer modo** [də kwal'kɛr 'mɔdu] irgendwie; **de outro modo** [d‿'otru 'mɔdu] anders; **de modo nenhum** [də 'mɔdu nə'ɲũ] gar nicht
moeda ['mwɛdɐ] Geldstück, Münze; Währung
mola ['mɔlɐ] *(elastisch)* Feder
mole ['mɔlə] weich
molhado [mu'ʎadu] naß
molhe ['mɔʎə] *m* Mole
momento [mu'mẽntu] Augenblick, Moment
monja ['mõʒɐ] Nonne
monta-cargas ['mõntɐ 'kargɐʃ] *m* (Lasten-)Aufzug
montanha [mõn'tɐɲɐ] Gebirge
monte ['mõntə] *m* Berg
montra ['mõntrɐ] Schaufenster
monumento [munu'mẽntu] Denkmal; **monumentos** [munu'mẽntuʃ] Sehenswürdigkeiten
morar [mu'rar] wohnen
morrer [mu'ʀer] sterben
morte ['mɔrtə] *f* Tod
morto ['mortu] tot
mosca ['moʃkɐ] Fliege
mosquito [muʃ'kitu] Mücke
mosteiro [muʃ'teiru] (Mönchs-)Kloster
mostrar [muʃ'trar] vorzeigen, zeigen
motivo [mu'tivu] (Beweg-)Grund, Anlaß; **por este motivo** [pur‿'eʃtə mu'tivu] aus diesem Grund
moto ['mɔtɔ] *f* Motorrad
motocicleta [mɔtɔsi'klɛtɐ] Motorrad
motor [mu'tor] *m* Motor; **barco a motor** ['barku ɐ mu'tor] Motorboot
motorista [mutu'riʃtɐ] *m* Chauffeur
móvel ['mɔvɛl] *m* Möbel
mover [mu'ver] bewegen
movimento [muvi'mẽntu] Bewegung
mudança [mu'dẽsɐ] Veränderung
mudar [mu'dar] ändern, verändern; **mudar de casa** [mu'dar də 'kazɐ] ausziehen; umziehen; **mudar de roupa** [mu'dar də 'ʀopɐ] s. umziehen
muito ['mũintu] sehr, viel; **quando muito** ['kwẽndu 'mũintu] höchstens
mulher [mu'ʎɛr] *f* Ehefrau, Frau

?

multa ['multɐ] Geldstrafe
multicolor [multiku'lor] bunt
multidão [multi'dẽu] *f* (Menschen-)Menge
mundo ['mũndu] Welt
muralha [mu'raʎɐ] Mauer
muro ['muru] Mauer
música ['muzikɐ] Musik

N

nação [nɐ'sẽu] *f* Nation
nacionalidade [nɐsjunɐli'dadə] *f* Staatsangehörigkeit
nada ['nadɐ] nichts; **de nada** [də 'nadɐ] *(Antwort auf Dank)* bitte; **nada mais** ['nadɐ maiʃ] sonst nichts
nadar [nɐ'dar] schwimmen
não [nẽu] nein, nicht; **não tem de quê** [nẽu tẽi də ke] *(Antwort auf Dank)* bitte
nascer-do-sol [nɐʃ'ser du sɔl] *m* Sonnenaufgang
nascido [nɐʃ'sidu] geboren
nascimento [nɐʃsi'mẽntu] Geburt
nata ['natɐ] Sahne, Rahm
Natal [nɐ'tal] *m* Weihnachten; **noite de Natal** ['noitə de nɐ'tal] Weihnachtsabend
natural [nɐtu'ral] natürlich; **natural de** [nɐtu'ral də] gebürtig aus
natureza [nɐtu'rəzɐ] Natur
nave ['navə] *f* (Kirchen-)Schiff
navio [nɐ'viu] Schiff
necessário [nəsə'sarju] nötig, notwendig
necessidade [nəsəsi'dadə] *f* Bedürfnis, Notwendigkeit; **em caso de necessidade** [ẽi 'kazu də nəsəsi'dadə] im Notfall
necessitar (de) [nəsəsi'tar (də)] brauchen
negar [nə'gar] leugnen
negligente [nəgli'ʒẽntə] nachlässig
negócio [nə'gɔsju] Handel; Geschäft
negro ['negru] schwarz
nem . . . nem [nẽi . . . nẽi] weder . . . noch; **nem sequer** [nẽi sə'kɛr] nicht einmal
nenhum [nə'ɲũ] kein
neta ['nɛtɐ] Enkelin
neto ['nɛtu] Enkel
nevar [nə'var] schneien
neve ['nɛvə] *f* Schnee
névoa ['nɛvwɐ] Nebel
nevoeiro [nə'vweiru] (dichter) Nebel
ninguém [niŋ'gẽi] keiner, niemand
nó [nɔ] *m* Knoten
noção [nu'sẽu] *f (Begriff)* Vorstellung
nocivo [nu'sivu] schädlich; **nocivo à saúde** [nu'sivu a sɐ'udə] ungesund
nódoa ['nɔdwɐ] Fleck(en)
noite ['noitə] *f* Nacht; Abend *(nach Einbruch der Dunkelheit)*
noiva ['noivɐ] Verlobte
noivo ['noivu] Verlobter
nome ['nomə] *m* Name; **nome de ba(p)tismo** ['nomə də ba'tiʒmu] Vorname
nomear [nu'mjar] nennen
nordeste [nɔr'dɛʃtə] *m* Nordosten
normal [nɔr'mal] üblich
noroeste [nɔ'rwɛʃtə] *m* Nordwesten
norte ['nɔrtə] *m* Norden; **ao norte de** [ɐu 'nɔrtə də] nördlich von
nos [nuʃ] uns
nós [nɔʃ] wir
nosso ['nɔsu] unser
nota ['nɔtɐ] Aufzeichnung; (Geld-)Schein; **tomar nota** [tu'mar 'nɔtɐ] notieren; **tomar nota de algo** [tu'mar 'nɔtɐ d‿'algu] s. etw merken; **bloco de notas** ['blɔku də 'nɔtɐʃ] Notizblock
notar [nu'tar] bemerken, merken
notícia [nu'tisjɐ] Nachricht, Neuigkeit
novamente [nɔvɐ'mẽntə] wieder
novidade [nuvi'dadə] *f* Neuheit, Neuigkeit

?

novo ['novu] neu; frisch; klein, jung; **de novo** [də 'novu] wieder
nublado [nu'bladu] *(Wetter)* bedeckt, bewölkt, trüb
numerar [numə'rar] numerieren
número ['numəru] Anzahl; Nummer; Zahl; *(Schuhe)* Größe; **grande número de** ['grẽndə 'numəru də] eine Menge; **sem número** [sẽi 'numəru] zahllos
numeroso [numə'rozu] zahlreich
nunca ['nũŋkɐ] nie
nutritivo [nutri'tivu] nahrhaft
nuvem ['nuvẽi] *f* Wolke

O

obje(c)tivo [obʒɛ'tivu] Ziel; Zweck
obje(c)to [ob'ʒɛtu] Ding, Gegenstand
obra ['ɔbrɐ] Werk
obrigação [obrigɐ'sɐ̃u] *f* Pflicht, Verpflichtung, Zwang
obrigar [obri'gar] verpflichten; zwingen; **obrigado** [obri'gadu] danke
observar [obsər'var] anschauen, ansehen, beobachten, betrachten; bemerken
obter [ob'ter] *(durch Bemühung)* erhalten, erlangen
ocasião [okɐ'zjɐ̃u] *f* Anlaß, Gelegenheit
ocasionalmente [okɐzjunal'mẽntə] gelegentlich
oceano [o'sjɐnu] Ozean
ocidental [osidẽn'tal] westlich
ocidente [osi'dẽntə] *m* Westen
óculus ['ɔkuluʃ] *m pl* Brille; **óculos de sol** ['ɔkuluʒ də sɔl] Sonnenbrille
ocupado [oku'padu] beschäftigt; besetzt
ocupar um lugar [oku'par‿ũ lu'gar] einen Platz belegen
oeste [o'ɛstə] *m* Westen; **do oeste** [du o'ɛʃtə] westlich
ofender [ofẽn'der] beleidigen
ofensa [o'fẽsɐ] Beleidigung
oferecer [ofərə'ser] anbieten, schenken
oferta [o'fɛrtɐ] Angebot
oficial [ofə'sjal] amtlich, offiziell
oficina [ofə'sinɐ] Werkstatt
óleo ['ɔlju] Öl; **óleo combustível** ['ɔlju kõmbuʃ'tivɛl] Heizöl
olhar (1) [o'ʎar] *verb* anschauen, schauen, zuschauen
olhar (2) [o'ʎar] *m* Blick
olho ['oʎu] Auge
ombro ['õmbru] Schulter
onde ['õndə] wo
ônibus ['onibus] *m (Br)* Omnibus
ontem ['õntẽi] gestern
ópera ['ɔpərɐ] Oper
opinião [opə'njɐ̃u] *f* Ansicht, Meinung; **na minha opinião** [nɐ 'miɲ‿opə'njɐ̃u] meiner Meinung nach
oportunidade [opurtuni'dadə] *f* Gelegenheit
oportuno [opur'tunu] zweckmäßig
oposto [o'poʃtu] entgegengesetzt
óptimu ['ɔtimu] best
oração [ɔrɐ'sɐ̃u] *f* Gebet
ordem ['ɔrdẽi] *f (rel)* Orden; Ordnung; **de primeira ordem** [də pri'meirɐ 'ordẽi] erstklassig; **em ordem** [ẽi 'ɔrdãi] *(geordnet)* ordentlich
ordenado [ordə'nadu] *(Mensch)* ordentlich
ordinário [ordi'narju] gewöhnlich; gemein, ordinär
orelha [o'reʎɐ] Ohr
oriente [o'rjẽntə] *m* Osten
orquestra [ɔr'kɛʃtrɐ] (Musik-)Kapelle
os/as [uʃ/ɐʃ] *acc* euch; sie; Sie
ou [o] oder; **ou . . . ou** [o . . . o] entweder . . . oder
ouro ['oru] Gold
ousar [o'zar] wagen
Outono [o'tonu] Herbst
outro ['otru] ein anderer; **outra vez** ['otrɐ veʃ] ein andermal
ouvir [o'vir] hören
ovo ['ovu] Ei

P

paciência [pɐ'sjẽsjɐ] Geduld
paciente [pɐ'sjẽntə] geduldig
pacote [pɐ'kɔtə] *m* Päckchen, Paket
padre ['padrə] *m* Priester
pagamento [pɐgɐ'mẽntu] Zahlung
pagar [pɐ'gar] bezahlen, zahlen; **pagar direitos** [pɐ'gar di'reituʃ] verzollen; **pagar em dinheiro** [pɐ'gar‿ẽi də'ɲeiru] bar zahlen
pagável [pɐ'gavɛl] zahlbar
página ['paʒinɐ] (Buch-)Seite
pai [pai] *m* Vater; **pais** [paiʃ] *pl* Eltern
país [pɐ'iʃ] *m* Land
paisagem [pai'zaʒẽi] *f* Landschaft
palácio [pɐ'lasju] Palast, Schloß
palavra [pɐ'lavra] Wort
pálido ['palidu] bleich
palito [pɐ'litu] Zahnstocher
pancada [pẽŋ'kadɐ] Schlag
panela [pɐ'nɛlɐ] (Koch-)Topf
pano ['pɐnu] Tuch
pão [pɐ̃u] *m* Brot
pãozinho [pɐ̃u'ziɲu] Brötchen
papel [pɐ'pɛl] *m* Papier; **papel de carta** [pɐ'pɛl də 'kartɐ] Briefpapier; **papel higiénico (ê)** [pɐ'pɛl‿i'ʒjɛniku] Toilettenpapier
papelão [pɐpə'lɐ̃u] *m* Pappe
par [par] *m* Paar; **um par de luvas** [ũm par də 'luvɐʃ] ein Paar Handschuhe
para ['pɐrɐ] für; zu; *(zeitlich)* gegen; **para cá** ['pɐrɐ ka] hierher; **para lá** ['pɐrɐ la] dorthin; **para onde** ['pɐrɐ 'ondə] wohin; **para quê?** ['pɐrɐ ke] wofür?, wozu?; **para que** ['pɐrɐ kə] wofür, wozu
parabéns [pɐrɐ'bẽiʃ] *m pl* Glückwünsche
parada [pa'radɐ] *(Br) (Zug)* Aufenthalt; Haltestelle
parafuso [pɐrɐ'fuzu] Schraube
paragem [pɐ'raʒẽi] *f (Zug)* Aufenthalt; Haltestelle
parar [pɐ'rar] halten, anhalten, stehenbleiben; **ficar parado** [fi'kar pɐ'radu] anhalten, stehenbleiben
parecer [perə'ser] scheinen; **segundo parece** [sə'gũndu pɐ'rɛsə] offenbar; **parecer-se com** [perə'sersə kõ] gleichen
parede [pɐ'redə] *f* Wand
parente [pɐ'rẽntə] verwandt
pároco ['paruku] *(katholisch)* Pfarrer
parque ['parkə] *m* Park; **parque de campismo** ['parkə də kẽm'piʒmu] Zeltplatz; **parque de estacionamento** ['parkə də‿ʃtesjunɐ'mẽntu] Parkplatz; **parque infantil** ['park‿ĩfẽn'til] Spielplatz
parte ['partə] *f* Teil; **tomar parte (em)** [tu'mar 'partə (ẽi)] teilnehmen (an); **a qualquer parte** [ɐ kwal'kɛr 'partə] irgendwohin; **em qualquer parte** [ẽi kwal'kɛr 'partə] irgendwo; **em parte nenhuma** [ẽi 'partə nə'ɲumɐ] nirgends; **por toda a parte** [pur 'toda 'partə] überall; **pela minha parte** ['pelɐ 'miɲɐ 'partə] meinerseits
participação [pertəsipɐ'sɐ̃u] *f* Teilnahme; Mitteilung
participar [pertəsi'par] teilnehmen (em an); melden, mitteilen
particular [pertiku'lar] eigen(artig); privat
partida [pɐr'tidɐ] Abfahrt, Abreise; Start
partido [pɐr'tidu] kaputt
partir [pɐr'tir] brechen; zerbrechen; teilen; abfahren, abreisen (*de* von, *para* nach); **partir-se** [pɐr'tirsə] kaputtgehen, reißen
parvo ['parvu] blöd(e), dumm
Páscoa ['paʃkwɐ] Ostern
passado [pɐ'sadu] Vergangenheit; vorüber
passageiro [pɐsɐ'ʒeiru] Fahrgast; Passagier
passagem [pɐ'saʒẽi] *f* Durchfahrt, Durchreise; Gang, Durchgang; Übergang; **de passagem** [də pɐ'saʒẽi] auf der Durchreise; **passagem subterrânea** [pɐ'saʒẽi subtə'ʀenjɐ] *f* Unterführung
passaporte [pasɐ'pɔrtə] *m* (Reise-)Paß
passar [pɐ'sar] *(geben)* reichen; überschreiten; *(Zeit)* verbringen; *(Zeit)* vergehen; vorbeigehen,

?

vorübergehen; **passar a ferro** [pɐ'sar‿ɐ 'fɛʀu] bügeln
pássaro ['pasɐru] *(kleiner)* Vogel
passear [pɐ'sjar] spazierengehen
passeio [pɐ'seju] Ausflug; Spaziergang; Tour; **dar um passeio** [dar‿ũm pɐ'seju] einen Spaziergang machen
passo ['pasu] (Gebirgs-)Paß; Schritt
pasta ['paʃtɐ] (Akten-)Mappe
pasta dentífrica ['paʃtɐ dẽn'tifrikɐ] Zahnpaste
pastor [pɐʃ'tor] *m (protestantisch)* Pfarrer
pátio ['patju] Hof
pato ['patu] Ente
pátria ['patrjɐ] Heimat, Vaterland
pau [pau] *m* Stock
paz [paʃ] *f* Friede
pé [pɛ] *m* Fuß; **estar em pé** [ʃtar‿ẽi pɛ] stehen; **ir a pé** [ir‿ɐ pɛ] (zu Fuß) gehen
peão [pjɐ̃u] *m* Fußgänger
peça ['pɛsɐ] Stück; Schauspiel, (Theater-)Stück
peculiar [pəku'ljar] eigenartig, eigen
pedaço [pə'dasu] Stück; **um pedaço de pão** [ũm pə'dasu də pɐ̃u] ein Stück Brot
pedestre [pe'dɛʃtri] *m (Br)* Fußgänger
pedido [pə'didu] Bitte
pedir [pə'dir] verlangen; **pedir algo a alg** [pə'dir‿'algu ɐ‿al'gẽi] jdn um etw bitten; **pedir conselho a alg** [pə'dir kõ'seʎu ɐ al'gãi] jdn um Rat fragen; **pedir informações** [pə'dir‿ĩfurmɐ'sõiʃ] Auskunft einholen; **pedir emprestado** [pə'dir‿ẽmprəʃ'tadu] (ent)leihen
pedra ['pɛdrɐ] Stein
pegar [pe'gar] *(Br) (Verkehrsmittel)* benutzen
peixe ['peiʃə] *m* Fisch
peixeiro [pei'ʃeiru] Fischhändler
pela/pelas ['pelɐ/'pelɐʃ] *(gegen)* um
pele ['pɛlə] *f* Haut; Pelz
pena (1) ['penɐ] Feder
pena (2) ['penɐ] Mitleid; Strafe; **é pena** [ɛ 'penɐ] es ist schade; **que pena!** [kə 'penɐ] wie schade!
pendurar [pẽndu'rar] aufhängen
penhor [pə'ɲor] *m* Pfand
Pentecostes [pẽntə'kɔʃtəʃ] *m* Pfingsten
penúltimo [pə'nultimu] vorletzt
pensamento [pẽsɐ'mẽntu] Gedanke
pensão [pẽ'sɐ̃u] *f* Gasthaus, ~hof; Pension
pensar [pẽ'sar] meinen; denken (*em* an)
pequeno [pə'kenu] klein; gering; **pequeno almoço** [pə'ken‿al'mosu] Frühstück
pêra ['perɐ] Birne
percentagem [pərsẽn'taʒẽi] *f* Prozentsatz
percevejo [pərsə'veʒu] Reißnagel
perda ['pɛrdɐ] Verlust
perdão [pər'dɐ̃u] *m* Verzeihung
perder [pər'der] verlieren; verpassen, versäumen; **perder-se** [pər'dersə] s. verirren
perdoar [pər'dwar] verzeihen
perfeito [pər'feitu] vollkommen
perfume [pər'fumə] *m* Parfüm
pergunta [pər'gũntɐ] Frage
perguntar [pərgũn'tar] fragen
periferia [pərifə'riɐ] Peripherie
perigo [pə'rigu] Gefahr
perigoso [pəri'gozu] gefährlich
permissão [pərmi'sɐ̃u] *f* Erlaubnis
permitido [pərmi'tidu] zulässig
permitir [pərmi'tir] erlauben, zulassen; genehmigen; ermöglichen
pernoitar [pərnoi'tar] übernachten
persuadir [pərswɐ'dir] überreden
pertencer a [pərtẽ'ser‿ɐ] gehören
perto ['pɛrtu] *adv* nahe; **muito perto** ['mũintu 'pɛrtu] dicht dabei; **perto de** ['pɛrtu də] (nahe) bei; in der Nähe von
pesado [pə'zadu] *(Gewicht)* schwer
pêsames ['pezɐməʃ] *m pl* Beileid
pesar (1) [pə'zar] *verb* wiegen
pesar (2) [pə'zar] *m* Bedauern
pescador [pəʃkɐ'dor] *m* Fischer
pescar [pəʃ'kar] fischen
pescoço [pəʃ'kosu] Hals
peso ['pezu] Gewicht
pessoa [pə'soɐ] Mensch, Person
pessoal (1) [pə'swal] *adj* persönlich
pessoal (2) [pə'swal] *m* Personal
picante [pi'kẽntə] *(Essen)* scharf

?

picar [pi'kar] stechen
pilha ['piʎɐ] Stapel, Stoß
pintar [pĩn'tar] malen
pintor [pĩn'tor] *m* Maler
pintura [pĩn'turɐ] Malerei
pior [pjɔr] schlimmer; **o pior** [u pjɔr] schlimmst
piscina [pəʃ'sinɐ] Schwimmbad
pista ['piʃtɐ] Spur
pitoresco [pitu'reʃku] malerisch
planície [plɐ'nisjə] *f* Ebene
plano (1) ['plɐnu] *adj* eben, flach
plano (2) ['plɐnu] *m* Plan; **plano da cidade** ['plɐnu dɐ si'dadə] Stadtplan
planta ['plɐ̃ntɐ] Pflanze; **planta da cidade** ['plɐ̃ntɐ dɐ si'dadə] Stadtplan
pó [pɔ] *m* Staub
pobre ['pɔbrə] arm
poço ['posu] Brunnen
pó-de-arroz [pɔ d‿ɐ'ʀoʃ] *m* Puder
poder [pu'der] dürfen, können
poderoso [pudə'rozu] gewaltig
podre ['podrə] faul, verdorben
pois [poiʃ] denn
polícia (1) [pu'lisjɐ] *f* Polizei; **esquadra da polícia** ['ʃkwadrɐ dɐ pu'lisjɐ], **posto da polícia** ['poʃtu dɐ pu'lisjɐ] Polizeiwache
polícia (2) [pu'lisjɐ] *m* Polizist
polícromo [pu'likrumu] bunt
pólvora ['pɔlvurɐ] Pulver
pomada [pu'madɐ] Schuhcreme
ponta ['põntɐ] Spitze; **ponta do dedo** ['põntɐ du 'dedu] Fingerspitze
ponte ['põntə] *f* Brücke
ponto ['põntu] Punkt; **ponto culminante** ['põntu kulmi'nẽntə] Höhepunkt
pontual [põn'twal] pünktlich
por [pur] *(Grund)* aus; *(mittels)* durch; *(Passiv)* von; **por enquanto** [pur‿ẽŋ'kwẽntu] vorläufig; **por este motivo** [pur‿'eʃtə mu'tivu] aus diesem Grund; **por isso** [pur‿'isu] daher, deshalb; **por mim** [pur mĩ] meinetwegen
pôr [por] stellen, setzen, legen
porcelana [pursə'lɐnɐ] Porzellan
pôr-do-sol [por du sɔl] *m* Sonnenuntergang
porém [pu'rɐ̃i] doch, jedoch
pormenor [purmə'nɔr] *m* Einzelheit
porque ['purkə] denn, weil; warum, weshalb; **porquê?** [pur'ke] warum?, weshalb?, wieso?
porta ['pɔrtɐ] Tür; Tor; **bater à porta** [bɐ'ter‿a 'pɔrtɐ] anklopfen; **porta da rua** ['pɔrtɐ dɐ 'ʀuɐ] Haustür
portal [pur'tal] *m* Portal
portanto [pur'tɐ̃ntu] also
portão [pur'tɐ̃u] *m (Einfahrt)* Tor
porte ['pɔrtə] *m* Porto
porteiro [pur'teiru] Pförtner, Portier
porto ['portu] Hafen
Portugal [purtu'gal] Portugal
português [purtu'geʃ] portugiesisch; Portugiese
posição [puzi'sɐ̃u] *f* Stellung
posse ['pɔsə] *f* Besitz
possibilidade [pusibəli'dadə] *f* Möglichkeit
possível [pu'sivɛl] möglich; **o mais depressa possível** [u maiʒ də'prɛsɐ pu'sivɛl] so bald wie möglich; **tornar possível** [tur'nar pu'sivɛl] ermöglichen
possuidor [puswi'dor] *m* Besitzer
possuir [pu'swir] besitzen
postal [puʃ'tal] *m* (Post-)Karte; **postal ilustrado** [puʃ'tal‿iluʃ'tradu] *m* Ansichtskarte
posto ['poʃtu] Posten; Platz; **posto da polícia** ['poʃtu dɐ pu'lisjɐ] Polizeiwache; **posto de gasolina** ['poʃtu də gɐzu'linɐ] Tankstelle
potável [pu'tavɛl] trinkbar
pouco ['poku] wenig
poupar [po'par] sparen
pousada [po'zadɐ] Hotel
povo ['povu] Volk
povoação [puvwɐ'sɐ̃u] *f* Ortschaft
praça ['prasɐ] Platz
prado ['pradu] Wiese
praia ['prajɐ] Strand
prata ['pratɐ] Silber
prática ['pratikɐ] Übung
praticar [prɐti'kar] üben
prático ['pratiku] praktisch
prato ['pratu] *(Essen)* Gang, Gericht; Teller; Platte
prazer [prɐ'zer] *m* Gefallen; Genuß; Spaß, Vergnügen; **ter muito prazer em** [ter 'mũintu prɐ'zer‿ɐ̃i] s. freuen auf

?

prazo ['prazu] *(Frist)* Termin; **a curto prazo** [ɐ 'kurtu 'prazu] kurzfristig

precisão [prəsi'zɐ̃u] *f* Genauigkeit

precisar de [prəsi'zar də] benötigen, brauchen

preciso [prə'sizu] genau; nötig, notwendig

preço ['presu] Preis

preencher [prjẽ'ʃer] *(Formular)* ausfüllen

preferência [prəfə'rẽsjɐ] Vorzug

preferir [prəfə'rir] lieber haben, vorziehen

prego ['prɛgu] Nagel

preguiçoso [prəgi'sozu] faul

preia-mar ['prejɐ mar] *f* Flut

prejudicar [prəʒudi'kar] schaden

prejuízo [prə'ʒwizu] Schaden

prenome [prə'nomə] Vorname

preocupado [prjoku'padu] besorgt

preocupar-se com [prjoku'parsə kõ] s. sorgen um

preparar [prəpɐ'rar] vorbereiten, zubereiten

prescrição [prəʃkri'sɐ̃u] *f* Vorschrift

presente (1) [prə'zẽntə] *adj* anwesend

presente (2) [prə'zẽntə] *m* Geschenk

pressa ['prɛsɐ] Eile; **ter pressa** [ter 'prɛsɐ] es eilig haben

prestar [prəʃtar] (ver)leihen; **prestar atenção (a)** [prəʃ'tar‿ɐtẽ'sɐ̃u (ɐ)] achtgeben (auf)

pretexto [prə'teiʃtu] Vorwand

preto ['pretu] schwarz

prima ['primɐ] Cousine

Primavera [primɐ'vɛrɐ] Frühling

primeiro [pri'meiru] *adj* erst; **em primeiro lugar** [ɐ̃i pri'meiru lu'gar] zuerst, zunächst; erstens; **primeiros socorros** [pri'meiruʃ su'koʀuʃ] Erste Hilfe; *adv* zuerst, zunächst; erstens

primo ['primu] Cousin

principal [prĩsi'pal] hauptsächlich, Haupt . . .

princípio [prĩ'sipju] Beginn

privado [pri'vadu] privat

probabilidade [prubɐbəli'dadə] *f* Wahrscheinlichkeit

procuração [prɔkurɐ'sɐ̃u] *f* Vollmacht

procurar [proku'rar] suchen

produto [pru'dutu] Erzeugnis, Produkt

produzir [prudu'zir] erzeugen

professor [prufə'sor] *m* Lehrer

profissão [prufi'sɐ̃u] *f* Beruf

profundo [pru'fũndu] tief

programa [pru'gremɐ] *m* Programm

progresso [pru'grɛsu] Fortschritt

proibição [prwibi'sɐ̃u] *f* Verbot

proibida a entrada [prwi'bida ẽn'tradɐ] Eintritt verboten

proibido! [prwi'bidu] verboten!

proibir [prwi'bir] verbieten

proje(c)to [pru'ʒɛtu] *(Absicht)* Plan

prolongar [prulõŋ'gar] verlängern

promessa [pru'mɛsɐ] Versprechen

prometer [prumə'ter] versprechen

pronto ['prõntu] bereit, fertig; gar

pronúncia [pru'nũsjɐ] Aussprache

pronunciar [prunũ'sjar] aussprechen

propaganda [prupɐ'gẽndɐ] Reklame

propor [pru'por] vorschlagen

propósito [pru'pɔzitu] Vorsatz; **de propósito** [də pru'pɔzitu] absichtlich; **vir a propósito** [vir‿ɐ pru'pɔzitu] gelegen kommen, passen

proposta [pru'pɔʃtɐ] Vorschlag

propriedade [pruprje'dadə] *f* Eigentum, Besitz

proprietário [pruprje'tarju] Besitzer, Eigentümer

próprio ['prɔprju] eigen; richtig

prorrogar [pruʀu'gar] *(zeitlich)* verlängern

prospe(c)to [pruʃ'pɛtu] Prospekt

prote(c)ção [prutɛ'sɐ̃u] *f* Schutz

proteger [prutə'ʒer] beschützen

protestar [prutəʃ'tar] protestieren

prova ['prɔvɐ] Beweis, Zeichen

provar [pru'var] beweisen; *(Speisen)* probieren, versuchen

provável [pru'vavɛl] wahrscheinlich

provavelmente [pruvavɛl'mẽntə] vermutlich, wohl

provisão [pruvi'zɐ̃u] *f* Vorrat

proximidade [prɔsimi'dadə] *f* Nähe

próximo ['prɔsimu] nächst
prudente [pru'dẽntə] vorsichtig
público ['publiku] öffentlich; Publikum; Öffentlichkeit
pulôver [pu'lovɛr] *m* Pullover
pulseira [pul'seirɐ] Armband
pulso ['pulsu] Handgelenk; Puls
punho ['puɲu] Faust; (Hand-)Griff; Heft
puxar [pu'ʃar] ziehen

Q

quadrado [kwɐ'dradu] viereckig
quadro ['kwadru] Gemälde, Bild
qualidade [kwɐli'dadə] *f* Eigenschaft, Qualität
qualquer [kwal'kɛr] jeder beliebige; **qualquer coisa** [kwal'kɛr 'koizɐ] irgend etwas
quando ['kwẽndu] als; wenn; wann; **desde quando?** ['deʒdə 'kwẽndu] seit wann?; **quando muito** ['kwẽndu 'mũintu] höchstens
quantia [kwẽn'tiɐ] Betrag, Summe
quantidade [kwẽnti'dadə] *f* Menge
quanto ['kwẽntu] wieviel; **quanto antes** ['kwẽntu 'ẽntəʃ] so bald wie möglich
quarto (1) ['kwartu] Raum, Zimmer; **quarto de dormir** ['kwartu də dur'mir] Schlafzimmer
quarto (2) ['kwartu] Viertel; **um quarto de hora** [ũ kwartu d‿'ɔrɐ] eine Viertelstunde
quase ['kwazə] beinahe, fast
que [kə] *(bei Vergleich)* als; daß; was; **o que** [u kə] was; **que ...?** [kə] was für ein/eine ...? **que espécie de ...?** [kə‿'ʃpɛsjə də] was für ein/eine ...?
quê [ke] was?; **o quê** [u ke] was?
quebrar [kə'brar] brechen
queda ['kɛdɐ] Sturz
queijo ['keiʒu] Käse
queimado [kei'madu] braun, gebräunt; verbrannt
queimar [kei'mar] verbrennen
queixa ['keiʃɐ] Beschwerde, Klage
queixar-se (de) [kei'ʃarsə (də)] s. beklagen (über), s. beschweren (über)
quem [kẽi] wer
quente ['kẽntə] heiß, warm
querelar [kərə'lar] s. zanken
querer [kə'rer] wollen, mögen
querida [kə'ridɐ] Liebling
querido [kə'ridu] Liebling
questão [kəʃ'tẽu] *f* Frage
quieto ['kjɛtu] still
quilo(grama) ['kilu('grɐmɐ)] Kilogramm
quilómetro (ô) [ki'lɔmətru] Kilometer
quinta ['kĩntɐ] Landgut
quinze dias ['kĩzə 'diɐʃ] vierzehn Tage
quiosque *m* **de jornais** ['kjɔʃkə də ʒur'naiʃ] Zeitungskiosk
quotidiano [koti'djɐnu] täglich

R

rádio (1) ['ʀadju] *f* Radio
rádio (2) ['ʀadju] *m* Radioapparat
rainha [ʀɐ'iɲɐ] Königin
raio ['ʀaju] (Licht-)Strahl
raiva ['ʀaivɐ] Wut
ramo ['ʀɐmu] (Blumen-)Strauß
rapariga [ʀɐpɐ'rigɐ] Mädchen
rapaz [ʀɐ'paʃ] *m* Junge
rapidez [ʀɐpi'deʃ] *f* Schnelligkeit
rápido ['ʀapidu] schnell

raro ['ʀaru] selten
rasgar [ʀɐʒ'gar] zerreißen; **rasgar-se** [ʀɐʒ'garsə] reißen
raso ['ʀazu] flach
rasto ['ʀaʃtu] Spur
rato ['ʀatu] Maus
razão [ʀɐ'zɐ̃u] *f* Grund; Verstand; **(não) ter razão** [(nɐ̃u) ter ʀɐ'zɐ̃u] (un)recht haben
razoável [ʀɐ'zwavɛl] vernünftig
real [ʀjal] wirklich
realidade [ʀjɐli'dadə] *f* Wirklichkeit
realizar [ʀjɐli'zar] verwirklichen; **realizar-se** [ʀjɐli'zarsə] stattfinden
rebocar [ʀəbu'kar] abschleppen
recear [ʀə'sjar] befürchten, fürchten
receber [ʀəsə'ber] bekommen, empfangen, erhalten
receio [ʀə'seju] Furcht
receitar [ʀəsei'tar] verordnen, verschreiben
recente [ʀə'sẽntə] neu, frisch
recentemente [ʀəsẽntə'mẽntə] kürzlich
recepção [ʀəsɛ'sɐ̃u] *f* Aufnahme; Empfang; **aviso de recepção** [ɐ'vizu də ʀəsɛ'sɐ̃u] Empfangsbestätigung
recibo [ʀə'sibu] Quittung; **passar recibo** [pɐ'sar ʀə'sibu] quittieren
recipiente [ʀəsi'pjẽntə] *m* Behälter, Gefäß
reclamação [ʀəklɐmɐ'sɐ̃u] *f* Beschwerde
reclamar [ʀəklɐ'mar] reklamieren
reclamo [ʀɛ'klɐmu] Reklame
recolher [ʀəku'ʎer] (auf)sammeln
recomendação [ʀəkumẽndɐ'sɐ̃u] *f* Empfehlung
recomendar [ʀəkumẽn'dar] empfehlen
recompensa [ʀəkõm'pẽsɐ] Belohnung
recompensar [ʀəkõmpẽ'sar] belohnen
reconhecer [ʀəkuɲə'ser] erkennen
recordar-se [ʀəkur'darsə] s. erinnern
re(c)tificar [ʀɛtəfi'kar] richtigstellen
recuar [ʀə'kwar] zurückgehen
recuperar [ʀəkupə'rar] wiederbekommen
recusar [ʀəku'zar] ablehnen, zurückweisen; **recusar-se** [ʀəku'zarsə] s. weigern
rede ['ʀedə] *f* Netz
redondo [ʀə'dõndu] rund
redução [ʀədu'sɐ̃u] *f* Ermäßigung
reduzir [ʀədu'zir] *(Preise)* herabsetzen
reembolsar [ʀjẽmbol'sar] zurückzahlen
refeição [ʀəfei'sɐ̃u] *f* Essen, Mahlzeit; **à refeição** [a ʀəfei'sɐ̃u] beim Essen
referir-se a [ʀəfə'rirs‿ɐ] s. beziehen auf
refresco [ʀə'freʃku] Erfrischung
regatear [ʀəgɐ'tjar] feilschen, handeln
região [ʀə'ʒjɐ̃u] *f* Gegend
regressar [ʀəgrə'sar] wiederkommen, zurückkehren
regresso [ʀə'grɛsu] Heimreise, Rückfahrt; Rückkehr
regular (1) [ʀəgu'lar] *adj* regelmäßig
regular (2) [ʀəgu'lar] *verb* regeln
rei [ʀei] *m* König
rejeitar [ʀəʒei'tar] zurückweisen
relação [ʀəlɐ'sɐ̃u] *f* Verbindung
relâmpago [ʀə'lẽmpɐgu] *(Wetter)* Blitz
relativo a [ʀəlɐ'tivu ɐ] betreffend
relato [ʀə'latu] Bericht
relatório [ʀəlɐ'tɔrju] Bericht
religiosa [ʀəli'ʒjɔzɐ] (Ordens-) Schwester
relógio [ʀə'lɔʒju] Uhr; **relógio de parede** [ʀə'lɔʒju də pɐ'redə] Wanduhr; **relógio de pulso** [ʀə'lɔʒju də 'pulsu] Armbanduhr
remar [ʀə'mar] rudern
remédio [ʀə'mɛdju] (Heil-)Mittel
remendar [ʀəmẽn'dar] flicken
remeter [ʀəmə'ter] übersenden
renda (1) ['ʀẽndɐ] Miete; Pacht
renda (2) ['ʀẽndɐ] *(Gewebe)* Spitze
renovar [ʀənu'var] erneuern
reparação [ʀəpɐrɐ'sɐ̃u] *f* Reparatur
reparar [ʀəpɐ'rar] *(Schaden)* ersetzen
repartição [ʀəpɐrti'sɐ̃u] *f* Dienststelle, Amt
repartir com alg [ʀəpɐr'tir kõ ɐl'gẽi] mit jdm teilen

?

repetir [ʀəpə'tir] wiederholen
replicar [ʀəpli'kar] erwidern
repousar [ʀəpo'zar] (aus)ruhen
repouso [ʀə'pozu] Ruhe; **cadeira de repouso** [kɐ'deirɐ də ʀə'pozu] Liegestuhl; **estância de repouso** ['ʃtẽsjɐ də rə'pozu] Kurort
representação [ʀəprəzẽntɐ'sɐ̃u] *f* Aufführung, Vorstellung
representante [ʀəprəzẽn'tẽntə] *m* Vertreter
repuxo [ʀə'puʃu] Springbrunnen
rés-do-chão [ʀɛʒ du ʃɐ̃u] *m* Erdgeschoß
reserva [ʀə'zɛrvɐ] Reservierung; Vorbehalt; **anular a reserva** [ɐnu'lar‿ɐ ʀə'zɛrvɐ] *(Zimmer)* abbestellen; **com reservas** [kõ ʀə'zɛrvɐʃ] mit Vorbehalt
reservar [ʀəzər'var] *(Hotel, Platz)* bestellen, buchen, reservieren, vorbestellen
resfriado [ʀɐʃ'frjadu] *(Br)* Erkältung
residência [ʀəzi'dẽsjɐ] Wohnort, ~sitz
resistente [ʀəziʃ'tẽntə] haltbar
resolução [ʀəzulu'sɐ̃u] *f* Entschluß
resolver [ʀəzɔl'ver] beschließen; entscheiden; erledigen; **resolver-se** [ʀəzɔl'versə] s. entschließen
respectivo [ʀəʃpɛ'tivu] betreffend
respeito [ʀəʃ'peitu] Achtung, Rücksicht; **sem respeito** [sɐ̃i ʀəʃ'peitu] rücksichtslos
responder [ʀəʃpõn'der] antworten, erwidern; **responder a** [ʀəʃpõn'der‿ɐ] beantworten
responsável [ʀəʃpõ'savɛl] verantwortlich
resposta [ʀəʃ'pɔʃtɐ] Antwort
restabelecer-se [ʀəʃtɐbələ'sersə] s. erholen
restante [ʀəʃ'tẽntə] übrig
restaurante [ʀəʃtau'rẽntə] *m* Restaurant, Lokal
restituir [ʀəʃti'twir] zurückgeben
resto ['ʀɛʃtu] Rest
resultado [ʀəzul'tadu] Ergebnis
retalho [ʀə'taʎu] (Stoff-)Rest
reter [ʀə'ter] einbehalten
retirar-se [ʀəti'rarsə] s. zurückziehen
retrete [ʀə'trɛtə] *f* Toilette
reunir [ʀju'nir] sammeln
revisor [ʀəvi'zor] *m (Zug)* Kontrolleur, Schaffner
revista [ʀə'viʃtɐ] Zeitschrift; *(Theater)* Revue
rezar [ʀə'zar] beten
ribeira [ʀi'beirɐ] Bach
rico ['ʀiku] reich
rigoroso [ʀigu'rozu] streng
rio ['ʀiu] Fluß; Strom
riqueza [ʀi'kezɐ] Reichtum
rir [ʀir] lachen
risco ['ʀiʃku] Risiko
rocha ['ʀɔʃɐ] Fels
roda ['ʀɔdɐ] Rad
rodeio [ʀu'deju] Umweg
rosto ['ʀoʃtu] Gesicht
roubar [ʀo'bar] stehlen
roubo ['ʀobu] Diebstahl
roupa ['ʀopɐ] Kleidung; **mudar de roupa** [mu'dar də 'ʀopɐ] s. umziehen; **roupa de cama** ['ʀopɐ də 'kɐmɐ] Bettwäsche; **roupa interior** ['ʀopɐ ĩntə'rjor] Unterwäsche
rua ['ʀuɐ] Straße; **rua principal** ['ʀuɐ prĩsi'pal] Hauptstraße
ruído ['ʀwidu] Geräusch, Lärm

S

saber [sɐ'ber] wissen; können; erfahren; schmecken
sabonete [sɐbu'netə] *m* Seife
saboroso [sɐbu'rozu] schmackhaft
saca-rolhas ['sakɐ 'ʀoʎɐʃ] *m* Korkenzieher
sacerdote *m* [sɐsər'dɔtə] Geistlicher
saco ['saku] Sack; **saco de papel** ['saku də pɐ'pɛl] *(größere)* Tüte
sagrado [sɐ'gradu] heilig
saída [sɐ'idɐ] Ausgang; Ausreise

?

sair [sɐ'ir] hinausgehen, ausgehen; *(Buch)* erscheinen
sala ['salɐ] Saal; **sala de estar** ['salɐ də ʃtar] Wohnzimmer; **sala de espera** ['salɐ də 'ʃpɛrɐ] Wartesaal; **sala de jantar** ['salɐ də ʒẽn'tar] Speisesaal; Eßzimmer
saldo ['saldu] Ausverkauf
saltar [sal'tar] springen
salvar [sal'var] retten
sande ['sẽndə] *f* belegtes Brötchen
sanduíche (1) [sẽn'dwiʃə] *f* belegtes Brötchen
sanduíche (2) [sẽn'dwiʃi] *m (Br)* belegtes Brötchen
santo ['sẽntu] heilig
são [sẽu] gesund
sapataria [sɐpɐtɐ'riɐ] Schuhgeschäft
sapateiro [sɐpɐ'teiru] Schuhmacher, Schuster
sapato [sɐ'patu] Schuh
satisfeito (com) [sɐtəʃ'feitu (kõ)] zufrieden (mit), froh (über); **ficar satisfeito com** [fi'kar sɐtəʃ'feitu kõ] s. freuen über
saudável [sɐu'davɛl] gesund
saúde [sɐ'udə] *f* (Gesundheit; **boa saúde** ['boɐ sɐ'udə] Wohlbefinden; **nocivo à saúde** [nu'sivu a sɐ'udə] ungesund
se (1) [sə] *conj* wenn, falls; ob
se (2) [sə] *prn* sich; man
sé [sɛ] *f* Kathedrale
secar [sə'kar] trocknen
se(c)ção *f* **de perdidos e achados** [sɛk'sẽu də pər'diduz‿i ɐ'ʃaduʃ] Fundbüro
seco ['seku] trocken; *(Wein)* herb
secreto [sə'krɛtu] geheim
século ['sɛkulu] Jahrhundert
seda ['sedɐ] Seide; **vestido de seda** [vəʃ'tidu də 'sedɐ] Seidenkleid
sede (1) ['sedə] *f* Durst; **ter sede** [ter 'sedə] Durst haben
sede (2) ['sɛdə] *f* Sitz
seguinte [sə'gĩntə] nächst
seguir [sə'gir] folgen; befolgen; **seguir a direito** [sə'gir‿ɐ di'reitu] geradeaus gehen
segundo (1) [sə'gũndu] *m* Sekunde
segundo (2) [sə'gũndu] *adj* zweit
segundo (3) [sə'gũndu] *prp* nach, gemäß; **segundo parece** [sə'gũndu pɐ'rɛsə] anscheinend, offenbar
segurança [səgu'rẽsɐ] Sicherheit
segurar [səgu'rar] (fest)halten; versichern
seguro [sə'guru] sicher, zuverlässig; Versicherung
selo ['selu] Briefmarke
selvagem [sɛl'vaʒẽi] wild
sem [sẽi] ohne
semana [sə'mɐnɐ] Woche
semanal [səmɐ'nal] wöchentlich
semelhante [səmə'ʎẽntə] ähnlich
sempre ['sẽmprə] immer; immer noch
senão [sə'nẽu] *(Gegensatz)* sonst; nichts als
senda ['sẽndɐ] Pfad
senha ['seɲɐ] Gepäckschein
senhor [sə'ɲor] *m* Herr
senhora [sə'ɲorɐ] Dame, Fräulein; **senhora D.** [sə'ɲorɐ 'donɐ] *(Anrede, vor Namen)* Frau
senhorita [seɲo'ritɐ] *(Br)* Fräulein
sensato [sẽ'satu] vernünftig
sensível [sẽ'sivɛl] sensibel, zartfühlend
sentado, estar ~ [ʃtar sẽn'tadu] sitzen
sentar-se [sẽn'tarsə] s. hinsetzen, s. setzen
sentido [sẽn'tidu] Sinn; Richtung; **em sentido contrário** [ẽi sẽn'tidu kõn'trarju] in umgekehrter Richtung
sentimento [sẽnti'mẽntu] Gefühl
sentir [sẽn'tir] fühlen; bedauern
separar [səpɐ'rar] trennen
ser [ser] sein; **ser de** [ser də] gehören
serenar [sərə'nar] s. beruhigen
sério ['sɛrju] ernst
sermão [sər'mẽu] *m* Predigt
serpente [sər'pẽntə] *f* Schlange
serra ['sɛʀɐ] Gebirge
serviço [sər'visu] Bedienung; Dienst; **serviços** [sər'visuʃ] Dienststelle, Amt; **serviço de informações** [sər'visu d‿ĩfurmɐ'sõiʃ] Auskunftsstelle
servir [sər'vir] bedienen; dienen
seu [seu] *poss prn m sing* ihr, sein
severo [sə'vɛru] streng
sidra ['sidrɐ] Apfelwein
significação [signifikɐ'sẽu] *f* Sinn, Bedeutung

?

significado [signifi'kadu] Sinn, Bedeutung
significar [signifi'kar] bedeuten
silêncio [si'lẽnsju] Schweigen
silencioso [silẽ'sjozu] schweigend
silvestre [sil'vɛʃtrə] wild
sim [sĩ] ja; **mas sim** [mɐʃ sĩ] sondern
simpático [sĩm'patiku] nett, sympathisch
simples ['sĩmpləʃ] einfach
sinal [si'nal] *m* Zeichen; Signal; **sinal de alarme de incêndio** [si'nal d‿ɐ'larmə d‿ĩ'sẽndju] Feuermelder
singular [sĩŋgu'lar] seltsam, eigen; einzigartig
sino ['sinu] Glocke
sítio ['sitju] Ort, Stelle
situação [sitwɐ'sɐ̃u] *f* Lage
só [sɔ] *(nicht früher als)* erst; allein; nur
sob [sob] unter
sobrar [su'brar] übrigbleiben
sobre ['sobrə] auf
sobrescrito [sobrəʃ'kritu] Briefumschlag
sobretudo [sobrə'tudu] Mantel; vor allem
sobrinha [su'briɲɐ] Nichte
sobrinho [su'briɲu] Neffe
socorro [su'kɔʀu] Hilfe, Unterstützung; **os primeiros socorros** [uʃ pri'meiruʃ su'kɔʀuʃ] Erste Hilfe
sol [sɔl] *m* Sonne
solene [su'lɛnə] feierlich
soletrar [sulə'trar] buchstabieren
sólido ['sɔlidu] fest
solo ['sɔlu] Boden
soltar [sol'tar] lösen
solteiro [sɔl'teiru] Junggeselle; ledig
som [sõ] *m* Klang; Ton
soma ['somɐ] Summe
somar [su'mar] zusammenrechnen
sombra ['sõmbrɐ] Schatten
sonhar [su'ɲar] träumen
sonho ['soɲu] Traum
sono ['sonu] Schlaf
soporífero [supu'rifəru] Schlafmittel
sorte ['sɔrtə] Glück; Schicksal; **boa sorte!** ['boɐ 'sɔrtə] viel Glück!
sorvete [sor'veti] *m (Br)* (Speise-) Eis
sossegado [susə'gadu] still
sozinho [sɔ'ziɲu] allein
sua ['suɐ] *poss prn f sing* ihr, sein
suar [swar] schwitzen
suave ['swavə] mild; *(Ton, Farbe)* weich
subir [su'bir] einsteigen; hinaufgehen; steigen
substituir [subʃti'twir] ersetzen
subterrâneo [subtə'ʀɐnju] unterirdisch; **passagem subterrânea** [pɐ'saʒɐ̃i subtə'ʀɐnjɐ] Unterführung
subúrbios [su'burbjuʃ] *m pl* Vorort, Vorstadt
suceder [susə'der] s. ereignen, geschehen, passieren
sucesso [su'sɛsu] Erfolg
sucursal [sukur'sal] *f* Filiale
suficiente [sufə'sjẽntə] genug
Suíça ['swisɐ] Schweiz
suíço ['swisu] Schweizer
sujidade [suʒi'dadə] *f* Schmutz
sujo ['suʒu] schmutzig
sul [sul] *m* Süden; **ao sul de** [ɐu sul də] südlich von; **do sul** [du sul] südlich
supérfluo [su'pɛrflwu] überflüssig
suplemento [suplə'mẽntu] *(zum Fahrpreis)* Zuschlag
supor [su'por] annehmen, vermuten
suportar [supur'tar] ertragen
suposição [supuzi'sɐ̃u] *f* Annahme, Vermutung
surpreendido [surprjẽn'didu] überrascht
suspeita [suʃ'peitɐ] Verdacht

?

T

tabaco [tɐ'baku] Tabak
taberna [tɐ'bɛrnɐ] Kneipe, Wirtshaus
tacho ['taʃu] (Koch-)Topf
tal [tal] solch
talão [tɐ'lɐ̃u] *m* (Kontroll-)Abschnitt; Schein
talvez [tal'veʃ] *adv* eventuell, vielleicht
tamanho [tɐ'mɐɲu] *(Kleidung)* Größe
também [tɐ̃m'bɐ̃i] auch; **também não** [tɐ̃m'bɐ̃i nɐ̃u] auch nicht
tão ... como [tɐ̃u ... 'komu] genauso ... wie
tapar [tɐ'par] zudecken
tarde (1) ['tardə] *adv* spät
tarde (2) ['tardə] *f* Abend; Nachmittag; **esta tarde** ['ɛʃtɐ 'tardə] heute abend; **à/de tarde** [a/də 'tardə] nachmittags
tardinha [tɐr'diɲɐ] Spätnachmittag; **à tardinha** [a tɐr'diɲɐ] am Abend
tasca ['taʃkɐ] Kneipe
taxas ['taʃɐʃ] *f pl* Gebühren
táxi ['taksi] *m* Taxi
te [tə] dich; dir
teatro ['tjatru] Theater; **peça de teatro** ['pɛsɐ də 'tjatru] (Theater-)Stück
tecido [tə'sidu] Gewebe, Stoff
te(c)to ['tɛtu] (Zimmer-)Decke
telefonar [tələfu'nar] anrufen, telefonieren
telefone [tələ'fɔnə] *m* Telefon
telefonema [tələfu'nemɐ] *m* Telefongespräch, Anruf
telegrafar [tələgrɐ'far] telegrafieren
telegrama [tələ'gremɐ] *m* Telegramm
televisão [tələvi'zɐ̃u] *f* Fernsehen
telhado [tə'ʎadu] Dach
temer [tə'mer] fürchten
tempestade [tẽmpəʃ'tadə] *f* Sturm, Unwetter
tempo ['tẽmpu] Zeit; Wetter; **a tempo** [ɐ 'tẽmpu] rechtzeitig; **ao mesmo tempo** [ɐu 'meʒmu 'tẽmpu] gleichzeitig; **durante algum tempo** [du'rẽnt‿al'gũ 'tẽmpu] eine Zeitlang; **com este tempo** [kõ 'eʃtə 'tẽmpu] bei diesem Wetter
temporariamente [tẽmpurarjɐ'mẽntə] vorübergehend
tenaz [tə'naʃ] *f* Zange
tencionar [tẽsju'nar] beabsichtigen
tenda ['tẽndɐ] Zelt
ténis ['tɛniʃ] *m* Tennis
tenro ['tẽʀu] zart
tentar [tẽn'tar] versuchen
tentativa [tẽntɐ'tivɐ] Versuch
ter [ter] haben; **ter de** [ter də] müssen
terceiro [tər'seiru] dritt
terço ['tersu] Drittel
termal [tər'mal] Thermal ...; warm; **estância termal** ['ʃtɐ̃sjɐ tər'mal] Kurort
terminar [tərmi'nar] aufhören; enden; beenden; vollenden
término ['tɛrminu] Endstation
terno (1) ['tɛrnu] *adj* zart
terno (2) ['tɛrnu] *m (Br)* Anzug
terra ['tɛʀɐ] Erde; *(Gegensatz zu Wasser)* Land; **terra natal** ['tɛʀɐ nɐ'tal] Heimat
terreno [tə'ʀenu] Gelände
terrina [tə'ʀinɐ] Schüssel
terrível [tə'ʀivɛl] fürchterlich; schrecklich
tesoura [tə'zorɐ] Schere
testemunha [təʃtə'muɲɐ] Zeuge
testemunho [təʃtə'muɲu] Zeugnis
teu [teu] dein, deine
texto ['teiʃtu] Text
ti [ti] dich; dir
tia ['tiɐ] Tante
time ['timi] *m (Br) (Sport)* Mannschaft
tinturaria [tĩnturɐ'riɐ] *(Geschäft)* Reinigung
tio ['tiu] Onkel
tira-nódoas ['tirɐ 'nɔdwɐʃ] *m* Fleckenmittel
tirar [ti'rar] ziehen; wegnehmen; *(Foto)* aufnehmen; **tirar fotografias** [ti'rar futugrɐ'fiɐʃ] fotografieren, knipsen
tiro ['tiru] Schuß
toalha ['twaʎɐ] Handtuch

?

toca-discos ['tɔkɐ 'diskus] *m (Br)* Plattenspieler
tocar [tu'kar] berühren; läuten; klingeln
todo ['todu] ganz
todos ['toduʃ] alle
tolo ['tolu] blöd(e), dumm
tom [tõ] *m* (Farb-)Ton
tomada [tu'madɐ] Steckdose
tomar [tu'mar] nehmen; trinken; *(Verkehrsmittel)* benutzen; **tomar banho** [tu'mar 'bɐɲu] baden; **tomar conta (de)** [tu'mar 'kõntɐ (də)] aufpassen (auf); **tomar nota** [tu'mar 'nɔtɐ] notieren; **tomar nota de algo** [tu'mar 'nɔtɐ d‿'algu] s. etw merken
tornar [tur'nar] zurückkehren; **tornar a ver** [tur'nar‿ɐ ver] wiedersehen; **tornar possível** [tur'nar pu'sivɛl] ermöglichen; **tornar-se** [tur'narsə] werden
torneira [tur'neirɐ] (Wasser-)Hahn
torre ['toʀə] *f* Kirchturm, Turm
total [tu'tal] ganz, voll
tourada [to'radɐ] Stierkampf
trabalhador [trɐbɐʎɐ'dor] fleißig
trabalhar [trɐbɐ'ʎar] arbeiten
trabalho [trɐ'baʎu] Arbeit
traduzir [trɐdu'zir] übersetzen
trago ['tragu] Schluck
traje(c)to [trɐ'ʒɛtu] Strecke
tranquilo (qü) [trɐ̃ŋ'kwilu] still
transferência [trɐ̃ʃfə'rẽsjɐ] Überweisung
transferir [trɐ̃ʃfə'rir] überweisen
trânsito ['trɐ̃zitu] Verkehr; Durchreise
transmissível [trɐ̃ʃmi'sivɛl] übertragbar
transportar [trɐ̃ʃpur'tar] befördern, transportieren
trapo ['trapu] *(Lappen)* Tuch
trás: para trás ['pɐrɐ traʃ] rückwärts; zurück; **voltar para trás** [vɔl'tar 'pɐrɐ traʃ] umkehren
tratamento [trɐtɐ'mẽntu] Behandlung
tratar [trɐ'tar] behandeln
travessa (1) [trɐ'vɛsɐ] Gasse
travessa (2) [trɐ'vɛsɐ] Schüssel
travessia [trɐvə'siɐ] Durchfahrt, Überfahrt
trazer [trɐ'zer] tragen; (mit-, her-) bringen
tribunal [tribu'nal] *m (Justiz)* Gericht
tripulação [tripulɐ'sɐ̃u] *f (Schiff)* Mannschaft
triste ['triʃtə] traurig
troca ['trɔkɐ] Austausch; Wechsel
trocar [tru'kar] tauschen; austauschen; vertauschen; umtauschen; wechseln; **dinheiro trocado** [də'ɲeiru tru'kadu] Kleingeld
troco ['troku] Kleingeld; Wechselgeld; **dar troco** [dar 'troku] *(Geld)* herausgeben
trovoada [tru'vwadɐ] Gewitter
tu [tu] du
tua ['tuɐ] dein, deine
tubo ['tubu] Rohr; Schlauch
tudo ['tudu] alles
túnel ['tunɛl] *m* Tunnel
turista [tu'riʃtɐ] *m/f* Tourist/in
turvo ['turvu] *(Flüssigkeit)* trüb

U

ultramar [ultrɐ'mar] *m* Übersee
ultrapassar [ultrɐpɐ'sar] überholen
um [ũ] eins; einer
uma ['umɐ] eins; eine
úmido ['umidu] *(Br)* feucht
unha ['uɲɐ] (Finger-)Nagel
único ['uniku] einzig
unir [u'nir] verbinden
urgente [ur'ʒẽntə] dringend
usar [u'zar] benutzen, gebrauchen
usina [u'zinɐ] *(Br)* Fabrik
uso ['uzu] Gebrauch
usual [u'zwal] gebräuchlich
útil ['util] nützlich; zweckmäßig; **dia util** ['diɐ 'util] Werktag
utilizar [utəli'zar] benutzen
uvas ['uvɐʃ] *f pl* Trauben

?

V

vagão-cama [vɐ'gɐ̃u 'kɐmɐ] *m* Schlafwagen
vagão-leito [va'gɐ̃u 'leitu] *m (Br)* Schlafwagen
vagão-restaurante [vɐ'gɐ̃u ʀəʃtau'rẽntə] *m* Speisewagen
vale (1) ['valə] *m* Gutschein
vale (2) ['valə] *m* Tal
valer [vɐ'ler] gelten; **valer muito** [vɐ'ler 'mũintu] viel wert sein
validade [vɐli'dadə] *f* Gültigkeit; **sem validade** [sɐ̃i vɐli'dadə] ungültig
válido ['validu] gültig; **ser válido** [ser 'validu] gelten, gültig sein
valor [vɐ'lor] *m* Wert; **sem valor** [sɐ̃i vɐ'lor] wertlos
vantagem [vɐ̃n'taʒɐ̃i] *f* Vorteil, Vorzug
vantajoso [vɐ̃ntɐ'ʒozu] vorteilhaft
vão, em ~ [ɐ̃i vɐ̃u] umsonst
vapor [vɐ'por] *m* Dampf; Dampfer
variado [vɐ'rjadu] abwechslungsreich
vaso ['vazu] Gefäß
vazio [vɐ'ziu] leer; **maré vazia** [mɐ'rɛ vɐ'ziɐ] Ebbe
vela ['vɛlɐ] Kerze
velho ['vɛʎu] alt
velocidade [vəlusi'dadə] *f* Geschwindigkeit; *(Auto)* Gang
veludo [və'ludu] Samt
venda ['vẽndɐ] Verkauf; **venda antecipada** ['vẽnd‿ẽntəsi'padɐ] Vorverkauf; **está à venda** [ʃta‿a 'vẽndɐ] ist erhältlich
vendedor [vẽndə'dor] *m* Verkäufer
vender [vẽn'der] verkaufen
veneno [və'nenu] Gift
venenoso [vənə'nozu] giftig
ventilar [vẽnti'lar] lüften
vento ['vẽntu] Wind
ver [ver] anschauen, ansehen; schauen, sehen; zuschauen
Verão [və'rɐ̃u] m Sommer
verdade [vər'dadə] *f* Wahrheit; **não é verdade?** [nɐ̃u ɛ vər'dadə] nicht wahr?
verdadeiro [vərdɐ'deiru] wahr; wirklich
verde ['verdə] grün
verificar [vərifi'kar] nachprüfen, prüfen
vermelho [vər'meʎu] rot
vestido [vəʃ'tidu] Kleid
vestígio [vəʃ'tiʒju] Spur
vestir [vəʃ'tir] *(Kleidungsstück)* anziehen; **vestir-se** [vəʃ'tirsə] s. anziehen
vestuário [vəʃ'twarju] Kleidung
vez [veʃ] *f* Mal; **uma vez** ['umɐ veʃ] einmal; **duas vezes** ['duɐʒ 'vezəʃ] zweimal; **muitas vezes** ['mũintɐʒ 'vezəʃ] oft; **raras vezes** ['ʀarɐʒ 'vezəʃ] selten; **cada vez, todas as vezes** ['kɐdɐ veʃ, 'todɐz‿ɐʒ 'vezəʃ] jedesmal; **às vezes** [aʒ 'vezəʃ] manchmal; **outra vez** ['otrɐ veʃ] ein andermal; wieder; **de vez em quando** [də vez‿ɐ̃i 'kwɐ̃ndu] von Zeit zu Zeit; **em vez de** [ɐ̃i veʒ də] anstatt, statt
via ['viɐ] Gleis
viagem ['vjaʒɐ̃i] *f* Fahrt, Reise; **viagem de regresso** ['vjaʒɐ̃i də ʀə'grɛsu] Rückfahrt
viajante [vjɐ'ʒɐ̃ntə] *m/f* Reisender, Reisende
viajar [vjɐ'ʒar] reisen
vida ['vidɐ] Leben
vidraça [vi'drasɐ] (Fenster-)Scheibe
vidro ['vidru] Glas; (Fenster-) Scheibe
viela ['vjɛlɐ] Gasse
vigarice [vigɐ'risə] *f* Betrug
vila ['vilɐ] Marktflecken; Villa
vir [vir] kommen; **vir a propósito** [vir‿ɐ pru'pɔzitu] gelegen kommen, passen
virar [vi'rar] drehen, wenden; einbiegen
visita [və'zitɐ] Besuch; Besichtigung
visitar [vəzi'tar] besuchen; besichtigen
visível [vi'zivɛl] sichtbar
vista ['viʃtɐ] Ansicht; Ausblick, Blick; Sicht
visto de trânsito ['viʃtu də 'trɐ̃zitu] Durchreisevisum
vítima ['vitimɐ] Opfer; **ser vítima de** [ser 'vitimɐ də] zum Opfer fallen

?

vitrina [vi'trinɐ] *(Br)* Schaufenster
vivenda [vi'vẽndɐ] Villa
viver [vi'ver] leben
vivo ['vivu] lebend; lebhaft
vizinho [və'ziɲu] Nachbar
voar [vwar] fliegen
você [vɔ'se] *(Br)* du
vocês [vɔ'seʃ] *(Br)* ihr
volta ['vɔltɐ] Rückkehr; Rundfahrt, Tour; **em/à volta de** [ẽi/a 'vɔltɐ də] um (... herum)
voltar [vɔl'tar] drehen; wiederkommen; zurückkehren; **voltar atrás** [vɔl'tar‿ɐ'traʃ] zurückgehen; **voltar para trás** [vɔl'tar 'pɐrɐ traʃ] umkehren
volume [vu'lumə] *m (Buch)* Band; (Raum-)Inhalt
vontade [võn'tadə] *f* Wille(n); Wunsch; Lust; **à vontade** [a võn'tadə] nach Belieben; **contra/de má vontade** ['kõntrɐ/də ma võn'tadə] ungern, widerwillig
vosso ['vɔsu] euer
votar [vu'tar] *(Politik)* wählen
voz [vɔʃ] *f* Stimme
vulgar [vul'gar] gebräuchlich; gemein, gewöhnlich

X

xadrez [ʃɐ'dreʃ] *m* Schach(brett)
xícara ['ʃikarɐ] *(Br)* Tasse

Z

zangado [zẽŋ'gadu] verärgert, böse
zero ['zɛru] Null
zona ['zonɐ] Zone; Streifen

Bildquellen: K. Francke, Hamburg 118; 130,6; 163 – E. Görg, Esslingen 77; 105; 128; 130,1–5; 143,1,2; 159; 160 – Reisebüro Mélia, Frankfurt/M 88 – W. Pragher, Freiburg 72; 135 – roebild, Frankfurt/M 132,2 (Helbig) – L. Roth, Stuttgart 132,4,5 – W. Rudolph, München 56; 58; 62; 74; 102; 146; 151; 171 – W. Ziegler, Stuttgart 132,1,3,6
Vorderer Vorsatz: G. Wustmann, Kirchberg i. W.
Hinterer Vorsatz: Mairs Geographischer Verlag, Ostfildern

?

Allgemeine Abkürzungen

a/c.	ao cuidado de	per Adresse, bei
ACP	Automóvel Clube de Portugal	portugiesischer Automobilclub
AD	Aliança Democrática	Demokratische Allianz
Ap.[to]	apartamento	Appartement
Av.	avenida	Allee
B., B.[o]	beco	Gasse
C., Calç.	calçada	Straße
CDS	Centro Democrático Social	Demokratisch-Soziales Zentrum
cl.	classe	Klasse
CP	Companhia Portuguesa de Caminhos de Ferro	Portugiesische Eisenbahngesellschaft
Cr.	cruzeiro	Cruzeiro
CV	cavalo-vapor	Pferdestärke
d.[to]	direito	rechts
Esc.	escudo(s)	Escudo(s)
esq.	esquerdo	links
GNR	Guarda Nacional Republicana	Gendarmerie
L.	largo	Platz
Lx.[a]	Lisboa	Lissabon
n.[o]	número	Nummer
P.	Praça	Platz
PC	Partido Comunista	Kommunistische Partei
p.ex.	por exemplo	zum Beispiel
P.F.	por favor	bitte
PIC	Polícia de Investigação Criminal	Kriminalpolizei
PS	Partido Socialista	Sozialistische Partei
PSD	Partido Social-Democrata	Sozialdemokratische Partei
PSP	Polícia de Segurança Pública	Ordnungspolizei
R.	rua	Straße
r/c	rés-do-chão	Erdgeschoß
RN	Rodoviária Nacional	Staatliche Überlandbusgesellschaft
RP	República Portuguesa	Republik Portugal
Sr.	Senhor	Herr(n)
Sr.[a]	Senhora	Frau, Fräulein
TAP, tap	Transportes Aéreos Portugueses, Air Portugal	staatliche portugiesische Fluggesellschaft

?

Kurzgrammatik

Der Artikel (Geschlechtswort)

		bestimmter Artikel		unbestimmter Artikel	
Singular (Einzahl)	männlich	**o** carro	der Wagen	**um** sapato	ein Schuh
	weiblich	**a** porta	die Tür	**uma** bota	ein Stiefel
Plural (Mehrzahl)	männlich	**os** carros	die Wagen	**(uns)** sapatos	Schuhe
	weiblich	**as** portas	die Türen	**(umas)** botas	Stiefel

Mit bestimmtem Artikel stehen

- Meere, Flüsse, Berge, Kontinente, die meisten Länder, einige Städte u. a.

o Atlântico	der Atlantik	a Europa	Europa
o Tejo	der Tejo	o Brasil	Brasilien
os Alpes	die Alpen	o Porto	Porto

- Titel, *senhor, senhora,* außer in der Anrede,

o Doutor Silva	Boa noite, senhor Engenheiro
a senhora D. Luísa	Gute Nacht, Herr Ingenieur

- besitzanzeigende Fürwörter,
- *ambos/-as, todo/-a, todos/-as,*

o meu quarto	mein Zimmer	ambos os filhos	beide Söhne
a minha prima	meine Kusine	toda a noite	die ganze Nacht
		todos os anos	alle Jahre

- Zeitangaben und Namen von Festen.

às três horas	um drei Uhr	o Natal	Weihnachten
no domingo	am Sonntag	a Páscoa	Ostern

!

Ohne Artikel stehen

- einige Ländernamen,
  em Portugal in Portugal — em Israel in Israel
- Monatsnamen,
  em Dezembro im Dezember
- Verkehrsmittel nach *de*.

Vou de comboio, de carro, de avião, de táxi, de autocarro, de bicicleta, etc.	Ich fahre mit dem Zug, dem Wagen, dem Flugzeug, dem Taxi, dem Autobus, dem Fahrrad, usw.

Ohne unbestimmten Artikel steht

- *meio/-a.*
  Chegámos há meia hora. — Wir sind vor einer halben Stunde angekommen.

Präpositionen + Artikel
(Verhältniswörter + Geschlechtswort)

Die Präpositionen *a, de, em* und *por* verschmelzen mit dem nachfolgenden bestimmten Artikel zu einem Wort:

a + o > ao	de + o > do	em + o > no	por + o > pelo
a + a > à	de + a > da	em + a > na	por + a > pela
a + os > aos	de + os > dos	em + os > nos	por + os > pelos
a + as > às	de + as > das	em + as > nas	por + as > pelas

Dou uma gorjeta **ao** porteiro.	Ich gebe dem Portier ein Trinkgeld.
Vou telefonar **às** minhas amigas.	Ich werde meine Freundinnen anrufen.
Os passageiros saíram **do** avião.	Die Passagiere verließen das Flugzeug.
Recebi uma carta **da** minha tia.	Ich erhielt einen Brief von meiner Tante.
Já não há quartos **no** hotel.	Im Hotel sind keine Zimmer mehr frei.
Há muita gente **na** rua.	Es sind viele Leute auf der Straße.
Passámos **pelo** centro da cidade.	Wir gingen durch das Stadtzentrum.
Fazemos esta viagem **pela** primeira vez.	Wir machen diese Reise zum ersten Mal.

!

Die Präpositionen *de* und *em* können mit dem unbestimmten Artikel verschmelzen, aber auch getrennt stehen. Die Verschmelzung mit *em* ist häufiger als die mit *de.*

de + um	> dum	em + um	> num
de + uma	> duma	em + uma	> numa
de + uns	> duns	em + uns	> nuns
de + umas	> dumas	em + umas	> numas

Este quadro é **dum** pintor pouco conhecido.	Dieses Bild ist von einem wenig bekannten Maler.
Li **numa** revista um artigo sobre este assunto.	Ich habe in einer Zeitschrift einen Artikel über dieses Thema gelesen.

Das Substantiv (Hauptwort)

Die meisten Substantive auf *-o* sind männlich, die auf *-a* weiblich; sächliche Substantive gibt es nicht.
Männlich sind:

o clima	das Klima	o programa	das Programm
o dia	der Tag	o telegrama	das Telegramm
o mapa	die Landkarte	u. a.	

Einige Substantive, die Personen bezeichnen, sind männlich und weiblich:

o artista	der Künstler	**o** jovem	der junge Mann
a artista	die Künstlerin	**a** jovem	das Mädchen
o intérprete	der Dolmetscher	**o** turista	der Tourist
a intérprete	die Dolmetscherin	**a** turista	die Touristin

Zur Bildung der weiblichen Form (Femininum) eines Substantivs wird das *-o* der männlichen Form (Maskulinum) durch *-a* ersetzt. Bei Substantiven, die auf einen Konsonanten (Mitlaut) enden, wird meist ein *-a* hinzugefügt.

Maskulinum		Femininum	
o amig**o**	der Freund	a amig**a**	die Freundin
o pintor	der Maler	a pintor**a**	die Malerin
o português	der Portugiese	a portugues**a**	die Portugiesin

!

Der Plural wird allgemein durch Anhängen eines *-s* gebildet. Endet jedoch das Substantiv auf *-r, -s* oder *-z,* so wird *-es* angehängt.

Singular		Plural	
o mercado	der Markt	os mercado**s**	die Märkte
a data	das Datum	as data**s**	die Daten
a irmã	die Schwester	as irmã**s**	die Schwestern
a mulher	die Frau	as mulher**es**	die Frauen
o país	das Land	os país**es**	die Länder
o rapaz	der Junge	os rapaz**es**	die Jungen

Die Endungen *-m* und *-l* werden im Plural zu *-ns* bzw. *-is.* Unbetontes *-il* wird zu *-eis.*

a viage**m**	die Reise	as viage**ns**	die Reisen
o so**m**	der Ton	os so**ns**	die Töne
o jorna**l**	die Zeitung	os jorna**is**	die Zeitungen
o hote**l**	das Hotel	os hot**éis**	die Hotels
o répt**il**	das Reptil	os répt**eis**	die Reptilien

Die Substantive auf *-ão* bilden den Plural meist auf *-ões,* einige auch auf *-ãos, -ães.*

o avi**ão**	das Flugzeug	os avi**ões**	die Flugzeuge
o mel**ão**	die Melone	os mel**ões**	die Melonen
o irm**ão**	der Bruder	os irm**ãos**	die Brüder
o p**ão**	das Brot	os p**ães**	die Brote

Nominativ/Akkusativ/ Dativ/Genitiv
(Die vier Fälle)

Da das Portugiesische keine Deklination des Substantivs kennt, werden die vier Fälle entweder durch die Stellung des Substantivs im Satz oder durch Präpositionen gekennzeichnet.

Den vier Fällen des Deutschen entsprechen im Portugiesischen:

!

Nominativ Wer? Was?	**O motorista** conduz o carro. Der Chauffeur lenkt den Wagen.	Subjekt vor dem Verb
Akkusativ Wen? Was?	O motorista conduz **o carro.**	Objekt nach dem Verb
Dativ Wem?	Contei a história **a um jornalista.** Ich erzählte die Geschichte einem Journalisten.	Präposition **a** vor dem Objekt
Genitiv Wessen?	Aquela é a casa **do médico.** Das ist das Haus des Arztes.	Präposition **de** vor dem Objekt

Das Adjektiv (Eigenschaftswort)

Das Geschlecht

- Die Adjektive auf *-o* haben in der weiblichen Form die Endung *-a;*
- die Adjektive auf *-ol, -or, -ês* und *-u* fügen meistens ein *-a* hinzu;
- die Adjektive auf *-ão* bilden die weibliche Form auf *-ona* bzw. *-ã*;
- die Adjektive auf *-eu* haben in der weiblichen Form die Endung *-eia.*

Maskulinum	Femininum	
branc**o** bonit**o**	branc**a** bonit**a**	weiß schön
espanhol português encantador cru	espanhol**a** portugues**a** encantador**a** cru**a**	spanisch portugiesisch bezaubernd roh
solteir**ão** alem**ão**	solteir**ona** alem**ã**	ledig deutsch
europ**eu**	europ**eia**	europäisch

!

Ausnahmen		
bom mau	boa má	gut schlecht

- Viele Adjektive haben für beide Geschlechter nur eine Form:

um passeio interessante uma viagem interessante	ein interessanter Spaziergang eine interessante Reise
o vestido azul a saia azul	das blaue Kleid der blaue Rock

Der Plural (Mehrzahl)

Bei der Pluralbildung folgen die Adjektive den Regeln für die Substantive

novo	novos	neu	azul	azuis	blau
regular	regulares	regelmäßig	fácil	fáceis	leicht
feliz	felizes	glücklich	mandrião	mandriões	faul
bom	bons	gut	alemão	alemães	deutsch

Die Übereinstimmung von Substantiv und Adjektiv

Das Adjektiv richtet sich in Geschlecht und Zahl immer nach dem Substantiv.

um homem alt**o**	ein großer Mann
uma mulher baix**a**	eine kleine Frau
os sapatos nov**os**	die neuen Schuhe
as botas velh**as**	die alten Stiefel
O vinho é car**o**.	Der Wein ist teuer.
A fruta é barat**a**.	Das Obst ist billig.
Os sapatos são car**os**.	Die Schuhe sind teuer.
As sandálias são barat**as**.	Die Sandalen sind billig.

!

Die Stellung des Adjektivs

Das Adjektiv steht normalerweise nach dem Substantiv; einige jedoch stehen meist davor.

um	artista	português	ein portugiesischer Künstler
um	objecto	perdido	ein verlorener Gegenstand
o	céu	azul	der blaue Himmel
um	bom	rapaz	ein guter Junge
um	lindo	dia	ein schöner Tag
o	mau	tempo	das schlechte Wetter

Steigerung des Adjektivs und Vergleich

Komparativ	mais ... (do) que	As laranjas são mais baratas (do) que as bananas. Die Orangen sind billiger als die Bananen.
	tão ... como	A mulher é tão alta como o homem. Die Frau ist so groß wie der Mann.
	menos ... (do) que	A pensão é menos confortável (do) que o hotel. Die Pension ist weniger komfortabel als das Hotel.

Superlativ	o/a mais ...	Este peixe é o mais saboroso. Dieser Fisch ist am schmackhaftesten.
	o/a menos ...	Este peixe é o menos saboroso. Dieser Fisch ist am wenigsten schmackhaft.
	muito ...	A carne é muito cara. Das Fleisch ist sehr teuer.
	...... íssimo/-a	A carne é caríssima. Das Fleisch ist sehr, sehr teuer.

!

Unregelmäßige Steigerung

bom, boa	**melhor**	**o/a melhor**	**óptimo/-a**
gut	besser	der/die/das beste	sehr gut
mau, má	**pior**	**o/a pior**	**péssimo/-a**
schlecht	schlechter	der/die/das schlechteste	sehr schlecht
grande	**maior**	**o/a maior**	**máximo/-a**
groß	größer	der/die/das größte	sehr groß
pequeno/-a	**menor**	**o/a mais pequeno/-a**	**mínimo/-a**
klein	kleiner	der/die/das kleinste	sehr klein

Das Adverb (Umstandswort)

- Es gibt ursprüngliche Adverbien

aqui	**hoje**	**depressa**
hier	heute	schnell

- und abgeleitete Adverbien, die durch Anhängen von **-mente** an die weibliche Form des Eigenschaftswortes gebildet werden, wobei der Akzent des Adjektivs beim Adverb wegfällt.

Adjektiv		Adverb	
Maskulinum	Femininum		
certo	certa	certa**mente**	sicher
evidente		evidente**mente**	offensichtlich
fácil		facil**mente**	leicht
Ausnahmen			
bom	boa	bem	gut
mau	má	mal	schlecht

Steigerung und Vergleich

- Manche Adverbien können wie Adjektive Steigerungsformen bilden.

devagar langsam	mais devagar langsamer	muito devagar sehr langsam
dignamente würdig	mais dignamente würdiger	muito dignamente sehr würdig

Die deutschen Superlativformen haben im Portugiesischen keine Entsprechung; sie werden durch eine eigene Konstruktion mit Hilfe des Komparativs wiedergegeben.

Ele é o que corre mais depressa. — Er läuft am schnellsten.

Unregelmäßige Steigerung

bem gut	**melhor** besser	**muito bem** sehr gut
mal schlecht	**pior** schlechter	**muito mal** sehr schlecht
muito sehr/viel	**mais** mehr	**muitíssimo** sehr viel
pouco wenig	**menos** weniger	**pouquíssimo** sehr wenig

Das Verb (Zeitwort)

- Verbformen werden gewöhnlich ohne Personalpronomen verwendet.

  Temos tempo. — Wir haben Zeit.

- Im allgemeinen wird die 2. Person Plural durch die 3. Person Plural ersetzt. Dem deutschen „ihr" entspricht dabei *vocês*. Die 2. Person Plural wird deshalb in dieser Grammatik nicht aufgeführt.

  Vocês não vão hoje à praia? — Geht ihr heute nicht an den Strand?

!

- Als Höflichkeitsform wird die 3. Person Singular oder Plural verwendet, meist in Verbindung mit *você (vocês), o senhor, a senhora (os senhores, as senhoras)* bzw. mit Titeln oder Namen.
  In Portugal dient *você* als Höflichkeitsform im vertrauten Umgang; in Brasilien hat es auch das *tu* verdrängt.

O senhor (a senhora) pode-me dizer onde é o correio, se faz favor?	Können Sie mir sagen, wo die Post ist, bitte?

- Eine Dame wird mit *(senhora) D. (= Dona)* und dem Vornamen angeredet.

A (senhora) D. Amália vai hoje às compras?	Gehen Sie heute einkaufen?

Das Präsens (Gegenwart)

a) Die Verben ser – estar; ter – haver

	ser	estar	ter	haver
eu	sou	estou	tenho	hei
tu	és	estás	tens	hás
ele / ela	é	está	tem	há
nós	somos	estamos	temos	havemos
vocês	são	estão	têm	hão
eles / elas	são	estão	têm	hão

- *Ser* bezeichnet wesentliche, andauernde Eigenschaften, wie Geschlecht, Beruf, Verwandtschaft, Staatszugehörigkeit, Religion und steht bei Zeitbestimmungen.
- *Ser* wird außerdem zur Bildung des Passivs verwendet.
- *Estar* bezeichnet einen vorübergehenden Zustand und hat auch oft die Bedeutung „sich befinden“.

!

A cidade é grande.	Die Stadt ist groß.
O senhor é português?	Sind Sie Portugiese?
Hoje é quinta-feira.	Heute ist Donnerstag.
A bagagem é transportada para o aeroporto.	Das Gepäck wird zum Flugplatz befördert.
A janela está fechada.	Das Fenster ist geschlossen.
O rapaz está muito contente.	Der Junge ist sehr froh.
Estamos em Lisboa.	Wir sind in Lissabon.

- *Ter* bedeutet „haben“ (= besitzen) und wird auch zur Bildung der zusammengesetzten Zeiten verwendet.
- *Haver* wird dagegen selten zur Bildung der zusammengesetzten Zeiten gebraucht, allgemein aber in Verbindung mit *de* + Infinitiv zur Umschreibung der Zukunft. Keinesfalls aber bedeutet es „haben“ (=besitzen).
- *Há* steht häufig im Sinne von „es gibt“ oder bei Zeitangaben in der Bedeutung „seit“ oder „vor“.

Tenho aqui dez escudos.	Hier habe ich zehn Escudos.
Temos tempo.	Wir haben Zeit.
O meu amigo tem viajado muito.	Mein Freund ist in der letzten Zeit viel gereist.
Hei-de escrever um postal.	Ich werde eine Karte schreiben.
Hoje não há peixe.	Heute gibt es keinen Fisch.
Há dois dias que não o vejo.	Seit zwei Tagen habe ich ihn nicht gesehen.
Estive em Lisboa há dois anos.	Vor zwei Jahren war ich in Lissabon.

!

b) Die regelmäßigen Verben

Die Verben werden gemäß ihrer Infinitivendung in drei Gruppen (Konjugationen) eingeteilt.

	-ar	**-er**	**-ir**
	fal**ar** sprechen	viv**er** leben	part**ir** abreisen
eu	fal**o**	viv**o**	part**o**
tu	fal**as**	viv**es**	part**es**
ele / ela	fal**a**	viv**e**	part**e**
nós	fal**amos**	viv**emos**	part**imos**
vocês	fal**am**	viv**em**	part**em**
eles / elas	fal**am**	viv**em**	part**em**

Die Zeiten der Vergangenheit

	falar	viver	partir
Imperfeito	fal**ava** fal**avas** fal**ava** fal**ávamos** fal**avam** fal**avam**	viv**ia** viv**ias** viv**ia** viv**íamos** viv**iam** viv**iam**	part**ia** part**ias** part**ia** part**íamos** part**iam** part**iam**
Perfeito simples	fal**ei** fal**aste** fal**ou** fal**ámos** fal**aram** fal**aram**	viv**i** viv**este** viv**eu** viv**emos** viv**eram** viv**eram**	part**i** part**iste** part**iu** part**imos** part**iram** part**iram**
Perfeito composto	tenho fal**ado** tens falado tem falado etc.	tenho viv**ido** tens vivido tem vivido etc.	tenho part**ido** tens partido tem partido etc.

!

- Das *imperfeito* (Imperfekt) bezeichnet Handlungen, die in der Vergangenheit andauern oder oftmals wiederholt werden.
- Das *perfeito simples* (Historisches Perfekt) bezeichnet eine in der Vergangenheit abgeschlossene Handlung.
- Das *perfeito composto* (Zusammengesetztes Perfekt) bezeichnet ausschließlich Handlungen, die von der Vergangenheit in die Gegenwart reichen.

Ele chegava sempre tarde.	Er kam immer spät.
O meu primo visitou-me quando eu vivia em Lisboa.	Mein Cousin besuchte mich, als ich in Lissabon lebte.
Ultimamente não tem chovido.	In der letzten Zeit hat es nicht geregnet.

- Die Verben der ersten Konjugation *(-ar)* bilden das Partizip auf *-ado;* diejenigen der zweiten und der dritten Konjugation *(-er, -ir)* auf *-ido.*

Wichtige unregelmäßige Partizipien:

abrir	öffnen	aberto
escrever	schreiben	escrito
ganhar	verdienen, gewinnen	ganho
gastar	ausgeben	gasto
pagar	zahlen	pago

Futur und Konditional (Zukunft und Bedingungsform)

	falar	viver	partir
Futur	falar**ei** falar**ás** falar**á** falar**emos** falar**ão** falar**ão**	viver**ei** viver**ás** viver**á** viver**emos** viver**ão** viver**ão**	partir**ei** partir**ás** partir**á** partir**emos** partir**ão** partir**ão**
Konditional	falar**ia** falar**ias** falar**ia** falar**íamos** falar**iam** falar**iam**	viver**ia** viver**ias** viver**ia** viver**íamos** viver**iam** viver**iam**	partir**ia** partir**ias** partir**ia** partir**íamos** partir**iam** partir**iam**

!

- Die Zukunft wird häufig auch durch das Präsens bzw. durch *ir* (im Präsens) + Infinitiv ausgedrückt.

Parto amanhã para Portugal.	Ich fahre morgen nach Portugal.
Vou-lhe dizer o que penso.	Ich werde Ihnen sagen, was ich denke.

- Das Konditional dient auch zur Formulierung eines höflichen Ersuchens. Es wird häufig durch das Imperfekt ersetzt.

Poderia (podia) dizer-me que horas são, se faz favor?	Könnten Sie mir sagen, wie spät es ist, bitte?
Desejaria (desejava) fazer-lhe uma pergunta.	Ich würde Ihnen gern eine Frage stellen.

Der Imperativ (Befehlsform)

<table>
<tr><th rowspan="2"></th><th colspan="2">falar</th><th colspan="2">comer</th></tr>
<tr><th>bejaht</th><th>verneint</th><th>bejaht</th><th>verneint</th></tr>
<tr><td rowspan="2">Singular</td><td>fala
sprich</td><td>não fales
sprich nicht</td><td>come
iß</td><td>não comas
iß nicht</td></tr>
<tr><td colspan="2">(não) fale
sprechen Sie (nicht)</td><td colspan="2">(não) coma
essen Sie (nicht)</td></tr>
<tr><td>Plural</td><td colspan="2">(não) falem
sprecht (nicht)
sprechen Sie (nicht)</td><td colspan="2">(não) comam
eßt (nicht)
essen Sie (nicht)</td></tr>
</table>

Ebenso: **partir**

Das Gerundium

falar	comer	partir
fal**ando**	com**endo**	part**indo**

Diese unveränderlichen Formen entsprechen meist deutschen Sätzen, die mit den Bindewörtern und, da, indem, wobei, weil, wenn, als, etc. eingeleitet werden.

Ele saiu logo, nem sequer tendo tempo para comer.	Er ging gleich weg und hatte nicht einmal Zeit zu essen.
Em chegando, telefone-me.	Wenn Sie ankommen, rufen Sie mich an.

Die Verlaufsform

Estar + Gerundium oder *estar* + *a* + Infinitiv bezeichnen eine eben ablaufende Handlung. Die erste Konstruktion wird allgemein in Brasilien, die zweite in Portugal verwendet.

Estou lendo o jornal. Estou a ler o jornal.	Ich lese (gerade) die Zeitung.

Konjunktiv und persönlicher Infinitiv
(Möglichkeitsform und persönliche Nennform)

Diese beiden Modi (Aussageweisen) kommen im Portugiesischen häufig vor. Der persönliche Infinitiv hat im Deutschen keine Entsprechung, und der Konjunktiv wird im Portugiesischen häufig anders angewendet als im Deutschen.
Sie kommen fast ausschließlich in Nebensätzen vor, und ihre Behandlung in diesem Reisewörterbuch würde zu weit führen. Der Reisende kann sich auch ohne die Kenntnis dieser Formen sowohl in Portugal als auch in Brasilien verständlich machen.

Die Verneinung

- *Não* „nicht" steht immer vor dem Verb.
- *Nada* „nichts", *nunca* „niemals", *ninguém* „niemand" und *nenhum* „kein", „keinerlei" können vor oder nach dem Verb stehen; stehen sie danach, müssen sie durch *não* vor dem Verb ergänzt werden.

Não sei.	Ich weiß nicht.
Não entendo nada.	Ich verstehe nichts.
Nunca estive em Portugal.	Ich war nie in Portugal.
Ainda não visitei nenhum museu.	Ich habe noch kein Museum besichtigt.

Wichtige unregelmäßige Verben (siehe auch S. 237)

Die nachstehende Übersicht enthält nicht die Formen, die regelmäßig gebildet werden oder wenig gebräuchlich sind.

caber Platz haben, hineingehen Partizip: cabido

Präsens	caibo, cabes, cabe, cabemos, cabem
Perfeito s.	coube, coubeste, coube, coubemos, couberam

!

cair fallen — Partizip: caído

Präsens	caio, cais, cai, caímos, caem
Imperativ (vern.)	não caias, não caia, não caiam

So auch **sair** ausgehen, hinausgehen

cobrir bedecken — Partizip: coberto

Präsens	cubro, cobres, cobre, cobrimos, cobrem
Imperativ	cobre/não cubras, (não) cubra, (não) cubram

So auch **dormir** schlafen (Partizip: dormido)

crer glauben — Partizip: crido

Präsens	creio, crês, crê, cremos, crêem
Imperativ	crê/não creias, (não) creia, (não) creiam

So auch **ler** lesen

dar geben — Partizip: dado

Präsens	dou, dás, dá, damos, dão
Perfeito s.	dei, deste, deu, demos, deram
Imperativ	dá/não dês, (não) dê, (não) dêem

despir ausziehen — Partizip: despido

Präsens	dispo, despes, despe, despimos, despem
Imperativ	despe/não dispas, (não) dispa, (não) dispam

So auch **ferir** verletzen, **mentir** lügen, **preferir** vorziehen, **seguir** folgen, **sentir** fühlen, **servir** dienen, **vestir** anziehen

dizer sagen — Partizip: dito

Präsens	digo, dizes, diz, dizemos, dizem
Perfeito s.	disse, disseste, disse, dissemos, disseram
Futur	direi, dirás, dirá, diremos, dirão
Kondit.	diria, dirias, diria, diríamos, diriam
Imperativ	diz/não digas, (não) diga, (não) digam

!

estar sein Partizip: estado

Präsens	estou, estás, está, estamos, estão
Perfeito s.	estive, estiveste, esteve, estivemos, estiveram
Imperativ	está/não estejas, (não) esteja, (não) estejam

fazer machen Partizip: feito

Präsens	faço, fazes, faz, fazemos, fazem
Perfeito s.	fiz, fizeste, fez, fizemos, fizeram
Futur	farei, farás, fará, faremos, farão
Kondit.	faria, farias, faria, faríamos, fariam
Imperativ	faz/não faças, (não) faça, (não) façam

fugir fliehen Partizip: fugido

Präsens	fujo, foges, foge, fugimos, fogem
Imperativ	foge/não fujas, (não) fuja, (não) fujam

So auch **consumir** verbrauchen, **acudir** helfen, **sacudir** schütteln

haver haben Partizip: havido

Präsens	hei, hás, há, havemos, hão
Perfeito s.	houve, houveste, houve, houvemos, houveram

ir gehen, fahren Partizip: ido

Präsens	vou, vais, vai, vamos, vão
Perfeito s.	fui, foste, foi, fomos, foram
Imperativ	vai/não vás, (não) vá, (não) vão

medir messen Partizip: medido

Präsens	meço, medes, mede, medimos, medem
Imperativ	mede/não meças, (não) meça, (não) meçam

So auch **pedir** bitten

!

ouvir hören Partizip: ouvido

Präsens Imperativ	ouço (oiço), ouves, ouve, ouvimos, ouvem ouve/não ouças, (não) ouça, (não) ouçam

perder verlieren Partizip: perdido

Präsens Imperativ (vern.)	perco, perdes, perde, perdemos, perdem não percas, não perca, não percam

poder können Partizip: podido

Präsens Perfeito s.	posso, podes, pode, podemos, podem pude, pudeste, pôde, pudemos, puderam

pôr legen, setzen, stellen Partizip: posto

Präsens Imperfeito Perfeito s. Imperativ	ponho, pões, põe, pomos, põem punha, punhas, punha, púnhamos, punham pus, puseste, pôs, pusemos, puseram pôe/não ponhas, (não) ponha, (não) ponham

prevenir warnen Partizip: prevenido

Präsens Imperativ	previno, prevines, previne, prevenimos, previ- nem previne/não previnas, (não) previna, (não) pre- vinam

So auch **agredir** angreifen, **progredir** fortschreiten, **transgredir** überschreiten

querer wollen Partizip: querido

Präsens Perfeito s. Imperativ	quero, queres, quer, queremos, querem quis, quiseste, quis, quisemos, quiseram queira (o senhor, você), queiram

!

rir lachen Partizip: rido

Präsens	rio, ris, ri, rimos, riem
Imperativ	ri/não rias, (não) ria, (não) riam

saber wissen Partizip: sabido

Präsens	sei, sabes, sabe, sabemos, sabem
Perfeito s.	soube, soubeste, soube, soubemos, souberam

ser sein Partizip: sido

Präsens	sou, és, é, somos, são
Imperfeito	era, eras, era, éramos, eram
Perfeito s.	fui, foste, foi, fomos, foram
Imperativ	sê/não sejas, (não) seja, (não) sejam

ter haben Partizip: tido

Präsens	tenho, tens, tem, temos, têm
Imperfeito	tinha, tinhas, tinha, tínhamos, tinham
Perfeito s.	tive, tiveste, teve, tivemos, tiveram
Imperativ	tem/não tenhas, (não) tenha, (não) tenham

trazer bringen Partizip: trazido

Präsens	trago, trazes, traz, trazemos, trazem
Perfeito s.	trouxe, trouxeste, trouxe, trouxemos, trouxeram
Futur	trarei, trarás, trará, traremos, trarão
Kondit.	traria, trarias, traria, traríamos, trariam
Imperativ	traz/não tragas, (não) traga, (não) tragam

valer wert sein Partizip: valido

Präsens	valho, vales, vale, valemos, valem

!

ver sehen Partizip: visto

Präsens	vejo, vês, vê, vemos, vêem
Perfeito s.	vi, viste, viu, vimos, viram
Imperativ	vê/não vejas, (não) veja, (não) vejam

vir kommen Partizip und Gerundium: vindo

Präsens	venho, vens, vem, vimos, vêm
Imperfeito	vinha, vinhas, vinha, vínhamos, vinham
Perfeito s.	vim, vieste, veio, viemos, vieram
Imperativ	vem/não venhas, (não) venha, (não) venham

Die Wortstellung

Die regelmäßige Wortstellung **im Aussagesatz** ist:

Subjekt	Prädikat	direktes Objekt	indirektes Objekt
O passageiro Der Reisende	mostrou zeigte	o bilhete die Fahrkarte	ao revisor. dem Schaffner.

Im Fragesatz bleibt die Wortfolge erhalten, nur die Satzmelodie steigt gegen Ende an.

O hotel é caro? Ist das Hotel teuer?

Nach einem einleitenden Fragewort werden Subjekt und Prädikat umgestellt. Nach einem Fragewort + *é que* steht dagegen meist die normale Wortfolge

	Este comboio vai para Lisboa?
Para onde	vai este comboio?
Quando	chega o próximo avião?
Quando é que	o navio parte?

!

Die Pronomen (Fürwörter)

Personalpronomen (Persönliche Fürwörter)

Nominativ		Dativ		Akkusativ		nach Präpositionen	
eu	ich	me	mir	me	mich	para mim	für mich
tu	du	te	dir	te	dich	para ti	für dich
ele	er	lhe	ihm	o	ihn	para ele	für ihn
ela	sie		ihr	a	sie	para ela	für sie
				se	sich	para si	für sich
nós	wir	nos	uns	nos	uns	para nós	für uns
vocês	ihr	lhes / a vocês	euch	os/as / vocês	euch	para vocês	für euch
eles / elas	sie	lhes	ihnen	os / as	sie	para eles / para elas	für sie
				se	sich	para si	für sich

de + ele(s), ela(s) > dele(s), dela(s)
em + ele(s), ela(s) > nele(s), nela(s)

Der Verbindung von com + mim, com + ti, com + si, com + nós entsprechen comigo, contigo, consigo, connosco

- *Se* steht auch oft in der Bedeutung des deutschen „man“:
  Isso não se diz! Das sagt man nicht!
- *Si* und *consigo* werden häufig für die höfliche Anrede gebraucht:

Esta carta é para si.	Dieser Brief ist für Sie.
Preciso de falar consigo	Ich muß mit Ihnen sprechen.

- In Portugal stehen die Objektpronomen nach dem Verb und werden mit diesem durch Bindestrich verbunden.

  In verneinten Sätzen jedoch, nach bestimmten Adverbien wie *já, ainda, também* u. a. und ebenso nach Pronomen wie *alguém, todo, muito,* u. a., stehen die Objektpronomen vor dem Verb.

Vejo-o todos os dias.	Ich sehe ihn jeden Tag.
Ele não me deu o troco.	Er gab mir das Wechselgeld nicht.
O guia já nos chamou.	Der Reiseleiter hat uns schon gerufen.
Toda a gente a conhece.	Jeder kennt sie.

!

- In Brasilien stehen die Objektpronomen meist vor dem Verb.

Eu o vejo todos os dias.	Ich sehe ihn jeden Tag.

- Leitet ein Fragewort den Satz ein, so stehen die Pronomen — ebenso wie in den Nebensätzen — vor dem Verb.

Quem lhe deu a notícia?	Wer hat Ihnen die Nachricht gegeben?
Sei que lhe telefonou ontem.	Ich weiß, daß Sie ihn gestern angerufen haben.

- Endet die Verbform auf *-r, -s* oder *-z,* verwandeln sich *o, a, os, as* in *lo, la, los, las,* wobei der Schlußkonsonant des Verbs wegfällt.
Endet die Verbform auf einen Nasallaut *(-ão, -am, -em),* so entstehen die Formen *no, na, nos* und *nas.*

Penso encontr**á-la** hoje.	Ich denke, sie heute zu treffen.
Mostrem**o-lo** aos outros.	Zeigen wir es den anderen.
Vamos v**ê-los** amanhã.	Wir werden sie morgen sehen.
A porta estava fechada, e eles abrira**m-na**.	Die Tür war geschlossen, und sie öffneten sie.

- Zwei Objektpronomen beim Verb werden miteinander verschmolzen:

me + o > mo	nos + o > no-lo
te + o > to	lhes + o > lho
lhe + o > lho	etc.

Dei-**lho** ontem.	Ich habe es ihm gestern gegeben.
Mostra-**no-la**!	Zeig sie uns!
Não **mo** disseram.	Sie haben es mir nicht gesagt.

!

Reflexivpronomen und reflexive Verben
(Rückbezügliche Für- und Zeitwörter)

lavar-se sich waschen

eu	lavo-me	ich wasche mich
tu	lavas-te	du wäschst dich
ele / ela	lava-se	er / sie wäscht sich
nós	lavamo-nos	wir waschen uns
vocês	lavam-se	ihr wascht euch
eles / elas	lavam-se	sie waschen sich

- Die Stellung der Reflexivpronomen entspricht derjenigen der Objektpronomen.
- *Se* dient auch zur Umschreibung des Passivs und steht dann nach der 3. Person Singular oder Plural des Verbs.

Vende-se este terreno.	Dieses Grundstück ist zu verkaufen.
Alugam-se quartos.	Zimmer zu vermieten.

Possessivpronomen (Besitzanzeigende Fürwörter)

Besitz / Besitzer	Singular		Plural		
	m	*f*	*m*	*f*	
Singular	meu	minha	meus	minhas	mein(e)
	teu	tua	teus	tuas	dein(e)
	seu	sua	seus	suas	sein(e) / ihr(e) / Ihr(e)
Plural	nosso	nossa	nossos	nossas	unser(e)
	vosso	vossa	vossos	vossas	euer(e) / Ihr(e)
	seu	sua	seus	suas	ihr(e)

- Die Possessivpronomen werden mit dem Artikel verwendet.

A sua irmã está em São Paulo?	Ist Ihre Schwester in São Paulo?
Onde está o meu chapéu?	Wo ist mein Hut?

!

- Da die Formen *seu, sua, seus, suas* auch bei der Anrede gebraucht werden, ist es üblich – um Mißverständnisse zu vermeiden – die verschmolzenen Formen *dele, dela, deles, delas* zu benützen.

Conhecemos a mulher dele.	Wir kennen seine Frau.
Sabe qual é o carro delas?	Wissen Sie welcher ihr Wagen ist?

Demonstrativpronomen (Hinweisende Fürwörter)

unveränderlich	veränderlich				
	Singular		Plural		
	m	*f*	*m*	*f*	
isto	este	esta	estes	estas	diese/r/s
isso	esse	essa	esses	essas	jene/r/s
aquilo	aquele	aquela	aqueles	aquelas	jene/r/s

- *Isto, este, esta,* etc. weisen auf etwas hin, das im Bereich des Sprechenden liegt.
- *Isso, esse, essa,* etc. weisen auf etwas hin, das im Bereich des Angesprochenen liegt.
- *Aquilo, aquele, aquela,* etc. weisen auf etwas hin, das weder im Bereich des Sprechenden noch in dem des Angesprochenen liegt.
- *Isto, isso, aquilo* stehen immer allein.

Queres este bolo?	Willst du diesen Kuchen?
Não, prefiro aquele.	Nein, mir ist der dort lieber.
Onde comprou essas calças?	Wo haben Sie diese Hose gekauft?
O que é isso?	Was ist das?
Isto é uma caixa.	Das ist eine Schachtel.

!

- Die Demonstrativpronomen werden mit den Präpositionen *de* und *em* verschmolzen:

de + isto	>	disto	em + isto	>	nisto
de + este	>	deste	em + este	>	neste
de + esse	>	desse	em + esse	>	nesse
de + aquele	>	daquele	em + aquele	>	naquele
etc.			etc.		

Gostam **deste** vinho?	Schmeckt Ihnen (Pl.) dieser Wein?
Naquele restaurante come-se bem.	In dem Restaurant dort ißt man gut.

Relativpronomen (Bezügliche Fürwörter)

- *Que* (der, die, das, welcher, welche, welches) ist das meistgebrauchte Relativpronomen. Es ist unveränderlich und kann sich sowohl auf Personen als auch auf Dinge beziehen.
- *O que* entspricht dem deutschen „(das,) was"

O homem **que** saiu esta manhã ainda não voltou.	Der Mann, der heute morgen hinausgegangen ist, ist noch nicht zurückgekommen.
O fato **que** comprei está apertado.	Der Anzug, den ich gekauft habe, ist zu eng.
O que ele me disse era verdade.	Was er mir sagte, war wahr.

- *Quem* (wer, der) ist ebenfalls unveränderlich, bezieht sich jedoch ausschließlich auf Personen und wird meist mit einer Präposition verwendet.

Quem muito dorme pouco aprende.	Wer lang schläft, lernt wenig.
Este é o senhor com **quem** falei ontem.	Das ist der Herr, mit dem ich gestern gesprochen habe.

!

Fragepronomen und Fragewörter

quem wer wen	**Quem** fala? **Quem** encontraram ontem à noite? Para **quem** é este presente? De **quem** estão a falar?	Wer spricht? Wen haben Sie gestern abend getroffen? Für wen ist dieses Geschenk? Von wem sprechen Sie (sprecht ihr)?
(o) que was	**(O) que** está a fazer? Em **que** está a pensar? Para **que** serve isto?	Was machen Sie? Woran denken Sie? Wozu ist das gut?
qual welcher	**Qual** é a sua mala? **Quais** sapatos comprou?	Welcher ist Ihr Koffer? Welche Schuhe haben Sie gekauft?
quanto wieviel	**Quanto** custam as uvas? **Quantas** horas dura a viagem?	Wieviel kosten die Trauben? Wie viele Stunden dauert die Reise?
onde wo donde woher aonde wohin para onde wohin	**Onde** está o lápis? **Donde** vêm os senhores? **Aonde** vamos? **Para onde** vai este comboio?	Wo ist der Bleistift? Woher kommen Sie? Wohin gehen wir? Wohin fährt dieser Zug?
como wie	**Como** se chama?	Wie heißen Sie?
porque warum	**Porque** vens tão tarde?	Warum kommst du so spät?

- Allein oder am Ende eines Satzes stehend, werden *que* und *porque* durch die betonten Formen *quê* und *porquê* ersetzt.

O quê? — Was?
Não sei porquê. — Ich weiß nicht warum.

!

LISBOA (LISSABON)